SÓ SEI QUE FOI ASSIM

OCTÁVIO SANTIAGO

SÓ SEI QUE FOI ASSIM

A TRAMA DO PRECONCEITO CONTRA O POVO DO NORDESTE

1ª edição
1ª reimpressão

autêntica

Copyright © 2025 Octávio Santiago
Copyright desta edição © 2025 Autêntica Editora

Todos os direitos reservados pela Autêntica Editora Ltda. Nenhuma parte desta publicação poderá ser reproduzida, seja por meios mecânicos, eletrônicos, seja via cópia xerográfica, sem a autorização prévia da Editora.

EDITORES RESPONSÁVEIS
Rejane Dias
Schneider Carpeggiani

CAPA
Diogo Droschi
(sobre imagem de Bozó Bacamarte)

REVISÃO
Lívia Martins

DIAGRAMAÇÃO
Guilherme Fagundes
Waldênia Alvarenga

Dados Internacionais de Catalogação na Publicação (CIP)
Câmara Brasileira do Livro, SP, Brasil

Santiago, Octávio
  Só sei que foi assim : a trama do preconceito contra o povo do Nordeste / Octávio Santiago. -- 1. ed. ; 1.reimp. -- Belo Horizonte, MG : Autêntica Editora, 2025.

  Bibliografia.
  ISBN 978-65-5928-573-0

  1. Brasil, Nordeste - Condições sociais 2. Desigualdade social 3. Preconceitos - Brasil, Nordeste I. Título.

25-265858   CDD-305.809813

Índices para catálogo sistemático:
1. Brasil : Nordeste : Preconceito : Sociologia 305.809813

Cibele Maria Dias - Bibliotecária - CRB-8/9427

Belo Horizonte
Rua Carlos Turner, 420
Silveira . 31140-520
Belo Horizonte . MG
Tel.: (55 31) 3465 4500

São Paulo
Av. Paulista, 2.073 . Conjunto Nacional
Horsa I . Salas 404-406 . Bela Vista
01311-940 . São Paulo . SP
Tel.: (55 11) 3034 4468

www.grupoautentica.com.br
SAC: atendimentoleitor@grupoautentica.com.br

Com apreço pelas entrelinhas,
dedico a elas linhas de gratidão:
Rosa Cabecinhas
Rejane Dias
Julie Fank
Sonia Junqueira
Dia Nobre

Ao Nordeste endossado, que me deu
casa com rede estendida, comida bem-feita
e roupa lavada secada ao vento.
A Larissa, Vicente e Olívia, meu sempre verde sertão.

13 **APRESENTAÇÃO**

21 **"JÁ QUE SOU, O JEITO É SER"**
23 O Complexo de Macabéa
28 A *nordestinidad* e outros discursos
33 A revisitação necessária
39 Apontamentos e autoafirmação

47 **O POVO DO NORDESTE EM 5 ATOS**
49 **Ato 1 | Mão de obra e desigualdades**
49 O Brasil que prosperava
53 A "conquista" do "Sul"
57 Balança em desequilíbrio
59 Grande Seca, grandes contrastes
63 Trabalhadores deslocados
69 A suposta indolência
73 Cotas e divisões
76 Estrada afora

81 **Ato 2 | Racialização**
81 O esforço para embranquecer o país
86 Legitimação pela arte
88 O "sertanejo de raça inferior"
91 Raça e regionalismo
97 "Injeção de sangue europeu"
99 O reconhecimento do STJ

105 **Ato 3 | Monotematização: seca, fanatismo e violência**
105 A nacionalização da seca
112 Os "fanáticos" de Euclides
119 A "Meca dos Sertões"
122 O "pavoroso sertão"
124 A violência do cangaço
129 *Livro do Nordeste*: o contraponto
136 Um discurso conveniente
142 Validação literária
151 A parcela do audiovisual

159 **Ato 4 | Oposição e interesses**
159 A criação do espaço Nordeste
164 As primeiras expedições e suas motivações
166 "Obras de Santa Engrácia"
170 O espólio das secas
177 Ataques eleitorais

185 **Ato 5 | Estereótipos**
185 O "nordestino de folhetim"
192 Uma "espécie" diferente
197 Aspectos comportamentais
200 Os "bípedes" e a "Babel de sangue"
203 Ausência de neutralidade

211 **VIVÊNCIAS E DISCRIMINAÇÃO**
213 O passado se faz presente
214 Padrão físico: "a cara de nordestino" e o mito do *rosto comum*
218 Inferiorização: a comparação equivocada e o mito da *subalternidade*
224 Exotização: a linguagem e o mito do *sotaque único*
229 Apagamento: a negação intelectual e o mito da *narrativa pronta*
234 Reducionismo: a ideia de vizinhança e o mito de *um só lugar*

239 **Notas finais**

245 **Referências**

Apresentação

Dar-se conta da construção social do povo do Nordeste não é tarefa fácil de empreender intuitivamente, sobretudo quando se quer tomar consciência de um olhar torto que persiste contra essa população. Ser ou não ser nordestino? Sem o intento de querer provocar um dilema shakespeariano, a reflexão não se concentra, aqui, no aspecto existencial, mas em tudo o que parece estar atrelado quando se tem o Nordeste como lugar de origem. Tanto para o bem como para o mal.

De falas sutis a gestos escancarados, o olhar enviesado, quando se atrela para o mal, permeia estereótipos que são reproduzidos consciente ou inconscientemente, afetando a noção de identidade e o sentimento de pertença. Resultado da tese de doutorado que aprovei na Universidade do Minho, em Portugal, este livro oferece uma investigação bastante específica da história do Brasil, de quando o Nordeste passou a existir no papel, no início do século XX, e dos discursos que determinaram essa definição e repulsa.

Esse recorte temporal não delimita a primeira vez que se reparou no que, discursivamente, foi elaborado a respeito do Nordeste em mais de cem anos. Antes disso, Euclides da Cunha já tinha destilado depreciações que passaram incólumes, tamanho o sucesso de *Os sertões*, mas já desembocavam em impressões reducionistas, primeiro nos artigos que ele havia publicado em 1897 na imprensa e que mais tarde se tornaram o livro.

Mas pode-se dizer que há algo de inaugural em escavar as raízes desse discurso nos jornais da década de 1920, mais especificamente em páginas que serviram de palco a séries de artigos matutados após expedições realizadas àquela "nova" porção do Brasil. E não só. Outras publicações e produtos culturais vieram na sequência e também engrossaram o coro – ainda que algumas delas sejam assinadas por conterrâneos, com intenções de se defender, denunciar ou mesmo obter vantagem. O Nordeste passava a existir para além do "Norte" – assim, entre aspas, por ser uma configuração que já não existe mais, correspondente ao Norte e ao Nordeste de hoje –, mas sua acontecência[1] não agradava a todos. E foi desenhada uma imagem, sem muito espaço para contestação.

A origem da construção estereotipada que conhecemos hoje remonta a um movimento perverso de arrasamento social que não apenas definiu um padrão equivocado, mas também o perpetuou como inferior e carente de superação. O nordestino foi moldado quando o Nordeste foi definido, quando uma parte do país passou a ser chamada assim pelo governo federal e foram anunciados investimentos substanciais para obras de convivência com a seca.

A opinião pública, centrada no "Sul" – também entre aspas, pois correspondia ao Sul e ao Sudeste atuais, onde se localizava São Paulo, então centro do poder econômico –, tratou de definir o que era apresentado como uma novidade. Mais de cem anos depois, muito do que se ouve sobre o povo do Nordeste ainda está ligado àquele momento, quando o nordestino chegou à vitrine nacional como um indivíduo indigno, fruto de uma

---

[1] A pesquisadora Sônia Maria de Meneses Silva define o termo "acontecência" como a designação para o ato de acontecer, referindo-se à ocorrência de eventos ou situações. Segundo ela, trata-se do estado ou da condição de algo que está ocorrendo ou se desenvolvendo em determinado momento (Silva, Sônia Maria de Meneses. *A operação midiográfica: a produção de acontecimentos históricos através dos meios de comunicação*. 2011. 319 f. Tese [Doutorado em História Social] – Instituto de Ciências Humanas e Filosofia, Universidade Federal Fluminense, Niterói, 2011).

"excessiva miscigenação". Desde então, discursos e artes têm constantemente oxigenado essa ideia.

Como o sociólogo pernambucano Gilberto Freyre[2] bem observou, a palavra "Nordeste" passou a ser entendida como sinônimo de "obras contra as secas", logo que foi adotada pela burocracia estatal. Alimentando no imaginário do país a imagem dos "sertões de areia seca rangendo debaixo dos pés", habitados por "figuras de homens e de bichos se alongando quase em figuras de El Greco",[3] o pintor espanhol muito conhecido pelas suas formas distorcidas. O que mudou desde que Freyre trouxe essa visão para o papel?

Dali, desses enxovalhos lançados do lugar que se via, à época, como novo polo intelectual do Brasil, foi inevitável passear no tempo e chegar ao que se leu e ouviu à exaustão nas recentes eleições presidenciais, quando as redes sociais foram tomadas, numa dimensão espantosa, pelas mais indelicadas discriminações ecoantes desses preconceitos. É quando este livro se propõe a ser o palco-réplica. A hostilidade, aqui, torna-se didática, e os mitos, espera-se que sirvam a um outro propósito: à reconfiguração de um discurso que já deveria ter ficado no século passado.

"Nordeste é uma ficção! Nordeste nunca houve!", escreveu Belchior em "Conheço o meu lugar". Se o próprio conceito de região, frequentemente vinculado à terra, à coisa concreta e imutável, é carregado de subjetividade, o que dizer daqueles que a habitam? A partir da provocação do cantor e compositor cearense, podemos imaginar que o nordestino também é fruto da imaginação.

De fato, a ideia do que é ser nordestino parece bem definida no imaginário de grande parte do Brasil. Como se fosse

---

[2] Freyre, Gilberto. *Nordeste*. 7. ed. Recife: Global, 2004 [1937]. p. 45.

[3] El Greco (1541-1614) foi um renomado pintor do período maneirista e um dos artistas mais importantes da Espanha no século XVI, sendo conhecido por suas obras marcadas por cores vibrantes e formas alongadas, oferecendo uma retratação muito peculiar da realidade.

possível representar os milhões de pessoas que habitam os nove estados da região Nordeste (Alagoas, Bahia, Ceará, Maranhão, Paraíba, Pernambuco, Piauí, Rio Grande do Norte e Sergipe) com um único rosto e interesses semelhantes. Um retrato falado genérico, baseado em estereótipos acumulados ao longo do tempo. "Mas você não tem cara de nordestino", "nem parece que é do Nordeste". Uma descrição sustentada por um repertório limitado e, em grande medida, falacioso, de características físicas e comportamentais supostamente comuns e que muitos de nós já ouvimos.

É importante entender que essa construção faz parte da própria história do país. Sua origem está na disputa por poder político e econômico, especialmente no século XX, e na depreciação da mão de obra migrante, com caráter classista, permanecendo presente pela insistência daqueles que a reproduzem. De tempos em tempos, por causa de declarações recalcadas, o tema ganha manchetes, e reedições do discurso chegam a flertar com o separatismo, sugerindo um Brasil sem o Nordeste e seu povo.

Toda boa apuração exige o uso de lupas, ainda que de forma figurada. A lente de aumento, que a literatura associou ao ato de investigar, permite observar detalhes na superfície e enxergar o que está oculto. A lupa, porém, sugere que as elucidações vêm sempre de fontes externas, o que pode ser um engano. O espelho, na investigação sobre preconceito e construção social, é de igual ou maior valor, pois revela análises possíveis apenas interrogando a própria história, iluminando fatos ignorados e recuperando o que o tempo e as narrativas parciais tentaram apagar. A percepção nítida da imagem refletida no espelho pode revelar definições que, mesmo de forma inconsciente e involuntária, populações oprimidas acabam por preservar.

E, por falar em espelho, entra em cena Macabéa, personagem principal criada por Clarice Lispector em seu último romance *A hora da estrela*. Em uma entrevista, ainda antes da publicação, a autora a descreve como "de uma inocência pisada, de uma miséria anônima", com o "ar perdido" que ela emprestou de uma visita que fez à Feira do Nordestino, em São Cristóvão, no Rio de Janeiro. Tendo vivido no Recife até os 14 anos, Clarice constrói Macabéa não só na ficção, mas de memória e com um vínculo com um Brasil que a acolheu, sendo ela ucraniana aqui radicada. Esse deslocamento é transferido para uma personagem narrada por Rodrigo S. M., um observador que não tem em alta conta a observada, uma personagem tão pobre que só come cachorro-quente, numa homogeneização dessa figura que não tem um chão, mas que morre nele. É o sentimento de inadequação ingênua, que chamaremos aqui de Complexo de Macabéa.

Portanto, a percepção proposta nestas páginas opõe-se à tentativa de homogeneizar a região e nega a ideia de Nordeste como uma unidade sem nuances, sobretudo do nordestino como um só. Ao oferecer uma resposta ao reducionismo que predomina em todo o país, essa abordagem busca desfazer a criação deliberada que apaga processos históricos distintos e realidades variadas, e que reduz o Nordeste e seu povo a estereótipos e a quadros ligados à miséria, à seca e a outras vulnerabilidades.

Nosso trajeto inclui paradas nos cinco atos importantes para entender essa construção: a mão de obra e as desigualdades; a tentativa de racialização;[4] a monotematização, que leva a um único enredo possível; a oposição e interesses contrários à região; e, claro, os estereótipos. A divisão em atos, fundamental na dramaturgia ocidental, permite uma estrutura narrativa sólida. Essa sequência, que ajuda a desenvolver o texto dramático, também

---

[4] Os professores Malcolm Brown e Robert Miles apresentam o conceito de racialização como sinônimo de categorização racial. Segundo Brown, trata-se de "um processo de delimitação de fronteiras e alocação de grupos de pessoas fora desses limites, com base em características (supostamente) inerentes e/ou biológicas (geralmente fenotípicas)", ou seja, relacionadas a traços físicos visíveis, como cor da pele, formato do rosto ou tipo de cabelo. (Miles, Robert; Brown, Malcolm. *Racism*. 2. ed. London: Routledge, 2003, p. 100, tradução nossa).

serve para apresentar os personagens, aprofundar conflitos e, quem sabe, levar a uma resolução.

Entender como os múltiplos Nordestes foram condensados em um só permite uma consciência mais profunda sobre o que aconteceu com os nordestinos. E pela mão de quem. Permite trocar o "não sei" por um "foi assim". Reduzir o Nordeste e sua gente é estratégia para diminuí-los. A trama dos nordestinos que somos, mas cuja cara nem mesmo possuímos, finalmente se desfaz. Se é de narrativa que falamos, é de um herói que é preciso – mas nenhuma narrativa se compõe com um personagem só. Um Belchior que conhecia bem seu lugar chegou a cantar o que nos encarregamos de fazer aqui: "Era uma vez um homem e o seu tempo". Pois vejamos.

O autor

Primeiras impressões

Em 1919, com o Brasil sob a presidência de um paraibano, uma parte do "Norte" passou a ser chamada de Nordeste, para melhor identificar as áreas afetadas pelas secas e facilitar a chegada de investimentos estruturantes. Essa mudança provocou reações tanto na "nova" região quanto no "Sul". A imprensa foi o meio para divulgar o espaço que emergia, assim como seu povo, ao restante do país. Essas primeiras impressões, impregnadas de interesses e preconceitos, parecem ter permanecido, como rege o conhecido ditado "a primeira impressão é a que fica".

"JÁ QUE SOU, O JEITO É SER"

O Complexo de Macabéa

O funcionamento de um espelho é relativamente simples. Em vez de absorver ou espalhar os raios luminosos que incidem sobre sua superfície plana, o espelho os reflete, criando uma imagem que parece estar atrás dele. Essa imagem é chamada de imagem virtual, pois não pode ser projetada em uma tela e só pode ser vista por quem olha diretamente para o espelho. A imagem formada é idêntica àquilo que está à sua frente, em tamanho e forma, mas é virtual, e não real.

A literatura – e, por extensão, todas as artes –, ao reclamar para si uma condição de representação, acaba por oferecer a quem lê uma espécie de espelho. Cavamos, então, sentidos a serem atribuídos ao nosso mundo, à nossa existência. Em 1977, quase numa operação de resposta à crítica, por sua falta de afinidade com o regionalismo que antecedeu sua geração literária, Clarice Lispector escreve, finalmente, uma personagem nordestina estereotipada. Mas a seu modo. Clarice instaura um espelho na cena em que sua personagem emblemática de *A hora da estrela*[5] tenta se reconhecer. Macabéa, uma nordestina em deslocamento urbano, olha-se no objeto "ordinário" da pensão em que vive e não se percebe, no corpo e na cabeça. Macabéa desconhece a própria identidade, despida das camadas depositadas pelos outros sobre ela: "Nunca se viu nua porque tinha vergonha" e, por isso mesmo, "não sabia que ela era o que era".

---

[5] Todas as citações da obra ao longo deste capítulo foram colhidas da edição: Lispector, Clarice. *A hora da estrela*. Rio de Janeiro: Rocco, 1998 [1977].

E quem é que sabe? Essa torção na ideia de definição do nordestino, em deslocamento ou não, acaba promovendo um acúmulo de pensamentos que ampliam um gesto preconceituoso em relação ao Nordeste e ao seu povo – gesto que não é de hoje, mas que não se dissipou ao longo do tempo. Interessa-nos aqui romper essa concepção de identidade estabelecida, a princípio de fora para dentro, não sem nos debruçarmos sobre essa sintaxe que se acomodou no discurso internalizado pelo próprio nordestino, numa espécie de Complexo de Macabéa.

A anti-heroína de Clarice vive uma existência de submissão e falta de autoconsciência. Macabéa se curva diante da sociedade, aceitando passivamente o papel que lhe é atribuído, imersa em uma estrutura social tão enraizada que "não fazia perguntas". Sua invisibilidade é outra característica marcante, já que "a nordestina se perdia na multidão" e sua história comum de retirante é relegada a segundo plano, em uma série de preterições, nos campos pessoal e profissional, para o "sul do país". Clarice tinha outros propósitos para Macabéa, mas a personagem acabou personificando um sentimento de inadequação que por anos subjugou os nordestinos. E que afeta a imagem que se vê no reflexo.

Apesar de ter nascido na Ucrânia, por ter migrado ainda criança para o Brasil e se estabelecido no Recife, Clarice se declarava pernambucana. Mesmo assim, ela nunca foi identificada como "escritora nordestina" – e seguiu renunciando ao posto de porta-voz daquilo que se esperava dela até seu último texto. O cearense José de Alencar, embora reconhecido como um "intelectual da Corte" – e talvez por isso mesmo –, parece menos nordestino que o paraibano (e pernambucano de coração) Ariano Suassuna. É a mesma régua que torna Luiz Gonzaga mais nordestino que Chacrinha, apesar de os dois terem nascido no interior de Pernambuco.

Para além dessas medições, artistas nordestinos não estão presos ao que se espera deles. A ocultação da produção social, cultural e científica nordestina se manifesta com nitidez quando as ofensas insistentes se estruturam em argumentos intelectuais, que negam qualquer contribuição dada pelo povo do Nordeste ao saber nacional. Na busca pelo contraponto, as vítimas mais reativas acessam a rota segura do lembrete ao que foi "esquecido" pela ignorância alheia: a música de Gilberto Gil e Caetano Veloso, os escritos de Jorge Amado, de Rachel de Queiroz e do próprio Ariano, a abordagem educacional inovadora de Paulo Freire, os feitos científicos, as constantes notas máximas na redação do Exame Nacional do Ensino Médio e outros mais.

Mas essa resposta enérgica nem sempre foi percebida. O comportamento característico da personagem de Clarice dialoga com o abaixamento de cabeça que acompanhou parte do povo do Nordeste por muitos anos, suprimindo sua possibilidade de réplica contra a ofensiva moral oxigenada pelo recalque e pela perversão. O Complexo de Macabéa, portanto, foi um dos responsáveis por silenciar vozes e pela busca tardia sobre a formação dessa construção distorcida que teima em insistir. Sua incidência está para o Nordeste como o complexo de vira-lata[6] está para o Brasil. O cachorro sem *pedigree* inspirou o escritor Nelson Rodrigues, quando cunhou a expressão que descreve a falta de autoestima de brasileiros em relação a outros países, especialmente os ditos mais desenvolvidos: um sentimento de inferioridade e autoaversão, que denota uma mentalidade de submissão e autodepreciação, atribuída à influência histórica de uma visão colonizada sobre a identidade nacional. E tal qual a conclusão de Nelson, que nasceu no Recife, longe de corresponder a uma densa pesquisa sociológica, o conjunto de

---

[6] O complexo de vira-lata é um termo criado pelo dramaturgo Nelson Rodrigues, em 1958, para descrever um sentimento de inferioridade, autoaversão ou falta de autoestima por parte dos brasileiros em relação a outras nações, especialmente as consideradas mais desenvolvidas. Esse conceito se relaciona à percepção de que o Brasil, como nação, seria sempre de "segunda categoria" em comparação com "potências" estrangeiras, afetando a confiança e o orgulho nacional.

emoções extraído da obra de Clarice é resultado empírico da observação.

A dificuldade imposta pelo Complexo de Macabéa para o enfrentamento de práticas discriminatórias merece atenção não somente por comprometer a consciência individual, mas sobretudo pelo quanto afeta o coletivo. Dificuldade arejada pela invalidação cultural sofrida pelo povo nordestino, na forma de epistemicídio, com a negação de conhecimentos e de quem os produz. Segundo a filósofa Djamila Ribeiro,[7] pode-se resumir esse subproduto do colonialismo como o apagamento sistêmico de produções e saberes produzidos por grupos oprimidos. A repetição do que é o nordestino pelo discurso do Sul não é voltada para o excesso de reafirmações, muito menos por insuficiência de definições: ela atende, como veremos adiante, desde o entendimento do Nordeste enquanto Nordeste, a uma série de interesses subterrâneos.

Seca, miséria, cangaço, forró, baião e outros elementos tidos como tradicionais são o que se espera, historicamente e hoje em dia, de quem produz a partir do Nordeste. Explorar essas temáticas leva a questionar se essas escolhas foram feitas de forma arbitrária ou intencional. Trata-se de uma narrativa que, pela repetição, tornou-se uma verdade imposta, obscurecendo outras perspectivas e impedindo a percepção de contraposições.

Essa negação do povo do Nordeste como sujeito de conhecimento ou a imposição de que seus homens e mulheres só podem acessar a mesma pasta de temas, o que limita a presença nordestina na formulação do saber, é epistêmica, contribui para a edificação de muros sociais e ainda interfere na sua identidade. A nordestinidade – termo que não é novo, mas que está cada vez mais popular – não como inspiração, mas como único caminho possível, dá uma partitura para entoarmos essa música. Isso é o

---

[7] Ribeiro, Djamila. *O processo civilizatório*: etapas da evolução sociocultural. São Paulo: Companhia das Letras, 2001; Ribeiro, Djamila. *O que é lugar de fala?* Belo Horizonte: Letramento, 2017; Ribeiro, Djamila. *Pequeno manual antirracista*. São Paulo: Companhia das Letras, 2019.

que faz, até o presente, artistas sudestinos serem tratados como "nacionais", enquanto artistas nordestinos, ou quaisquer outros que não produzam a partir do tão celebrado "eixo Rio-São Paulo", serem etiquetados como "regionais". Uma distinção que privilegia o lugar de origem em detrimento do mérito do que é entregue.

Contagiada pela decolonialidade – outro termo, felizmente, também em voga –, a produção cultural e acadêmica tem se espalhado ao redor do mundo com um caráter rompedor. No contexto do regionalismo nordestino, essa abordagem visa a superar as estruturas cristalizadas por sentimentos de inferioridade, formados ao longo de décadas de destrato moral e depreciação. Este livro não deixa de ser uma resposta a uma angústia que acomete qualquer nordestino que queira saber como se dá o funcionamento do próprio espelho.

A inferiorização sistêmica imposta ao longo dos anos gerou apatia e inércia em muitos, refletida na forma como uma parte do Nordeste se enxerga diante desse espelho. Macabéa, uma mulher nordestina, migrante e maltratada pela vida, lida com questões existenciais porque acha que não é "muito gente" e pede desculpas por tudo, inclusive "por ocupar espaço" e existir. Ela representa, na prosa poética de Clarice, a completa ausência de si mesma e da capacidade de reação.

Os sucessivos apontamentos ofensivos têm suficiência para levar à internalização de falsas percepções. Como bem explica o jurista Adilson Moreira,[8] grupos podem internalizar estereótipos, passando a perceber a si mesmos e aos pares a partir de generalizações. Do mesmo modo, representações negativas constantes são fontes de tensões emocionais e sentimentos de conformidade e de inadequação, justamente o que forma o quadro psicológico da anti-heroína de Clarice: "A menina não perguntava por que era sempre castigada mas nem tudo

---

[8] Moreira, Adilson. *Letramento racial: uma proposta de reconstrução da democracia brasileira*. São Paulo: Contracorrente, 2024; Moreira, Adilson. *Racismo recreativo*. São Paulo: Jandaíra, 2023.

se precisa saber e não saber fazia parte importante de sua vida. [...] Pois que vida é assim: aperta-se o botão e a vida acende. Só que ela não sabia qual era o botão de acender". Que botão é esse, com condições de acender a vida, poderia se perguntar Macabéa, enfim reagindo. Se ela soubesse como.

O Complexo de Macabéa, então, é sustentado pelo silenciamento imposto pelos contínuos discursos de inferiorização e pelo epistemicídio. Esses mecanismos não apenas perpetuam julgamentos negativos, mas também inibem a capacidade de expressão e a produção de conhecimentos que poderiam desafiar e desconstruir essas narrativas prejudiciais. Esse ciclo alimenta uma autoimagem negativa e reduz a autoestima, levando quem padece com o preconceito a se ver pela lente dos estereótipos, gerando ainda mais repressão e emudecimento. "Ela [Macabéa] falava, sim, mas era extremamente muda". Além de sufocar, esse conjunto de sentimentos, pensamentos e atitudes também provoca impactos emocionais capazes de retardar que se ouça o "grito puro sem pedir esmola" tão necessário.

A *nordestinidad* e outros discursos

Macabéa é uma das "nordestinas que andam por aí aos montes", enfrentando suas "fracas aventuras [...] numa cidade toda feita contra ela". Originária do sertão de Alagoas, com "maus antecedentes", vinda de "lá onde o diabo perdeu as botas". Em 1988, a cearense Rachel de Queiroz, contemporânea de Clarice, publicou um artigo no jornal *O Estado de S. Paulo* no qual trata a presença do povo do Nordeste na Pauliceia[9] como um fato "irreversível". Um comparecimento não mais de "mão

---

[9] "Pauliceia" é um termo utilizado para se referir à cidade de São Paulo, remontando ao período colonial e ainda usado ocasionalmente para descrever a metrópole paulistana.

de obra barata", pois, nas palavras dela, "já queimaram essas etapas" e "agora [os nordestinos] brigam pelas lideranças".[10]

Rachel apresenta uma geração desprendida dos muitos símbolos de miséria excessivamente explorados pela mídia e por produtos culturais. A *nordestinidad*, sem o "e" no final, cuja aceitação é apontada logo no título do artigo como "inadiável", demanda respeito não pela valorização do que se define como regional. Essa resistência, desperta ela, nega o próprio Brasil, ainda em formação, e pode ser colocada na conta do colonialismo. Histórias como a de Macabéa, para Rachel, eram páginas viradas.

O *début* da palavra nordestinidade com o "e" no final, assim como de outros neologismos relativos ao "ser" e ao "existir" do Nordeste, é fonte de divergências. No entanto, é possível compreendê-los como o conjunto de informações, características e de costumes que fazem com que um indivíduo seja considerado nordestino. Essa definição pode ser vista como uma espécie de arremedo, quase que um termômetro para medir a incidência de Nordeste em uma pessoa. Nesse conjunto, estão incluídos os estereótipos, que servem todo o tempo como um reforço para estabelecer essa nordestinidade e torná-la naturalizada. Aos olhos dos outros.

E quem é esse "outro"? Para o semioticista canadense Eric Landowski,[11] o que dá forma à identidade não é somente a maneira como uma pessoa se define em relação à imagem que os outros têm dela, é também a forma como se atribui significado à diferença que existe entre ela e os outros. Enquanto isso, a definição de identidade proposta pelo psicólogo social

---

[10] Queiroz, Rachel de. A aceitação da "nordestinidad" agora inadiável. *O Estado de S. Paulo*, 25 nov. 1988, Caderno 2, p. 40.

[11] Landowski, Eric. *Presenças do outro*. São Paulo: Perspectiva, 2002.

polonês Henri Tajfel[12] começa no autoconceito, no conjunto de percepções e sentimentos que uma pessoa tem sobre si mesma.

Daqui, de onde enxergamos, percebe-se: é nas definições do "outro", especialmente quando este é visto como uma antítese, e nas autoafirmações resultantes disso, que se alicerça o sentimento de autorreconhecimento. Ora, se a distinção depende da construção do outro, as ideias de identificação, identidade e semelhança/diferença também são construídas a partir do conceito de alteridade. "Quem sou eu" e "quem é o outro" sempre foi e sempre será material literário e artístico.

Rodrigo S. M., o narrador de *A hora da estrela*, também deve ser visto na obra como representante dessa visão sobre o outro. Assim, Macabéa se torna a "outra". Quem, então, é responsável pela construção do discurso que culmina na ideia de nordestinidade? Apesar da origem incerta, esse termo adquiriu mais força com o surgimento de estudos sobre a construção social do Nordeste, do entendimento de que a região foi criada a partir de interesses elitistas. Em alinhamento com o sociólogo francês Pierre Bourdieu,[13] antes mesmo de ser geográfica, uma região é uma determinação simbólica que está tomada pelo poder: o espaço (físico) é o lugar onde o poder se afirma e se exerce. Antes da geografia, portanto, vem o interesse, terreno fértil para a construção de discursos totalizantes.

Por isso mesmo, muito se fala sobre a construção simbólica do Nordeste: a forma como essa região foi representada, interpretada e percebida tanto dentro quanto fora dos limites geográficos para ela estabelecidos. Na perspectiva da geógrafa Iná Elias de

---

[12] Tajfel, Henri. *Grupos humanos e categorias sociais: estudos em psicologia social.* v. 1. Lisboa: Livros Horizonte, 1982. v. 1; Tajfel, Henri. Stereotypes. *Race and Class*, v. 5, n. 2, 1963; Tajfel, Henri. Social Identity and Intergroup Behaviour. *Social Science Information*, v. 13, n. 2, 1974.

[13] Bourdieu, Pierre. *O poder simbólico.* 14. ed. Rio de Janeiro: Bertrand Brasil, 2010.

Castro, apresentada em *O mito da necessidade*,[14] a própria ideia de Nordeste teria sido forjada pelas elites políticas locais, interessadas em se conservar no poder, possuindo um caráter oportunista, vinculado a interesses territoriais nem sempre coletivos. Uma visão que acaba por responsabilizar o Nordeste pelo desgaste da imagem do Nordeste. E não se pode negar que isso amortiza a parcela de culpa que recai sobre o restante do Brasil.

Os anos 1990 são marcados pela publicação de contributos importantes de autores nordestinos sobre a construção do discurso regional, como *A invenção do Nordeste e outras artes*,[15] do historiador Durval Muniz de Albuquerque Júnior. Por mais que credite grande parte da ideia que existe sobre a região à sua elite intelectual, incluindo seus artistas, ele também examina práticas e discursos "nordestinizadores" adotados pelo "Sul". Esses elementos fazem do Nordeste uma produção imagético-discursiva gestada historicamente. Nesse tira-teima, quem perdeu, óbvio, foi a parte dada como espacialmente periférica, demandante de socorro por suas fragilidades e recorridas vezes apresentada como exemplo, em um discurso "civilizatório", do que o resto do país não deveria ser.

Está em curso um rompimento na dinâmica de subalternização, marcado justamente pelo abandono da ideia de periferia que nasceu por vontade de quem se apresentava como centro. Como colheita dessa nova perspectiva, surgem a todo tempo produções documentais, literárias, musicais e audiovisuais livres do masoquismo da aceitação da discriminação. Também se nota a crescente reação dos nordestinos a ataques, especialmente no ambiente virtual. Para maiores avanços nessa ruptura, são necessárias informações capazes de lançar luz sobre essa construção social, sobre esse preconceito, cuja origem remonta ao início do século XX, com a denominação "Nordeste". E aí é

---

[14] Castro, Iná Elias de. *O mito da necessidade: discurso e prática do regionalismo nordestino*. Rio de Janeiro: Bertrand Brasil, 1992.

[15] Albuquerque Júnior, Durval Muniz de. *A invenção do Nordeste e outras artes*. 5. ed. São Paulo: Cortez, 2011.

fundamental identificar os interesses que sustentam essa construção. Compreender a gênese do preconceito é condição para vislumbrar um caminho rumo ao seu fim.

A necessidade de uma consciência que persiste em se arrastar não é novidade e data da própria institucionalização do termo "Nordeste", precisamente a partir de 1919, quando ele começou a ser assim mencionado em documentos públicos. Uma nota editorial publicada originalmente pelo jornal pernambucano *A Província*, na edição de 2 de setembro de 1920, e replicada em outros impressos do país, já convocava os nordestinos para a tomada das rédeas da narrativa. Apesar de ainda falar em "Norte", a nota destaca o contraste existente entre as duas regiões do Brasil como motivação para esse levante.

> Incontestavelmente o sul do Brasil, isto é a região que vai da Bahia até o Rio Grande do Sul, apresenta um tal aspecto de progresso em todas as manifestações da sua vida que forma um contraste doloroso com o abandono em que se encontra o Norte. [...] O Norte é composto de Estados escravos, mas ainda assim agradecidos por lhes deixarem viver para trabalhar para o seu senhor que é o Sul.[16]

Na nota, o argumento de que os estados do "Norte" – uma confusão ainda existente para alguns brasileiros –, deveriam se unir para fazer frente ao "Sul". Essa união seria importante até para refutar a justificativa apresentada pela imprensa do Brasil de baixo, que atribuía a disparidade de desenvolvimento entre as duas regiões ao próprio Nordeste, alegando que este "não tem homens de capacidade" e, por isso, "continua ao Deus dará". A publicação sugere, porém, que, se a postura local fosse diferente:

---

[16] Notícias de toda parte. *A Província*, 02 set. 1920, n. 241, p. 1. Disponível em: https://memoria.bn.gov.br/DocReader/docreader.aspx?bib=128066_02&pasta=ano%20192&pesq=%22escravos%22&pagfis=1920. Acesso em: 28 mar. 2025.

Nem o Maranhão estaria ainda sem porto e sem estrada de ferro, nem o Ceará continuaria a ser asfixiado [...], nem Pernambuco levaria dois anos assistindo ao desabamento das obras do porto, [...], ou ameaçado de morte pela anemia por falta de estrada que ligue os seus sertões com a capital, nem a Bahia estaria nos estertores da anarquia política.[17]

Essa união de forças, conforme *A Província*, só aconteceria se fosse abandonada "a inconsciência ou a irracionalidade do boi"[18] presente entre os nordestinos. Uma alusão ao "boi manso", expressão usada para descrever uma pessoa que é submissa, pacífica ou que não resiste a pressões e exigências, agindo sempre de maneira conformada. Dado que, como continua a nota, redigida na primeira pessoa do plural, "não conhecemos a força que possuímos e nos sentimos acovardados pela ponta do ferrão".[19]

Macabéa, seguindo essa atitude passiva diante das definições impostas pelo outro, "passava o resto do dia representando com obediência o papel de ser", aceitando o que a sociedade determinava para ela. A ideia de luta nunca lhe ocorria, pois não havia conhecido outra forma de existir além daquela que lhe era imposta, o que explicava sua inércia em tentar desafiar a ordem existente. "Não tendo conhecido outros modos de viver, aceitara que com ela era 'assim'". Para superar essa falta de consciência, representada pela metáfora do boi, é preciso conhecer a própria história, especialmente suas nuances. Ao revisitar o passado e o compreender, torna-se muito mais difícil ser intimidado pelos ferrões.

A revisitação necessária

Como espelho de uma terra sofrida, o povo do Nordeste ocupa um só lugar no pensamento coletivo nacional, o que atesta

---

[17] Notícias, 1920, p. 1.
[18] Notícias, 1920, p. 1.
[19] Notícias, 1920, p. 1.

a necessidade de um esforço revisional mais profundo rumo ao autoconhecimento. A desinformação atua na manutenção de preconceitos e na reprodução de entendimentos equivocados. Por isso, deve ser combatida do Caburaí – e não do Oiapoque, como se diz erroneamente – ao Chuí.[20] Somente ao enfrentarmos as inconsistências informativas, poderemos superar equívocos, como a referência geográfica incorreta da famosa expressão popular. Toda atualização, no entanto, provoca mudanças na estrutura do espaço, na composição da mesa, e nem sempre quem está bem acomodado quer alterar seu lugar de assento.

O conhecimento raso ou equivocado sobre diferentes porções do "país continental", que segue insistente, protegido em alguma medida por essa desculpa espacial, é um dos mantenedores da atualidade do sabido verso "O Brazil não conhece o Brasil". Foi Elis Regina quem tornou essa frase sentenciosa conhecida, quando, em 1978, emprestou sua voz para "Querelas do Brasil". Por mais que a motivação dos compositores da canção, Maurício Tapajós e Aldir Blanc, tenha sido dirigir uma crítica ao "Brazil" americanizado, seu primeiro verso admite outras interpretações. E, por isso mesmo, ele segue oportuno e bastante atual. O Nordeste, para ilustrar, permanece no imaginário de muitos compatriotas como um espaço árido que evoca seca, miséria, fome e nada mais. Agora, se o Brasil ainda não conhece o Brasil, o brasileiro, por sua vez, também não conhece o brasileiro. Ou simplesmente não se empenha em conhecer.

A curiosidade por buscar esse entendimento, no âmbito acadêmico, tem origem sabida: o pós-colonialismo. Uma curiosidade movida muitas vezes também por pessoas que se veem nesse espelho torto, com muito mais desconfiança do que Macabéa, e estão dispostas a reescrever essa história,

---

[20] Apesar de muito conhecida, a expressão "do Oiapoque ao Chuí", que se refere à extensão geográfica do Brasil, não está correta. Isso porque o Oiapoque, no Amapá, não é o extremo-norte do país, mas sim o Monte Caburaí, em Roraima, registrado em 1931.

desconstruindo as narrativas dominantes. E, quando se trata de pós-colonialismo, tudo começa pelo fim. Já que o período marcado pela busca por uma desconstrução da narrativa escrita pelos colonizadores sucede à independência das colônias. A esse momento da história, vivenciado pelo Brasil a partir do século XIX, no tempo da conquista da sua emancipação de Portugal, até os dias de hoje, e que implica mudanças sociais, culturais e políticas, dá-se justamente o nome de pós-colonialismo.

Para fins didáticos, é certo, a música de 1978 nunca deixou de ser ouvida; mas agora há quem a compreenda nas entrelinhas. E aí vale a pena uma expedição teórica: nosso destino é o entendimento de que o pós-colonialismo é uma teoria, um movimento de ruptura, como é próprio da história. Mas ruptura com o quê? Não só com as nações colonizadoras, de maneira literal, por meio da promulgação da independência das colônias, mas com o etnocentrismo europeu, responsável por uma construção do imaginário que pregava uma superioridade do colonizador em relação aos colonizados, do branco em relação aos negros e aos indígenas.

O pós-colonialismo se divide em dois passos, os dois para a mesma direção: o plano territorial, concreto, físico e referente à divisão da terra e à propriedade de nações inteiras; e o plano discursivo, responsável pela construção desse imaginário, com uma influência direta, por razões óbvias, das línguas herdadas pelos colonizadores. Foi esse pensamento, tão necessário quanto inevitável, que atualizou a história do Brasil de "descoberto pelos europeus" para "ocupado pelos exploradores", para citar apenas um exemplo.

O rompimento com a estrutura de poder colonial, com o legado do colonialismo ao qual foi submetido, até fez o brasileiro compreender melhor a própria identidade e avançar um pouco com a desconstrução de narrativas dominantes. É a partir desse novo discurso que podem ser revisados tanto os sistemas de representação construídos ao longo do período colonial, que moldam o pensamento e regulam a dinâmica social até o tempo presente, quanto os processos identitários, isto é, a forma como as pessoas se percebem e são percebidas pelos outros. De novo, "o outro", essa entidade. Um *plot twist* na própria história, capaz não apenas de surpreender, mas de mudar a percepção do enredo e reposicionar grupos sociais subalternizados. De novo, a mesa e seus lugares de assento.

Esse processo, porém, ocorreu de maneira atípica no país, resultando em atualizações bem mais lentas. Isso porque os próprios colonizadores permaneceram por aqui e ocuparam espaços de poder nos primeiros anos pós-independência, com Dom Pedro I no cargo de imperador. Apesar disso, há historiadores que defendem que o período pós-colonial teve início no país, na verdade, um pouco antes, em 1808, quando houve a transferência da Corte portuguesa para a colônia, com a migração da sua elite política e a efetivação do Rio de Janeiro como capital. Bom, tomando como base qualquer um dos marcos temporais, sua ocorrência não significou uma ruptura com a estrutura social e econômica vigente. Isso se deve, em grande parte, pela permanência dos colonizadores e pela manutenção de características do período anterior, como o latifúndio, a escravidão e a desigualdade social, temas centrais dos capítulos da história que vamos revisitar um pouco mais à frente.

Vale dizer que a persistência de narrativas como a teoria do lusotropicalismo,[21] criada por Gilberto Freyre na década de 1930, também contribuiu para uma continuidade das estruturas coloniais portuguesas e para esse apartamento do Nordeste, como também veremos adiante. Se até os nossos tentavam suavizar o discurso da exploração, quem nos descreveria com a reparação a

---

[21] O lusotropicalismo é uma teoria social desenvolvida por Gilberto Freyre, que postula a existência de uma identidade cultural comum entre os povos de língua portuguesa. Essa identidade seria baseada na suposta maneira peculiar dos portugueses de valorizar os aspectos locais das regiões colonizadas, promovendo, assim, uma visão positiva da exploração e da miscigenação racial e cultural nos territórios sob domínio de Portugal.

que fazíamos jus? Essa teoria tentava argumentar que Portugal teria adotado uma postura mais tolerante em relação às culturas locais durante seu processo de colonização, construindo, no Brasil, uma sociedade luso-brasileira harmoniosa e miscigenada. Uma narrativa, portanto, que romantiza as relações coloniais e minimiza a exploração e a opressão presentes na história do país, retardando assim os processos necessários de ruptura.

Os estudos pós-coloniais vão ganhar mais força, no mundo todo, nos anos 1970, com investigações aprofundadas sobre as relações de dominação e subordinação inerentes à exploração de um território por indivíduos estranhos, ainda que depois da saída desses forasteiros. Justo quando o Brasil estava em meio à ditadura militar. É desse período que datam obras que buscam romper com hierarquias persistentes e questionam pressupostos tradicionais, fazendo frente à superioridade europeia, ao imperialismo e ao racismo, a exemplo de *Orientalismo: o Oriente como invenção do Ocidente*,[22] publicada pelo crítico literário palestino Edward Said em 1978.

Em seu trabalho, Said oferece uma análise de como o Oriente foi percebido e representado, ao longo da história, pelo Ocidente, a partir de uma perspectiva arbitrária e preconceituosa, motivada por interesses políticos e ideológicos, que ajudaram a nutrir distorções. Agora releia esse último período substituindo "Oriente" por "Nordeste" e "Ocidente" por "Sul". Essa relação de poder – que pode parecer sobre um lugar distante, mas não é – fica clara quando o autor afirma, por exemplo, que se trata de "uma doutrina política, imposta ao Oriente porque este era mais fraco que o Ocidente".[23]

A abordagem de Said é particularmente ilustrativa e vem ao encontro do que se pretende desfazer sobre o povo do Nordeste, na medida em que, de acordo com ele, o orientalismo nada

---

[22] Said, Edward W. *Orientalismo: o Oriente como invenção do Ocidente*. São Paulo: Companhia das Letras, 2007.

[23] Said, 2007, p. 277.

mais é do que uma construção social. O Oriente (ou o Nordeste) seria, portanto, uma instituição presente no imaginário associado à difusão de conceitos errôneos e interesseiros, tais quais o exotismo presente nas interações sociais e a necessidade, sob o ponto de vista do Ocidente (ou do "Sul"), da ocorrência de um processo "civilizador". É a representação do Oriente (o Nordeste) pelo Ocidente ("Sul") que perpetua a dominação.

Com o passar do tempo, os estudos pós-coloniais adquiriram uma dimensão mais profunda. No final dos anos 1990, diversos intelectuais latino-americanos se uniram em torno da angústia de compreender o que resta quando a colonialidade subtrai as bases da nossa subjetividade. Formou-se, então, o grupo Modernidad/Colonialidad, com pesquisadores de diferentes partes do continente reunidos em torno desse tema, mas, lamentavelmente, nenhum brasileiro fez parte do movimento.

Coube a esses intelectuais latinos acrescentar aos estudos sobre o pós-colonialismo a importante noção de decolonialidade, que sugere uma mudança de direção nos campos acadêmicos e discursivos por meio de uma oposição letrada e bem construída às estruturas de poder e à produção de conhecimento que têm o colonialismo como seu genitor. Aqui vale uma menção à diferença de nomenclatura: em oposição ao colonialismo, temos a descolonização, a ruptura com a territorialidade; em oposição à colonialidade, temos a decolonialidade, que consiste na ruptura com a discursividade. Não é sobre a terra, é sobre o discurso.

Merece especial atenção um pensador central desse grupo: o sociólogo peruano Aníbal Quijano.[24] Ele dá uma importante contribuição ao tema quando avança nas definições e apresenta o conceito de colonialidade do poder, segundo o qual as relações criadas pela exploração não acabam quando acontece a independência das

---

[24] Quijano, Aníbal. Colonialidade do poder, eurocentrismo e América Latina. *In*: Lander, Edgardo (Org.). *A colonialidade do saber: eurocentrismo e ciências sociais – Perspectivas latino-americanas*. Buenos Aires: Clacso, 2005, p. 117-142.

colônias, principalmente nas áreas política e econômica. Quijano afirma que raça, gênero e trabalho ordenaram e seguem ordenando as relações de exploração, dominação e conflito, o que, de fato, aconteceu e continua acontecendo no Brasil.

Por essa razão, todas essas contribuições, sobretudo a de Quijano, são relevantes, pois, mesmo no contexto pós-colonial, o que se vê em muitas das representações dos nordestinos no discurso e na produção jornalística e intelectual é uma tentativa contínua de manter relações de exploração, dominação e conflito. A apresentação reduzida e, muitas vezes, depreciativa dos habitantes do Nordeste, que começou quando a região engatinhava sob o ponto de vista existencial, persiste até hoje.

A divisão do Brasil que conhecemos atualmente tem menos de cem anos. Se é difícil imaginar que o Nordeste nem sempre teve essa denominação, talvez seja ainda mais custoso pensar que o Nordeste já foi a porção mais rica e próspera do país. Isso no período colonial, quando a Capitania de Pernambuco tinha o protagonismo, enquanto o restante da colônia tentava se firmar. Fatores econômicos, sociais e políticos mudaram esse quadro ao longo da história, de modo que o que vai definir o Nordeste enquanto recorte espacial não é a riqueza de outrora, e sim as dificuldades correntes, derivadas das secas, das desigualdades e da desatenção governamental. O Nordeste é então apresentado ao Brasil como uma "questão" a ser resolvida, habitado por uma população descrita como espelho da aridez das suas terras, sobre a qual incide, além da falta d'água, uma miscigenação considerada excessiva, a violência do cangaço e manifestações de fé merecedoras de repreensão.

Reposicionar o povo do Nordeste no tabuleiro do Brasil cumpre o propósito de revelar a construção social dessa população, pautada pelo preconceito, bem como o de retirá-la de uma subalternização ditada pelo externo e que foi internalizada por muitas Macabéas. Para a desconstrução do colonialismo, é preciso disposição para absorver, difundir e se ajustar ao que a história por trás da história é capaz de reorganizar. Toda revisão feita em uma sociedade gera desconfortos, mais ainda para os que estão apegados às benesses que a configuração em vigor possibilita. É na sombra do desconhecimento que se abrigam os privilégios.

Apontamentos e autoafirmação

Uma faceta hierárquica tem persistido desde o início da ocupação do Brasil, quando os primeiros exploradores lamentavam a estranheza dos habitantes locais, como registrado por Pero de Magalhães Gândavo[25] – um cronista português do século XVI, que fez relatos sobre a flora e a fauna, os costumes culturais e as populações indígenas – e tantos outros. Ao descrever a terra como promissora e os originários como "atrevidos, sem crença na alma, vingativos, desonestos e dados à sensualidade",[26] ele mesclava o Éden com o inferno no mesmo lugar.

Essa narrativa ecoou pelos séculos seguintes, perpetuando uma visão mais inclinada ao exótico do que à aceitação da diversidade e relegando o povo do chamado "Novo Mundo"[27] à condição de "outro", cuja marca maior era a estranheza de seus costumes. A partir das ausências e da maximização das diferenças, deu-se a construção da identidade brasileira, intrincada até hoje no nosso conceito de Brasil.

Avançando alguns anos na história, mais especificamente ao século XX, é necessário desfazer a miopia que rege o olhar voltado para o nordestino, e isso exige uma investigação aprofundada de conceitos como identidade, pertencimento e comparações

---

[25] Gândavo, Pero de Magalhães. *Tratado da Terra do Brasil*. Brasília: Senado Federal, 2008. Escrito antes de 1573 e publicado originalmente em 1826.

[26] Gândavo, 2008, p. 68.

[27] A expressão "Novo Mundo", tradução do latim "*Mundus Novus*", foi cunhada pelo navegador e explorador italiano Américo Vespúcio em uma carta, escrita por ele a um amigo, na qual narra a identificação de um novo continente.

sociais que remontam às primeiras narrativas sobre o que a gente entende por Nordeste. No entanto, não basta analisar esses aspectos; é fundamental também compreender os interesses vigentes, as disputas políticas e econômicas e os conflitos de narrativa e dominação que ajudaram a moldar essa percepção.

Para tanto, é coerente explorar, ainda, conceitos teóricos relacionados à criação de estereótipos e mapear o caminho que eles percorreram até se manterem, intactos, no século XXI. Uma pesquisa cujo ponto de partida é o início da construção social do povo do Nordeste – que se entrelaça com a gênese do preconceito contra essa população – e que considera a produção jornalística da década de 1920 como um ponto de inflexão exige um confronto com o contexto histórico.

Ao validar esse trajeto de investigação, é possível entender os primeiros escritos públicos sobre esse pedaço do "Norte", que passa a ser identificado como Nordeste, ainda em oposição imediata ao "Sul" do progresso e da intelectualidade. Deter a lupa sobre as definições acerca dessa terra, acerca de sua gente e das obras do governo federal que se realizavam na época é importante, pois nos permite enxergar como os jornais desempenharam um papel decisivo e solitário na disseminação de informações – e no rechaço ao que não os interessava. Acrescente-se aqui o fato de que a TV ainda não havia chegado, e isso se dá antes mesmo da Era do Rádio (1920-1950).[28] Nesse contexto, tem-se uma equação que só poderia dar certo para quem estava com a palavra. Em um Brasil atravessado por desconhecimento, uma comunicação limitada e poucas vias de integração nacional, o resultado não era difícil de prever. E quem o provocou sabia o que estava fazendo.

---

[28] A expressão "Era do Rádio" se refere ao período entre as décadas de 1920 e 1950, quando o rádio foi o principal meio de comunicação de massa, exercendo significativa influência na cultura, no entretenimento e na política. No Brasil, especificamente, esse auge se deu entre 1930 e o final da década de 1950.

A definição do princípio, antes dos meios, é fundamental para que a gente defina uma trajetória. E lá vamos nós! Antes mesmo de o Nordeste ser cogitado, o "Norte", que englobava basicamente tudo o que estava acima de Minas Gerais, tinha recorrência negativa na imprensa por meio das secas, do cangaço e de episódios marcantes como o confronto bélico batizado de Guerra de Canudos.[29] A visibilidade nacional que a grande estiagem de 1877 recebeu, as notas sobre o surgimento do banditismo social no interior nordestino, os artigos publicados por Euclides da Cunha sobre a comunidade afrontosa de Antônio Conselheiro no interior da Bahia: tudo isso já era preparatório para um ambiente de distinção. As perspectivas do "Sul" sobre um espaço que destoava das suas rotinas e práticas: o "Norte". E, veja bem, isso tudo desembocou satisfatoriamente numa camada literária sobre a qual falaremos mais tarde.

As afirmações depreciativas sobre o povo do Nordeste, feitas logo após a região receber essa denominação, na virada de 1919 para 1920, serviam ao "Sul" no seu movimento de autoproclamar-se como o Brasil "civilizado". Por mais que o "Sul" enxergasse mérito e valor nos próprios atributos, suas características puderam se firmar apoiadas na existência do "nós" e do "eles", isto é, no conflito entre Brasis. A existência do "eles", portanto, foi determinante para a definição do "nós". Ao se colocar como superior e ao apontar o "Norte" como um mau exemplo, o "Sul" estabeleceu sua forma e incutiu nas pessoas a vontade de lhe pertencer.

E, para entender o porquê disso, tomamos emprestado, lá do século XVI, um aforismo do filósofo francês Montaigne, que continua pertinente para o que se quer costurar: "Cada

---

[29] A Guerra de Canudos foi um conflito ocorrido entre 1896 e 1897 no interior da Bahia, envolvendo o movimento liderado por Antônio Conselheiro e as forças do governo republicano. Foi uma guerra sangrenta que resultou na destruição do arraial de Canudos e na morte de milhares de pessoas, refletindo tensões sociais, políticas e religiosas da época.

qual considera bárbaro o que não pratica em sua terra". A ideia de que o lugar de origem de cada um é senhor da verdade e da razão em relação ao que é percebido no outro, presente na reflexão de Montaigne, dialoga com a necessidade de apontar o que é diferente e de se reconhecer. A ligação emocional com determinada geografia, história ou cultura, então, desempenha um papel fundamental na formação da identidade individual, na maneira como cada um se percebe, confirmando que as duas ideias – identidade e pertencimento – trabalham em cooperação.

Do século XX, é a vez de se recuperar novamente alguns entendimentos de Henri Tajfel, que diz que é na observância do diferente que uma pessoa (ou uma população) valida as próprias características, habilidades e realizações. Essas percepções sobre si a partir do que está presente ou ausente no outro são a base das comparações sociais, da oposição entre o "nós" e o "eles", que nos ajuda a enxergar quem somos e quem são os outros. É Tajfel, também, que introduz as noções de endogrupo, o grupo do qual fazemos parte, e exogrupo, o grupo externo observado. Nesse contexto, o exogrupo é percebido como diferente e distante, e essa ideia de distinção escancara portas para que seus membros sejam alvo de estereótipos e, por tabela, de discriminação.

Esse pensamento se encaixa perfeitamente aqui, pois nos ajuda a entender outra ideia importante, abordada pela professora e pesquisadora portuguesa Rosa Cabecinhas[30]: o que ela chama de "efeito da homogeneidade do exogrupo". Mas o que vem a ser isso? Trata-se da tendência de perceber o grupo alheio como mais homogêneo do que o grupo ao qual pertencemos. Na prática, essa percepção resulta em uma falsa ideia de homogeneidade externa, enquanto reconhecemos a heterogeneidade do nosso próprio grupo. Assim, enquanto "nós"

---

[30] Cabecinhas, Rosa. Estereótipos sociais, processos cognitivos e normas sociais. *In*: Silva, Manuel Carlos; Sobral, José Manuel. *Etnicidade, nacionalismo e racismo: migrações, minorias étnicas e contextos escolares*. Porto: Afrontamento, 2012.

guardamos diferenças internas, "eles" são vistos como iguais. E aí, alagoanos, paraibanos e cearenses constantemente são tratados por meio de uma única representação, com o atropelo das nuances individuais em favor de um pensamento simplista de que "é tudo a mesma coisa".

Acontece que essa percepção vai além da mera diferenciação e repercute nas relações de poder. A discussão não se limita ao pertencimento, mas inclui a análise da estrutura social atual e das dinâmicas históricas de dominação. No aprofundamento de Cabecinhas, ficou evidente que o efeito de homogeneidade do exogrupo é mais forte quando parte dos grupos dominantes. Isso mostra que a questão não é apenas sobre como um grupo vê o outro, mas sim quem está fazendo essa observação.

E quando essa observação é acompanhada de conflitos, não é difícil imaginar para que sentido ela se dirige. Basta olharmos para o que a história nos mostra sobre conquistas de povos e nações justificadas pela atribuição de qualidades negativas aos rivais, apenas para atender a disputas de poder. Os rivais, em certas situações, não precisam estar em um contexto de guerra; podem surgir em disputas sociais. Em períodos de crise profunda, para ilustrar, grupos subalternizados, como migrantes, são muitas vezes injustamente responsabilizados por problemas dos quais não são culpados, exacerbando as fronteiras simbólicas e levando a processos de estigmatização e desumanização. O sentimento de pertencimento é, em grande parte, configurado pelo embate e pela competição com o outro.

Não se pode omitir o conflito de poder em curso entre o "Norte" e o "Sul" do Brasil. Essa disputa se dá não apenas pelo deslocamento geográfico do domínio econômico, devido à falência e à ascensão das economias de cima e de baixo, respectivamente, como esmiuçaremos adiante, mas também pelo súbito envio de recursos para a realização de obras nas terras dos antigos protagonistas. O que aconteceu exatamente no momento em que o Nordeste foi batizado com esse nome. Essa ingerência da informação não foi à toa.

Com a eleição de um paraibano para a Presidência da República, houve uma descontinuidade na vantajosa política do Café com Leite para Minas Gerais e São Paulo. E o novo chefe do Executivo nacional tratou de agir viabilizando investimentos para "revalidar" o Nordeste em formação, conforme dito por ele mesmo. Estamos falando do ex-presidente Epitácio Pessoa.

Natural de Umbuzeiro, na Paraíba, Pessoa foi eleito presidente do Brasil enquanto estava na França, representando o país no desenrolar do Tratado de Versalhes. Sua eleição foi carregada de simbolismo, marcando uma grande exceção do Café com Leite, um hiato no passa ou repassa político que então estava em execução. Ele ocupou a Presidência de 1919 a 1922, delimitou o Nordeste no papel e direcionou recursos significativos para sua região de origem. A vitória de Epitácio Pessoa contrariou interesses, assim como suas práticas no comando da nação. Um presidente que privilegiou "eles" em detrimento do "nós", que frustrou o que ocorria fortemente nos primeiros anos da República.

Mas voltemos às comparações sociais. Além de pavimentarem um caminho para a inferiorização, elas também unem aqueles que exercem a crítica. A alegação de que os integrantes de um grupo compartilham um defeito comum absolve os que estão fora desse grupo de possuí-lo. Assim, se o Nordeste era retratado como habitado por tipos que simbolizavam o atraso e o retrocesso, aqueles que expressavam essas opiniões se colocavam como representantes do progresso e da modernidade. E isso custou caro à população nordestina.

É bem verdade que essa colaboração entre identidade e pertencimento é possível devido à forma de pensar do homem. O pensamento humano opera da seguinte forma: através de um processo contínuo de percepção, generalização e categorização. Isso permite a construção de esquemas mentais, que podem ser bastante complexos, pelos quais compreendemos e entendemos o mundo. A partir desses esquemas, é comum atribuir características negativas a grupos inteiros com base em categorias criadas mentalmente. E esses esquemas, claro, tendem a favorecer o indivíduo e seus semelhantes, ao mesmo tempo que desfavorecem os diferentes. Por exemplo, paulistas e nordestinos muitas vezes são rotulados como "acelerados" e "preguiçosos", respectivamente, sem considerar as individualidades de cada pessoa dentro desses grupos, condenando-os a uma mesma sina. Essa lógica segue promovendo adversidades há muitos anos.

Sobre essa assimetria, apesar da possibilidade de mudança de concepções ao longo do tempo, Walter Lippmann, autor de *Opinião pública*,[31] expõe a rigidez das imagens mentais. Ele destaca o quanto é difícil mudar o que está bem assentado, especialmente as imagens relacionadas a grupos sociais com os quais se tem pouco ou nenhum contato, como o "Sul" em relação ao Nordeste no início do século XX. Em paralelo, essa resistência em mudar percepções visuais, ainda que novas informações surjam para contradizê-las, ajuda a mensurar o seu peso nas conclusões e nos julgamentos, motivada pela defesa de interesses, mas também por essa necessidade de definição que possui cada indivíduo.

O que existe, em miúdos, quando dessas definições, é uma forte tendência a generalizações e simplificações que, por sua vez, é muito influenciada por experiências passadas, motivações, interesses, necessidades e propósitos. E, do individual, estende-se ao coletivo. É essa tendência de extrapolar uma experiência particular para afirmar algo em sentido amplo sobre um grupo de pessoas que nutre de forma substancial a construção dos estereótipos e seus estigmas. A indisposição secular não se deu somente pelo encontro entre culturas distintas: uma narrativa construiu essa barricada. Do outro lado, quem sofria calado, mais por falta de alto-falante do que de vocabulário, resolveu abrir a boca. E não foi para falar baixo.

---

[31] Lippmann, Walter. *Opinião pública*. 2. ed. Petrópolis: Vozes, 2010 [1922].

O POVO DO NORDESTE EM 5 ATOS

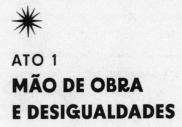

ATO 1
MÃO DE OBRA E DESIGUALDADES

O Brasil que prosperava

Já está bem estabelecido que o termo "descoberta", para se referir à chegada dos portugueses ao Brasil há pouco mais de 500 anos, é incorreto. Assim como se sabe que essa ocupação por Portugal começou pelo que hoje se entende como Nordeste. O local exato onde a expedição liderada por Pedro Álvares Cabral atracou no primeiro momento, porém, é fonte de divergência. Apesar de Porto Seguro, na Bahia, estar consolidada nas salas de aula como cenário do que supostamente se passou em 22 de abril de 1500, há outra versão que indica Touros, no Rio Grande do Norte, como sendo o verdadeiro local dessa passagem.

Justifica-se que, ao ser o primeiro lugar onde se atraca por essas bandas, o Nordeste tenha sido a primeira porta de entrada, tenha abrigado a primeira província e fosse, de alguma forma, um lugar de atração e encantamento. Não à toa, aliás. Afinal, "as aves que aqui gorjeiam não gorjeiam como lá", nos disse o poeta maranhense Gonçalves Dias, mais tarde, lá no início do século XIX. Imagina-se o deslumbramento que tomou conta dos portugueses ao avistar as primeiras paisagens brasileiras. E as possibilidades de exploração.

Thales Guaracy, autor de *A conquista do Brasil*, chega a ventilar uma presença portuguesa pontual em território paulista antes do desembarque controverso de Cabral. Trata-se do lendário João Ramalho, o Piratininga, que se estabeleceu na região de São Vicente, em São Paulo, e se tornou "a ponta de lança da ocupação portuguesa continente adentro, justamente por adotar aquela vida semelhante à dos índios".[32] As informações sobre a chegada de Ramalho ao Brasil, no entanto, são bastante limitadas, e a versão de que tudo começou no Nordeste atual prevalece.

À luz do historiador Capistrano de Abreu,[33] que não escapou da visão pessimista que norteava os intelectuais da sua época sobre a sociedade mestiça que se constituía no Brasil, até então a colônia estava entregue a "degredados", "desertores" e "traficantes" da madeira que lhe deu o nome, não somente portugueses, mas também franceses e ingleses. É apenas em 1530, quando Dom João III toma medidas mais enérgicas relacionadas à colonização, que a ocupação acontece com efeito. Tanto a ocupação quanto a miscigenação. Justo no recorte espacial que nos interessa: o Nordeste foi o que veio logo a prosperar.

É fácil compreender o processo, por ser um capítulo bem conhecido da nossa história: Dom João III, movido pela urgência do "é agora ou nunca", sabia que, se não agisse, os franceses, que já estavam de olho naquela porção do tal "Novo Mundo", poderiam comprometer a integridade da América Portuguesa. Com um mapa à mão e algumas linhas traçadas, ele estabeleceu a divisão. Assim, foram criados quinze lotes nada modestos, maiores do que Portugal, com fronteiras não tão definidas devido à imprecisão na demarcação da linha do Tratado de Tordesilhas, assinado anos antes, em 1494. Estamos falando das capitanias hereditárias atribuídas a doze donatários por meio de uma Carta de Doação. A administração era privada, e a ocupação da terra era obrigatória, sem incentivos além do

---

[32] Guaracy, Thales. *A conquista do Brasil*. 5. ed. São Paulo: Planeta, 2015. p. 34.

[33] Abreu, João Capistrano de. *Capítulos da história colonial*. Brasília: Senado Federal, 1998 [1907].

próprio lote. Os donatários precisavam buscar maneiras de tornar a empreitada viável.

Para implantar as fazendas de cana-de-açúcar – a ideia era replicar no Brasil o projeto bem-sucedido que já havia sido implementado nos Açores e na Ilha da Madeira –, decidiu-se utilizar mão de obra escravizada. Os portugueses, ao contrário do que imaginaram, enfrentaram dificuldades para cativar os indígenas, sobretudo pela sua resistência à exploração. Os próprios colonos também eram arredios aos donatários. Era o que se passava em toda a colônia. Em uma capitania, no entanto, a experiência foi diferente: a Capitania de Pernambuco. E esse mérito não tinha nada a ver com a Coroa, mas com seu donatário.

Duarte Coelho chegou acompanhado de sua família, sem data para retornar. Essa informação é relevante porque, ao contrário de outros detentores da concessão que não se comprometeram a longo prazo com suas terras – ou nem sequer pisaram aqui –, Coelho apostou na sua duração. Como resultado, tornou-se um dos principais responsáveis tanto pela colonização quanto pelo crescimento da produção de cana-de-açúcar. Competia a ele doar terras em sesmarias a cristãos e tentar escravizar indígenas para o trabalho – tarefa nada fácil, mas, entre inimigos e aliados, foi se estabelecendo. O historiador Rocha Pita, em *História da América Portuguesa*, faz uma observação irônica sobre o feito: "foi necessário ir ganhando a palmos o que se lhe concedera a léguas".[34]

O donatário da Capitania de Pernambuco acreditava que a verdadeira fortuna só viria da agricultura em larga escala. Em 1542, então, solicitou ao rei a autorização para o ingresso de pessoas escravizadas da África. Com recursos emprestados de investidores portugueses, Duarte Coelho iniciou o tráfico de sudaneses da Guiné e bantos de Angola e Congo para o Brasil. Nasciam

---

[34] Pita, Sebastião da Rocha. *História da América portuguesa, desde o ano do seu descobrimento até o de 1724*. São Paulo: Edusp, 1976. p. 93.

os alicerces da economia e da sociedade colonial brasileira, latifundiária e escravista, dando origem a expressivas desigualdades e à multifacetação étnica.

O clima tropical e o solo fértil massapê do litoral de Pernambuco passaram a contar com um reforço substancial para impulsionar os interesses dos colonizadores: a mão de obra escravizada negra. Como observou Gilberto Freyre em *Casa-grande & senzala*, "o Brasil era o açúcar, e o açúcar era o negro".[35] Em pouco tempo, a capitania entregue a Duarte Coelho já reunia metade dos engenhos que havia em todo o território colonial e, por isso mesmo, avançou com a economia açucareira, permitindo a ocupação da terra e ainda o desenvolvimento dos primeiros aglomerados urbanos.

A estrutura fundiária brasileira tem suas raízes aí. Com um pequeno grupo de pessoas controlando praticamente um continente inteiro, a equação estava estabelecida. A prosperidade da produção do açúcar gerou uma elite aristocrática formada pelos senhores de engenho, que exerceu uma influência profunda no país e em seu futuro. Na base dessa estrutura de classes, um Nordeste expropriado forçado a lutar pela sobrevivência contra essa dinâmica social. Essa disparidade se manifestou a partir daquele momento e continuou a se desenvolver ao longo dos séculos seguintes, revelando-se em formas específicas de luta de classes e conflitos sociais na região.

Como as outras capitanias não prosperavam, Dom João III foi convencido de que era preciso um poder central e nomeou Tomé de Sousa como primeiro governador-geral do Brasil. Além de suas funções na nova posição, de coordenar esforços para garantir a exploração em toda a colônia, Sousa também recebeu a Capitania da Baía de Todos os Santos. Por essa razão, em 1549, São Salvador, hoje apenas Salvador, foi designada como a sede do governo-geral, tornando-se mais um

---

[35] Freyre, Gilberto. *Casa-grande & senzala*. 48. ed. Recife: Global, 2003 [1933]. p. 342.

importante polo de ocupação e poder em território mais tarde chamado de nordestino.

Apesar da força da capital, o Nordeste próspero do açúcar era amplamente definido pela supremacia comercial de Pernambuco em relação às outras áreas que compunham esse espaço geográfico. Francisco de Oliveira, autor de *Elegia para uma re(li)gião*,[36] aponta que essa dinâmica representava uma forma de capitalismo mercantil enraizado no interior do próprio Nordeste. A saber: as relações comerciais, práticas agrícolas e as dinâmicas de poder estavam desenhadas por essa forma de capitalismo, que era característica e própria da região e que iria influenciar suas interações e desenvolvimento ao longo do tempo, sobretudo no campo das desigualdades. Mas essa questão não era o principal desafio enfrentado pela colônia.

A "conquista" do "Sul"

Em toda a costa do Brasil, a resistência indígena crescia – o território era deles, e o conheciam como a palma de sua mão –, e, na Europa, outros países se adiantaram na corrida marítima, ameaçando a hegemonia portuguesa. Era preciso um novo governador-geral que fizesse valer o poder central de Salvador, cuja criação foi justificada pela necessidade de expandir os interesses da Coroa. A missão, a partir de 1557, foi incumbida a Mem de Sá.

Numa espécie de "corrida pelo Sul", franceses e portugueses, temiminós e tamoios protagonizaram um confronto duplo: um povo indígena aliado de um colonizador contra outro povo indígena aliado de outro colonizador – e a guerra estava pronta. Assim se deu a chamada Confederação dos Tamoios, com vitória para Portugal. Tudo só foi possível com essa aliança, e, com a

---

[36] Oliveira, Francisco de. *Elegia para uma re(li)gião*. 3. ed. Rio de Janeiro: Paz e Terra, 1981.

morte dos resistentes, a colônia portuguesa pôde ser estabelecida de acordo com os planos de além-mar, que nesse tempo já eram conduzidos pelo novo rei Dom Sebastião I. Mem de Sá permaneceu no cargo de governador-geral até 1572, quando faleceu. Após sua morte, o Brasil experimentou algo importante: sua primeira divisão geográfica regional.

O governo-geral foi dividido em duas partes. A região do "Norte" foi atribuída a Luiz de Brito, com a capital em Salvador, e sua missão era controlar os indígenas que viviam no que conhecemos hoje como Sergipe, Paraíba e Maranhão. Já a administração do "Sul" ficou a cargo do antigo capitão de Pernambuco, Antônio Salema, que estabeleceu sua sede em São Sebastião do Rio de Janeiro, hoje Rio de Janeiro, conforme registrado por Guaracy.

Essa primeira divisão da colônia litorânea durou pouco, de 1572 a 1577, apenas; mas foi repetida entre 1608 e 1612, como registrou o historiador István Jancsó,[37] com Salvador e o Rio de Janeiro assumindo novamente o comando do "Norte" e do "Sul", respectivamente. Em 1621, uma nova proposta foi implementada: criaram-se os estados do "Brasil", que se estendia do Rio Grande do Norte a São Vicente (São Paulo), com capital em Salvador; e do "Maranhão", que abrangia do Ceará ao Grão-Pará (estados amazônicos), com capital em São Luís. Essa nova divisão perdurou por mais de um século e visava a acelerar a apropriação da Amazônia, oferecendo mais uma pista sobre a origem da ideia de "Norte" e "Sul".

A unificação dos estados do "Brasil" e do "Maranhão" só ocorreu com as reformas promovidas pelo controverso Marquês de Pombal[38] na segunda metade do século XVIII, quando ele

---

[37] Jancsó, István. *Cronologia de história do Brasil colonial: (1500-1831)*. São Paulo: USP, 1994.

[38] O Marquês de Pombal, título de Sebastião José de Carvalho e Melo, foi um estadista português do século XVIII, reconhecido por suas reformas políticas, econômicas e educacionais, que buscavam modernizar o

extinguiu as últimas capitanias hereditárias. Como se vê, longe das simplificações da historiografia escolar, o passado colonial do Brasil é marcado pela alternância entre poder dividido e centralizado. Embora a divisão "Norte-Sul" não tenha sido tão pronunciada quanto em períodos posteriores, suas nuances não podem ser ignoradas, em especial, devido às diferenças nas motivações envolvidas. Em geral, as partições incluíam Pernambuco e Salvador na mesma subdivisão. O foco? A prosperidade do açúcar. Em outras áreas, a ênfase estava na facilitação da expansão da ocupação portuguesa, na vontade de apropriar o resto da colônia.

Não bastasse esse contexto de dominação interna, Brasil e Portugal estiveram sob o domínio espanhol durante seis décadas, devido à União Ibérica (1580-1640).[39] O açúcar, um produto altamente lucrativo, despertou o interesse das potências emergentes. A cana foi tão importante para a viabilização econômica da colônia que chamou a atenção de outras nações, a exemplo da Holanda. Até aí, tudo bem. O problema é que a Holanda era uma adversária declarada da Espanha, que controlava o Brasil na época. No início do século XVII, então, ela invadiu o que hoje corresponde ao Nordeste brasileiro. Fez isso como retaliação ou apenas para se apropriar da riqueza disponível.

Foi assim que o Nordeste foi Holanda por mais de 20 anos, entre 1630 e 1654, e a expulsão dos forasteiros,[40] a essa

---

Estado português e consolidar o poder central. Seu governo, embora controverso, teve um impacto duradouro tanto na história de Portugal quanto na do Brasil.

[39] A União Ibérica foi um período entre 1580 e 1640, no qual Portugal e Espanha estiveram sob uma única coroa, em razão da ascensão de Filipe II da Espanha ao trono português, gerando uma união política temporária entre os dois reinos.

[40] A expulsão dos holandeses do Brasil foi resultado de uma série de conflitos entre colonos holandeses e portugueses, culminando na reconquista do território, atualmente localizado no Nordeste, em 1654. Esse processo, conhecido como Insurreição Pernambucana, contou com

altura já bem entrosados com os senhores de engenho, lança luz sobre um ressentimento percebido dentro da colônia, que refletia essa dualidade "Norte-Sul". Quando a Coroa solicitou aos bandeirantes paulistas que interviessem no conflito para restaurar o domínio português, encontrou considerável resistência. Os bandeirantes não demonstravam grande interesse por Pernambuco, e esse ponto é importante. Sua indiferença se devia em parte aos supostos privilégios concedidos pela Coroa à elite açucareira, que era vista como independente e recebedora de tratamento diferenciado.

Para convencê-los, foi preciso Portugal – que voltara a ser Portugal com o fim da União Ibérica – oferecer perdão a crimes cometidos. E olhe lá! Não se obteve o resultado esperado: os bandeirantes apenas cumpriram o acordo firmado, sem muito entusiasmo, pontuando um indício de animosidade entre o "Norte" e o "Sul". Apesar disso, o episódio da expulsão dos holandeses é apontado como um marco no início da formação da identidade coletiva, importante para a integração colonial e para a "conquista" do Brasil.

A história do Brasil Colônia entra em um novo capítulo a partir de 1690, com mais uma "descoberta": a do ouro na Serra do Espinhaço, boa parte localizada no atual estado de Minas Gerais. Após várias investidas da Coroa, esse evento marcou o início de uma nova fase na economia colonial, fora do Nordeste açucareiro, e incentivou a expansão populacional para o interior e para o "Sul". O país vivenciava uma verdadeira corrida do ouro, que transformaria sua configuração no novo século que se aproximava. Em total consonância com o historiador Antonio Carlos Jucá de Sampaio,[41] gestava-se assim uma nova geografia econômica.

---

o apoio das populações locais e o reforço militar enviado pela Coroa, garantindo a retomada do controle português sobre a região.

[41] Sampaio, Antônio Carlos Jucá de. A curva do tempo: as transformações na economia e na sociedade do Estado do Brasil no século XVIII. *In*:

Balança em desequilíbrio

Aqui se apresenta um momento decisivo para nossa narrativa: a exploração do ouro. Esse metal precioso passou a fazer reluzir o "Sul", transformando profundamente a história do "Norte". Foi no Brasil do século XVIII que a colônia deixou de se limitar ao Nordeste, e a balança comercial – e política – começou a se inclinar em favor da porção meridional, com impactos não somente na fonte do ouro, mas também ao longo de seu trajeto e na área de escoamento. Até porque o ouro era o novo açúcar – este bastante retraído, a essa altura, pela concorrência aberta nas Antilhas pelos holandeses expulsos daqui.

A colônia foi afetada por essa transição econômica, obrigando Portugal a buscar nova rentabilidade, e, para superar a crise do açúcar, o ouro surgiu de modo providencial e com tanta força que fez com que a capital do Brasil mudasse de endereço. Pudera: do ouro de aluvião à exploração em potencial das minas recém-descobertas, o futuro se pavimentou para isso. Havia ouro de sobra.

É essa conjuntura que faz com que, em 1763, Salvador seja preterida em favor do Rio de Janeiro enquanto capital, para otimizar a supervisão do acesso à região das minas e garantir a proteção das fronteiras que agora interessavam. Recorrendo novamente a Antonio Carlos Jucá de Sampaio,[42] esse ciclo se reflete também na demanda por trabalhadores escravizados e, como consequência, o Rio de Janeiro virou referência e ultrapassou a Bahia nesse ponto. A explicação era simples: proximidade geográfica de onde estava a nova riqueza. Na década de 1730, o porto do Rio começou a superar o de Salvador, e, na década de 1740, a diferença de movimento nos dois portos já era superior a 60%, marcando uma mudança

---

Fragoso, João; Gouvêa, Maria de Fátima. *Coleção O Brasil Colonial 1720-1821*. 4. ed. Rio de Janeiro: Civilização Brasileira, 2019. v. 3.

[42] Sampaio, 2019.

significativa nunca mais recuperada. O curso da história mudava, e mudava para sempre.

O Nordeste açucareiro passou a ser excluído dos novos circuitos de produção, enquanto o "Sul" começou a se beneficiar de infraestrutura e investimentos. O ouro era a base dos sistemas mercantilistas europeus e não poderia ser coadjuvante no sistema econômico das bandas de cá. Para acentuar essa discrepância, o século seguinte trouxe agravantes adicionais para o Nordeste: uma desaceleração ainda maior da economia açucareira e o desembarque da família real portuguesa na nova capital do Brasil. A instalação da Corte no Rio em 1808, como era de se esperar, provocou uma profunda alteração na estrutura da colônia. A chamada "inversão brasileira" incrementou a capital e consolidou o hoje Sudeste como novo centro de poder.

Foi também no século XIX que parte do Brasil meridional prosperou com um novo tipo de ouro, desta vez verde, aprofundando as disparidades regionais: era chegado o tempo do café. As primeiras grandes lavouras surgiram nas então chamadas "províncias" do Rio de Janeiro e de São Paulo, e foi aí que o café se tornou o principal produto econômico de ligação entre o Brasil e os mercados mundiais. Esse quadro se manteve ao longo do século XIX, trazendo ganhos que enriqueceram seus barões, claro, e sustentaram o processo de modernização do Brasil. Pelo menos o do "Sul".

Como define Francisco de Oliveira, naquele momento acontecia a "constituição de outra 'região'" no contexto da nação que se tornava independente de Portugal – a independência veio em 1822 – e se distanciava das terras anteriormente mais prósperas: surgia a região do café. Essa transformação ocorreu por força da mesma determinação externa que havia anteriormente engrandecido o Nordeste, qual seja, "suas relações com as potências imperialistas".[43] Isso confirmava a vocação do Brasil para um

---

[43] Oliveira, 1981, p. 34.

nomadismo interesseiro, em vez de construir uma base sólida e duradoura de crescimento econômico equitativo. Foi o que dotou o país de ilhas transitórias de prosperidade. Quando uma economia enfrentava dificuldades, passava-se para a próxima.

A ascensão dessa região cafeeira fez com que o Nordeste passasse a ocupar um papel secundário em relação ao novo polo econômico e político do Brasil, inaugurando uma relação de subordinação que contribuiu para o *status* que passou a acompanhar a região nos anos seguintes. Todo centro estabelece uma noção de periferia, e muito da carga preconceituosa dirigida ao Nordeste e à sua população está relacionada a essa dinâmica de poder, desenvolvimento e desigualdade, que tem nesse pedaço da história a sua origem.

O historiador Robert M. Levine[44] chega a afirmar que o deslocamento do eixo econômico do "Norte" para o "Sul" transformou o Nordeste em uma espécie de colônia interna. Afirmação que corrobora a noção de colonialidade de poder, discutida anteriormente no capítulo "Já que sou, o jeito é ser", evidenciando a continuidade da exploração que mencionamos. Não é por acaso que esse período marca o início de um acirramento mais evidente entre os Brasis, exacerbado pela desigualdade econômica e por outro fenômeno que se tornou bastante perceptível no final do século XIX: as secas, com grande potencial para intensificar ainda mais esse contraste.

Grande Seca, grandes contrastes

É bom colocar um holofote neste ponto: enquanto o café prosperava no "Sul", durante a segunda metade do século XIX, o Nordeste, ainda diluído no "Norte", enfrentou sérias dificuldades a partir de 1877. Nesse período, ocorreu aquela

---

[44] Levine, Robert M. *A velha usina: Pernambuco na federação brasileira (1889-1937)*. Rio de Janeiro: Paz e Terra, 1980.

que ficou conhecida como a maior seca da sua história, e, em decorrência dela, houve a devastadora morte e expulsão de muitos trabalhadores do campo. Esse é o início de uma trama folclórica para quem viu de fora – ou para quem ouve falar agora, como um mero evento histórico –, mas vale a pena esmiuçar, aqui, como a coisa se deu.

Estima-se que, entre 1877 e 1879, a falta de água e de alimentos, além de doenças, tenha matado quinhentos mil brasileiros, o equivalente à metade da população que habitava a região semiárida atingida pelo fenômeno. Estamos falando de meio milhão de pessoas em três anos. Embora esses dados sejam imprecisos, as menções existentes em livros e artigos de jornal são, no mínimo, indicativas da proporção da catástrofe.

Os historiadores Luiz Felipe de Alencastro e Maria Luiza Renaux, em "Caras e modos dos migrantes e imigrantes", afirmam, por exemplo, que "ocorrendo no tempo cíclico de vinte a trinta anos que já havia ocasionado as secas de 1825 e 1846, ambas acompanhadas de migração para outras áreas do Império, [...] a seca de 1877-8 causou provavelmente, em termos relativos, o drama de maior custo humano jamais registrado no Brasil",[45] talvez comparável apenas ao que foi a pandemia da Covid-19 (2020-2023); e não há dose de exagero nessa comparação.

Até existem outros escritos sobre secas anteriores à de 1877, como aquelas que ocorreram no início da colonização, quando tribos indígenas disputavam as safras de caju no litoral: relatos que podem ser encontrados nas crônicas de Fernão Cardim.[46] O ex-senador Tomás Pompeu de Sousa Brasil documentou incidências desse fenômeno entre 1721 e 1727, que resultaram

---

[45] Alencastro, Luiz Felipe de; Renaux, Maria Luiza. Caras e modos dos migrantes e imigrantes. *In*: Alencastro, Luiz Felipe de (Org.). *História da vida privada no Brasil*. São Paulo: Companhia de Bolso, 2019. v. 2 – Império: a corte e a modernidade nacional. p. 240.

[46] Cardim, Fernão. *Tratados da terra e gente do Brasil*. São Paulo: Ed. Nacional, 1978 [1925].

não apenas na morte de animais, mas também de populações indígenas. De maneira semelhante, Henry Koster registrou estiagens nos primeiros anos do século XIX em suas crônicas, publicadas em 1816.[47] Um ponto importante a destacar é que a documentação sobre as secas na região se tornou possível à medida que o interior do "Norte" foi sendo ocupado pelos colonos e seus descendentes. Esse processo também foi facilitado pelo desenvolvimento da imprensa, ainda que precária na época – imprensa essa que existia a contragosto de certa censura. Logo, conseguir informações a respeito do que acontecia nessa porção de Brasil não era lá tão fácil.

Vale a pena rebobinar a fita também para explicar que a ocupação do interior do Nordeste que conhecemos se tornou mais forte no século XIX. Enquanto o controle político da nação avançava para escapar das mãos do "Norte", o poder dentro do que se tornaria Nordeste também mudava de mãos, com a falência dos engenhos e a emergência de duas novas economias: a pecuária e o algodão. É quando "o Nordeste agrário não açucareiro converte-se num vasto algodoal",[48] frase de Francisco de Oliveira, deslocando o comando das decisões dos engenhos do litoral para as fazendas do interior. A opulência das propriedades dos senhores do açúcar dá lugar aos latifúndios áridos dos coronéis. É nesse rastro, com a exposição da estiagem de 1877 e os prejuízos sentidos sobretudo no interior, que vai surgindo o Nordeste das secas e o Nordeste dos retirantes, essa complicadíssima imagem que habita a imaginação do brasileiro até hoje.

O cenário, portanto, era de disputa inter-regional, com o confronto bem aquecido entre as elites ascendentes do "Sul" e

---

[47] O inglês Henry Koster publicou *Travels in Brazil* em 1816, considerado o primeiro estudo cronológico sobre a psicologia e etnografia do povo nordestino, ainda visto como nortista, incluindo registros de secas. Koster esteve no Brasil entre 1809 e 1815, mas sua obra só foi difundida no país a partir de 1942, com a tradução *Viagem ao Nordeste do Brasil*.

[48] Oliveira, 1981, p. 47.

as que estavam em falência no "Norte". Estas viram seu prestígio político encolher devido às crises que afetaram primeiro a produção do açúcar e, em seguida, a do algodão, severamente impactada pelas secas. Além disso, havia uma disputa intrarregional, marcada pela rivalidade entre os mandantes dessas duas economias. Porém, era preciso somar forças para impedir prejuízos maiores, para além dos pequenos interesses provincianos, com a unificação de aspirações regionais. Até porque essa seca foi um fenômeno global e atingiu outras porções do planeta, como a Índia, o nordeste da China, o Mediterrâneo e o sul da África – no Brasil, ela impactou com especial voracidade somente os estados que viriam a formar o Nordeste. Com a constatação da gravidade da situação, a questão da seca deixou então de ser tratada como cearense ou pernambucana para ganhar *status* de regional.

A estiagem de 1877 foi tão violenta e transformadora que Gilberto Freyre a dimensiona, no *Livro do Nordeste*,[49] como uma aceleradora do processo de abolição nacional da escravatura. De acordo com ele, isso se deu em razão do envio substancial de pessoas escravizadas ao "Sul" e da consequente escassez dessa mão de obra na economia do açúcar, que dependia dela para prosperar. A migração em massa de trabalhadores livres seguiu o mesmo itinerário, mas não somente: houve também uma debandada rumo à rota da exploração da borracha,[50] em crescimento longe dali, nos seringais da Amazônia.

---

[49] O *Livro do Nordeste* foi uma publicação especial de 1925, em comemoração ao centenário do jornal *Diário de Pernambuco*, que celebrou a importância histórica e cultural do Nordeste, destacando sua relevância na época.

[50] O ciclo da borracha foi um período de grande desenvolvimento econômico na região amazônica, durante o final do século XIX e início do século XX. Foi impulsionado pela crescente demanda mundial por borracha natural para a produção de pneus e outros produtos industriais. A extração e exportação de látex da seringueira foram atividades

O nordestino vitimado pela desigualdade procurava novos lugares para se fixar, não por livre e espontânea vontade, mas por falta de políticas públicas que dessem conta de uma crise jamais enfrentada antes.

Trabalhadores deslocados

Não há quem passe ileso aos quase quatro icônicos metros quadrados de óleo sobre tela do modernista Candido Portinari, hoje no acervo do Museu de Arte de São Paulo, o MASP. Estamos falando da obra *Retirantes* que data de 1944. E, se tudo acontece tardiamente no Brasil, é também tardia a retratação que atende a um imaginário carente de representações pictóricas desse início de século que consolidou o "pé cá, pé lá" dos nordestinos. Trabalhadores e suas famílias nesse itinerário rumo ao novo centro do país. Estão ali todos os elementos de que se aproveita o discurso já calibrado sobre essa gente que ocupava agora as lacunas do estado que se firmou como polo comercial do Brasil: os ossos no chão, as cores melancólicas e os urubus a postos.

Se nessa fase de Portinari há uma influência expressionista no trabalho de um artista já reconhecido e engajado em causas sociais, um pouco antes ele criou outras versões. *Retirantes*, de 1936, é a primeira de uma sequência de telas homônimas que abordam o mesmo grupo social, só que com muitas diferenças entre elas. Em uma dessas pinturas, quase inaugural, os pássaros em torno da família em primeiro plano não são urubus, a moringa dá conta de uma água potável possível e o baú de madeira é diferente da trouxa carregada pelo patriarca da família na versão dos anos 1940, que está no MASP.

---

econômicas dominantes nesse período, atraindo um intenso fluxo migratório para a região e contribuindo para a formação de cidades como Belém e Manaus.

Uma prova adicional dessa mudança de perspectiva é que as obras de 1936 se diferenciam ainda por retratarem exclusivamente mulheres e crianças negras, vestindo túnicas. A representação espelhava a realidade demográfica de um estado específico do Nordeste, a Bahia, onde a população negra era majoritária. E essa representação se explica: os baianos foram os primeiros nordestinos a se deslocarem em quantidade para o "Sul".

Os negros do "Norte" migraram para São Paulo durante um período marcado por políticas públicas eugenistas que visavam a branquear a população, e frequentemente os recém-chegados eram estigmatizados como "negros maus", como aponta Celia Maria Marinho de Azevedo em *Onda negra, medo branco*.[51] Esse contexto refletia o esforço para encontrar um destino para a população recém-libertada, já que o intento era mudar a cor da pele dos brasileiros, assunto para o próximo ato. Ampliar o quantitativo dessa população no Brasil "civilizado" estava completamente fora dos planos.

Portinari também experimentou as mesmas formas e figuras muito parecidas em outras obras, com uma diferença fundamental: uma influência nitidamente cubista, expressão que abriga, nos seus vértices, mais de uma perspectiva, o que não combina em nada com visões totalizadoras. E em que isso afeta nossa discussão? Não estamos aqui dando voltas em aspectos artísticos para justificar uma criação; o artista atua em uma via dupla. Ele capta e registra o imaginário, mas também o influencia, também o constrói, por meio da imagem, da concretude do discurso, que, até então, era fruto dos jornais e da literatura da época.

No início dessa trama das migrações brasileiras, após o declínio da produção açucareira, o Nordeste atrativo de outrora se tornou um espaço geográfico de repulsão, e esse deslocamento de

---

[51] Azevedo, Celia Maria Marinho de. *Onda negra, medo branco: o negro no imaginário das elites do século XIX*. 2. ed. São Paulo: Annablume, 2004.

mão de obra em massa começou, como observado, com a venda de trabalhadores escravizados. Com a pressa de quem contrata, nos últimos anos da escravidão, milhares de pessoas tinham destino certo: foram transferidas, em porões de navios, das plantações de cana no Nordeste para os cafezais do "Sul", em negociações que garantiam lucro aos senhores de engenho em dificuldade. Trabalhadores livres, já pontuamos, fizeram o mesmo caminho.

A razão dessa mudança de coordenadas geográficas, vale o recorte, não estava na seca propriamente, mas em desigualdades sociais intensificadas pela sua ocorrência. Argumenta o historiador Manuel Correia de Andrade[52] que uma das causas que mais contribuíram para agravar esse problema foi justamente a estrutura fundiária dominante desde a colonização e que tendia de forma sensível para a concentração da propriedade e a falta de garantias. Essa análise antecede a discussão sobre a estiagem. De fato, a história não registra migrações de latifundiários, já dos que eram explorados por eles, sim.

Mais tarde, no início do século XX, temos a chamada fase dos "itas", quando outros milhares de nordestinos embarcaram em navios da Companhia Nacional de Navegação Costeira para trabalhar no Rio de Janeiro e em São Paulo, em setores como indústrias e serviços urbanos. Alguns, inclusive, contra a vontade: eram deslocados à força. Esses navios tinham nomes iniciados com o prefixo "ita", que significa "pedra" em tupi, por isso ficaram tão marcados. Eles estão presentes também nos versos de "Peguei um ita no Norte", canção composta por Dorival Caymmi nos anos 1940 e que chegou a virar samba-enredo de escola de samba, pela Acadêmicos do Salgueiro, em 1993. "Vendi meus 'troço' que eu tinha. O resto eu dei pra 'guardá'". Dorival Caymmi ajudou a cantar o povo do "Norte", sobretudo o que não "ficou por lá".

---

[52] Andrade, Manuel Correia de. *A terra e o homem no Nordeste*. 2. ed. São Paulo: Brasiliense, 1973; Andrade, Manuel Correia de. *O Nordeste e a questão regional*. São Paulo: Ática, 1993.

Além da rota costeira, há registros de deslocamentos a pé pelo interior até Juazeiro, na Bahia. De lá, era possível navegar pelo Rio São Francisco até Pirapora, em Minas Gerais, e depois seguir de trem rumo ao Rio ou a São Paulo. Enquanto alguns partiam a contragosto, muitos estavam de fato determinados a chegar.

O quadro de informações que integra a exposição permanente do Museu da Imigração do Estado de São Paulo, instalado na antiga Hospedaria de Imigrantes do Brás, garante o que vem a seguir. Os dados são do *Boletim da Diretoria de Terras, Colonização e Imigração*, da secretaria estadual de Agricultura. Em 1915, ano marcado por uma seca severa, registrou-se a maior entrada de trabalhadores nacionais em São Paulo até então. Todos os que chegavam de navio atracavam no Porto de Santos. O trajeto marítimo percorrido pelos nordestinos nesse momento foi retratado na literatura, por Rachel de Queiroz, na obra cujo título faz referência àquele ano, *O Quinze*:

> Chico Bento fitava o navio, escuro e enorme, com sua bandeira verde de bom agouro, tremulando ao vento do Nordeste, o eterno sopro da seca. Sentia como que um ímã o atraindo para aquele destino aventuroso, correndo para outras terras, sobre as costas movediças do mar. [...] Iam para o destino, que os chamara de tão longe, das terras secas e fulvas de Quixadá, e os trouxera entre a fome e mortes, e angústias infinitas, para os conduzir agora, por cima da água do mar, às terras longínquas onde sempre há farinha e sempre há inverno.[53]

Após o cenário de repulsão contrastante com o crescimento e a atração gerados pelo café, várias contingências históricas levaram à concentração da atividade industrial do Brasil no hoje Sudeste. Esse movimento foi acompanhado por significativos

---

[53] Queiroz, Rachel. *O Quinze*. 119. ed. Rio de Janeiro: José Olympio, 2023 [1930]. p. 120 e 121.

investimentos públicos em infraestrutura e pelo influxo de grandes contingentes populacionais em busca de possibilidades. O Nordeste, ainda sem esse nome, tornou-se uma importante fonte de mão de obra para o Centro-Sul, com sua população migrante ocupando posições subalternas, tanto no trabalho doméstico quanto na indústria em formação. Indústria, diga-se, que acabava por consolidar as desigualdades regionais: a trama Brasil rural *versus* Brasil industrial.

Os nordestinos que chegaram nesse contexto, sobretudo a São Paulo, depararam-se com um ambiente menos favorável à promessa de ascensão social em relação aos imigrantes europeus que também desembarcavam, por estímulo do próprio governo, como veremos mais à frente. Aos estrangeiros eram entregues os cargos mais qualificados, restando, para quem vinha do Nordeste, postos de menor prestígio. Essa conjuntura ditou ritmos diferentes a quem dançava a valsa das migrações.

Do ponto de vista racial, abordado há pouco, a maioria dos primeiros nordestinos deslocados era mestiça. Durval Muniz[54] estima que, durante esse período, 60% dos migrantes do Nordeste que chegavam a São Paulo eram negros e baianos. E, por isso mesmo, os primeiros trabalhadores a desembarcar em grande número eram identificados apenas como "baianos". Fato que ajuda a explicar por que os nordestinos são constantemente chamados assim até hoje, especialmente em São Paulo, mesmo quando provenientes de outros estados da região.

Com base em números do Departamento Estadual de Imigração compartilhados em um artigo sobre "a colonização nacional", publicado em 15 de outubro de 1924 pelo jornal *O Estado de S. Paulo*, no ano de 1923 cerca de quatorze mil brasileiros passaram pela Hospedaria de Imigrantes. Desse total, sete mil eram de fato provenientes da Bahia, 4.500 de Minas Gerais e menores parcelas de outros estados. Esse dado ressalta o protagonismo dos

---

[54] Albuquerque Júnior, Durval Muniz de. *Preconceito contra a origem geográfica e de lugar: as fronteiras da discórdia*. São Paulo: Cortez, 2007.

baianos nas migrações internas daquele período, motivados pelas crises do açúcar, mas também pelas dificuldades experienciadas em outras frentes, nas lavouras de fumo e de cacau.

A presença desse grupo, formado por negros e sem grande escolaridade, que o pensamento eugenista vigente apontava como mazela nacional, numa São Paulo que ambicionava "civilidade" e ares europeus, despertou sentimentos de rejeição. Os estereótipos dos flagelados das secas vão dando lugar aos dos retirantes, associados a outras características reducionistas e homogeneizadoras. Um cenário propício para a disseminação de preconceitos contra pessoas e seus lugares de origem. E não há quem desfaça esses mal-entendidos orquestrados de propósito e com propósito.

Naquele mesmo artigo publicado em 1924, buscava-se explicar as razões por trás da chegada dessa população que "mais se assemelha a um Mar Morto".[55] Como indicado no texto do jornal,[56] os migrantes "levam vida precária no absoluto desconforto de sertões inteiramente separados da civilização", tornando "natural que verdadeiras correntes migratórias agitassem" a Pauliceia a pleno vapor. A construção social do povo do Nordeste, como se nota, acontecia sobretudo pela perspectiva do "Sul".

Era a vulnerabilidade dos trabalhadores que chegavam, reforçada pela baixa escolaridade consequente da negligência e da falta de acesso à educação, que os direcionava para funções de menor prestígio, muitas vezes relacionadas a atividades que antes eram desempenhadas por pessoas escravizadas. Francisco de Oliveira nos lembra que começou aqui a redefinição da divisão regional do trabalho em todo o conjunto nacional. É por essa razão que não se pode ignorar o elitismo classista subjacente ao preconceito contra o povo do Nordeste, uma visão que parte de

---

[55] O Mar Morto é um lago salgado localizado entre Israel, Palestina e Jordânia, conhecido por ser o ponto mais baixo da Terra. Suas águas possuem altas concentrações de sal, criando condições ambientais extremas que limitam severamente a vida aquática.

[56] A colonização nacional. *O Estado de S. Paulo*, 15 out. 1924, p. 4.

indivíduos de classes privilegiadas, que se consideram superiores, para justificar uma estrutura social vantajosa, contribuindo assim para perpetuar desigualdades e exclusões. E como gostaríamos de conjugar o passado nessas frases anteriores, mas isso atesta o lugar do nordestino neste latifúndio chamado Brasil.

A suposta indolência

O início do século XX coincide com o momento em que o Nordeste passa a existir como recorte espacial, quando um pedaço do "Norte" recebe uma nova denominação, por força das secas e dos recursos que precisavam chegar com urgência. O ano de 1919 representa, assim, um marco nesse assunto.

Foi nesse ano, mais precisamente em 25 de dezembro, em pleno dia de Natal, que, pela primeira vez, um documento público da União utilizou o termo "Nordeste" para designar a região. Isso ocorreu durante a concepção da Inspetoria Federal de Obras Contra as Secas (IFOCS), que derivou da Inspetoria de Obras Contra as Secas (IOCS),[57] durante o governo do presidente paraibano Epitácio Pessoa. O Decreto nº 3.965, assinado pelo chefe do Executivo, autorizava "a construção de obras necessárias à irrigação de terras cultiváveis no nordeste brasileiro" (*caput*).[58] Pelo menos no papel, o Nordeste estava criado.

---

[57] A Inspetoria de Obras Contra as Secas (IOCS) foi o primeiro órgão a estudar a problemática do semiárido, criado pelo presidente Nilo Peçanha (1909-1910). Fluminense, ele buscava formar um eixo alternativo de poder para desafiar a hegemonia dos estados de São Paulo e Minas Gerais. Em 1919, após ganhar novo impulso e a definição de sua atuação no Nordeste, a IOCS passou a se chamar IFOCS. No ano de 1945, foi transformada no Departamento Nacional de Obras Contra as Secas (DNOCS).

[58] Brasil. *Decreto nº 3.965, de 25 de dezembro de 1919*. Autoriza a construção de obras necessárias à irrigação de terras cultiváveis no nordeste brasileiro e dá outras providências. Rio de Janeiro: 25 de dezembro de 1919. Disponível em: https://www2.camara.leg.br/legin/fed/de-

O termo "Nordeste", portanto, passou a constar em documentos públicos da União a partir de 1919, e junto a ele, a conquista atrelada de investimentos, o que provocou reações. É nesse contexto que a imprensa passa a dar espaço para o que seria essa "nova" região do Brasil e para quem a habitava. E talvez o que mais interessasse a São Paulo naquele momento: que tipo de trabalhadores ela cedia para outras partes do país? Quais eram seus "defeitos" e como isso poderia ser uma abertura a fórceps dessa fenda que continua separando, discursivamente, aquela população do resto do país?

A proverbial falta de disposição para a labuta, ou o que se pode chamar de indolência, foi, reiteradas vezes, associada ao trabalhador nordestino nesse contexto. Essa associação começou já no primeiro texto da série "Impressões do Nordeste", publicada a partir de 10 de agosto de 1923 no jornal *O Estado de S. Paulo*, bem relevante para nossos entendimentos. A caneta é do político e médico sanitarista Paulo de Moraes Barros, após ele realizar uma "expedição" de 32 dias, sob encomenda, à região pouco antes estabelecida. Seja de maneira escancarada, referindo-se ao "estado de apatia, peculiar ao espírito deprimido das populações do sertão", seja por meio de frases dissimuladas, a exemplo de "vegeta por contemplação" e "com o espírito sempre voltado para o seu pequenino mundo desolador",[59] assim é retratado o trabalhador nordestino.

Ainda é possível pescar metáforas que fazem referência a esse tema, como a utilizada no mesmo artigo para reduzir os nordestinos a pessoas que "se embalam na rede, à espera que o verão passe",[60] como se preferissem esperar o tempo passar a empreender

---

cret/1910-1919/decreto-3965-25-dezembro-1919-571967-publicacaooriginal-95102-pl.html. Acesso em: 05 abr. 2025.

[59] Barros, Paulo de Moraes. Impressões do Nordeste. *O Estado de S. Paulo*, 10 ago. 1923, p. 3.

[60] Barros, 10 ago. 1923, p. 3.

grandes esforços ou se preocupar com questões urgentes. A mesma suposta preguiça do trabalhador nordestino reaparece também no texto final dessa série, de 26 de agosto de 1923, acrescida de um tempero de instabilidade, que passa a ideia de alguém em quem não se pode confiar, quando se diz que "o operário do Nordeste, acostumado a meio ano de inação forçada na estação seca, é inconstante, volúvel [...], contentando-se em ganhar o suficiente para não morrer de fome".[61] Em uma única sentença, rótulos generalizantes de inconstância e de conformismo.

Em uma impressão anterior de Moraes Barros, publicada em 22 de agosto de 1923, lá está mais uma desqualificação da mão de obra oriunda do Nordeste. Ele comenta a respeito dos recursos humanos empregados nas "grandes obras contra as secas" que estavam em andamento e vieram com a definição do recorte espacial onde as estiagens aconteciam. O enviado conta que essas intervenções estruturais utilizaram o "serviço precário da população masculina flagelada".[62] Não bastasse não terem disposição para o trabalho, é dado um atestado de que o trabalhador nordestino não está apto a desenvolver qualquer atividade laboral, incluindo afazeres agrícolas corriqueiros, como também é mencionado. É o que estampa as páginas que circulavam no novo centro de poder.

Em um dos artigos de outra série igualmente importante do mesmo jornal, "Joaseiro do Padre Cícero", com data de 19 de novembro de 1925, o educador e pedagogista Lourenço Filho dedica linhas para destacar o que seria um costume local dos trabalhadores do Nordeste: o de se perder "com o olhar fixo num ponto, aparvalhado: idiota".[63] Ele mesmo dá o sinônimo. A palavra com significado pejorativo é usada para descrever

---

[61] Barros, 26 ago. 1923, p. 4.

[62] Barros, 22 ago. 1923, p. 4.

[63] Lourenço Filho, Manoel Bergström. Joaseiro do Padre Cícero. *O Estado de S. Paulo*, 19 nov. 1925. p. 3.

alguém considerado estúpido, tolo, ignorante ou que age de maneira, pelo menos, insensata. Lourenço queria dizer que, em vez de focar, os trabalhadores nordestinos se perdiam em pensamentos e divagações, deixando de realizar o que deveriam.

Se o trabalhador do Nordeste é "indolente" e sobram outras desqualificações, trabalhadores com origem na Europa, por sua vez, são apresentados em outra sequência relevante de textos, do mesmo período, como diferenciados. Quando o general, político e engenheiro Dionísio Cerqueira emite suas "Impressões de São Paulo", em 28 de outubro de 1923, no jornal *O Estado de S. Paulo*, ele justifica a necessidade de importar mão de obra com origem estrangeira utilizando o exemplo paulista: "sem população que servisse avisadamente o seu populoso território, buscou São Paulo o braço europeu, em particular o italiano, o irmão latino cuja alegria é um hino ao trabalho".[64] Vale repetir: "um hino ao trabalho".

Se, para um bom entendedor, meia palavra basta, o que dizer então de todos esses artigos legitimando a suposta moleza de quem vinha de cima (nordestinos) em detrimento de quem vinha de fora (europeus)? Mas a mão que afaga corta: na visão de Moraes Barros, a indolência e a inconstância dos nordestinos poderiam ser vencidas usando-se – por que não? – a importação de mão de obra. De volta ao texto final das suas "Impressões do Nordeste", encontra-se a indicação de que "à medida que for aprendendo no convívio e no exemplo de gente mais aperfeiçoada é que se adaptará ao novo regime de trabalho".[65] A "gente mais aperfeiçoada" em questão é a que provém da Europa, e a adaptação, claro, seria vivida pelos trabalhadores do Nordeste.

Os dados não mentem: justo em 1923, ano de boa parte dessas publicações, houve um novo recorde na quantidade de

---

[64] Cerqueira, Dionísio. Impressões de São Paulo. *O Estado de S. Paulo*, 28 out. 1923. p. 4.

[65] Barros, 26 ago. 1923, p. 4.

trabalhadores do Nordeste que chegaram ao "Sul" do Brasil, o maior número registrado até então no século XX, conforme dados do *Boletim da Diretoria de Terras, Colonização e Imigração*.[66] Essas declarações, portanto, atuam como uma espécie de propaganda negativa do trabalhador de origem nordestina, atestando que as relações de trabalho e o preconceito classista têm sua parcela de culpa na dinâmica da construção social em tela. Para além disso: elas foram capazes de definir, de certo modo, quais novas oportunidades os nordestinos poderiam ter. Ou mesmo nenhuma. E de ingênuo isso não tem nada.

Cotas e divisões

Se hoje a expedição de migrar é árdua, imaginar quem chegava sendo bem recebido pela população local – que nem era tão local assim –, quase um século atrás, é tarefa das mais difíceis. Era a década de 1930, e a disputa entre nordestinos e europeus perdurava. A ponto de o presidente Getúlio Vargas, no seu primeiro governo (1930-1945), restringir a entrada de imigrantes e exigir a contratação mínima de brasileiros no setor privado. Sob o argumento desse excedente de mão de obra, que se somava à estrangeira, bastante estimulada até então, como veremos adiante, e da crise provocada pela Grande Depressão,[67] a partir de 1929, o governo Vargas criou a Lei de Cotas e passou a controlar a entrada de estrangeiros no país, em favor dos trabalhadores nacionais.

As restrições começaram em 1930, com o Decreto nº 19.482, datado de 12 de dezembro, que limitava "a entrada,

---

[66] Boletim da Diretoria de Terras, Colonização e Imigração. São Paulo: Secretaria da Agricultura, n. 5, dez 1950.

[67] A Grande Depressão foi uma crise econômica mundial que ocorreu na década de 1930, iniciada nos Estados Unidos após o colapso da Bolsa de Valores de Nova York em 1929, e que provocou desemprego em massa, deflação, colapso bancário e instabilidade política e econômica, impactando a economia global.

no território nacional, de passageiros estrangeiros de terceira classe" e dispunha "sobre a localização e amparo de trabalhadores nacionais".[68] A terceira classe era definida pela ausência de bens ou de dois a três contos de réis no momento do desembarque. Protecionismo de um lado, desigualdade dos dois lados.

A partir desse marco inicial, outros instrumentos normativos se sucederam, para regulamentar a proteção dos brasileiros e impor restrições aos estrangeiros. No primeiro caso, o Decreto nº 20.291, de 12 de agosto de 1931, exigia que todos aqueles que explorassem qualquer ramo do comércio ou indústria empregassem pelo menos dois terços de brasileiros natos. No segundo caso, o Decreto-Lei nº 406, de 4 de maio de 1938, estabelecia um limite de ingresso de estrangeiros de 2% sobre os imigrantes de mesma nacionalidade admitidos no Brasil nos cinquenta anos anteriores, o que favorecia as maiores comunidades já estabelecidas: os portugueses e os italianos.

Apesar dos argumentos sociais e econômicos apresentados nos decretos, a política em questão era essencialmente nacionalista, conferindo ao governo a possibilidade de realizar até mesmo veto ideológico. Caso o imigrante manifestasse "tendência anarco-sindicalista", era impedido de entrar no país, medida incluída nas restrições da lei, no artigo 1º, para imigrantes considerados "de conduta manifestamente nociva à ordem pública ou à segurança nacional".[69] Essa medida ajudaria

---

[68] Brasil. *Decreto nº 19.482, de 12 de dezembro de 1930*. Limita a entrada, no território nacional, de passageiros estrangeiros de terceira classe, dispõe sobre a localização e amparo de trabalhadores nacionais, e dá outras providências. Rio de Janeiro: 12 de dezembro de 1930. Disponível em: https://www2.camara.leg.br/legin/fed/decret/1930-1939/decreto-19482-12-dezembro-1930-503018-republicacao-82423-pe.html. Acesso em: 05 abr. 2024.

[69] Brasil. *Decreto-Lei nº 406, de 04 de maio de 1938*. Dispõe sobre a entrada de estrangeiros no território nacional. Rio de Janeiro: 04 de maio de 1938. Disponível em: https://www2.camara.leg.br/legin/fed/

no controle social, levando em conta que muitos nordestinos chegavam a São Paulo sem envolvimento sindical, enquanto em várias cidades brasileiras circulavam jornais anarquistas produzidos por estrangeiros, conforme registra o historiador Marcos Napolitano,[70] "muitos deles escritos em italiano".

É na década de 1930, também, durante o primeiro governo Vargas, que o Instituto Brasileiro de Geografia e Estatística (IBGE) é criado. Após estudos regionais, chegou-se a uma proposta, em 1942, da primeira divisão regional oficial do país em sete regiões, sob argumentos geográficos, sociais e econômicos. O Brasil passou a ser dividido assim: Norte, Nordeste Oriental (Alagoas, Pernambuco, Paraíba, Rio Grande do Norte e Ceará), Nordeste Ocidental (Piauí e Maranhão), Leste-Setentrional (Bahia e Sergipe), Leste-Meridional, Centro-Oeste e Sul. Foi nesse momento que o nome "Nordeste" foi oficializado, ainda que com subdivisão, como uma alteração cartorial para alguém que já utilizava um nome social desde 1919.

A primeira proposta de divisão regional do Brasil enquanto país foi apresentada antes disso, em 1913, contemplando cinco regiões: Brasil Setentrional ou Amazônico, Brasil Norte-Oriental, Brasil Oriental, Brasil Meridional e Brasil Central. Depois, em 1938, alguns órgãos adotaram uma divisão em uso pelo Ministério da Agricultura: Norte, Nordeste, Leste, Sul e Centro. Oficialmente, foi somente em 1942, com a publicação no *Diário Oficial da União*, que a coisa se estabeleceu.

A configuração atual, com as cinco regiões – Norte, Nordeste, Sudeste, Centro-Oeste e Sul – foi firmada apenas em 1970, refletindo o culminar de décadas de ajustes e revisões. E muita discussão, é claro. Foi quando o recorte espacial definido

---

declei/1930-1939/decreto-lei-406-4-maio-1938-348724-publicacaooriginal-1-pe.html. Acesso em: 05 abr. 2025.

[70] Napolitano, Marcos. *História do Brasil República*. São Paulo: Contexto, 2016. p. 78.

pelas secas, durante o governo Epitácio Pessoa, assumiu quase 20% do território nacional.

Estrada afora

No filme *Que horas ela volta?* (2015), dirigido por Anna Muylaert, Val, uma pernambucana que deixou sua família para trabalhar como empregada doméstica em São Paulo, recebe a filha, Jéssica, anos depois, quando ela vem de Pernambuco para prestar vestibular na capital paulista. Jéssica pretende cursar arquitetura e reúne condições para alcançar esse objetivo, parecendo mais apta a passar no vestibular do que o filho dos patrões de sua mãe, que também vai se submeter às provas. O enredo aborda a transformação do perfil do migrante nordestino e sua busca por ocupar novos espaços. Temos do cinema uma perspectiva que dialoga com os escritos sobre a "aceitação" da *nordestinidad*, sobre a qual, em 1988, já falava Rachel de Queiroz.

O nordestino, que um dia chegou retirante da seca, hoje assume posições de destaque e é até mesmo empregador. Para aqueles que cresceram ouvindo depreciações sobre essa população, com questionamentos inclusive sobre a sua capacidade de trabalho, não parece fácil se imaginar competindo com eles pelos mesmos espaços no mercado. Ou o que soa ainda mais desafiador: subordinar-se a nordestinos na condição de seu empregado.

Mas muitas Vals vieram antes disso. Basta um pulo à década de 1950 para uma comprovação. Em 1951, a região Nordeste, já bem definida, enfrentou uma nova seca, que persistiu até 1953, com mais um episódio grave em 1958. Esses eventos provocaram uma nova onda de migração em massa para São Paulo. Entre 1951 e 1955, o Departamento de Imigração e Colonização registrou a chegada de 762.707 migrantes na cidade, a maioria nordestinos, que passaram a integrar a classe operária local.

O reaquecimento da industrialização no Centro-Sul, impulsionado pelo Plano de Metas[71] implementado justo nesse momento pelo presidente Juscelino Kubitschek (1956-1961), foi o principal fator de atração para essa região. A política rodoviarista adotada por JK, que incluiu a construção de importantes rodovias como a Rio-Bahia e a Belém-Brasília, facilitou a mobilidade de trabalhadores.

Com a melhoria das conexões rodoviárias, o deslocamento em direção às promessas do Eldorado do "Sul"[72] passou a acontecer em veículos conhecidos como paus de arara. Eram caminhões com carrocerias adaptadas e cobertura de lona, nas quais bancos de madeira acomodavam os trabalhadores no trajeto rumo ao destino incerto e distante. Em sua poesia, a escritora pernambucana Adelaide Ivánova chega a comparar: "paudearara um quase navionegreiro contemporâneo"[73]. A viagem durava dias e, claro, não era nada confortável.

Os veículos paus de arara chegavam aos milhares ao Sudeste de hoje, e os trabalhadores eram desembarcados principalmente nos municípios de São Paulo e do Rio de Janeiro e nos seus arredores. Foi com esse deslocamento, inclusive, que São Paulo ultrapassou o Rio em termos populacionais. Paus de arara, inicialmente um termo que designava um meio de transporte, acabou sendo usado, de forma depreciativa, para se referir às pessoas que o utilizavam.

Muitos paraibanos chegaram nessas condições, sobretudo na capital fluminense, e essa migração significativa nesse

---

[71] O Plano de Metas foi um conjunto de iniciativas propostas pelo presidente Juscelino Kubitschek durante seu mandato (1956-1961), com o objetivo de promover o desenvolvimento econômico e social do Brasil.

[72] "Eldorado" é uma referência à lendária cidade ou região da América do Sul, supostamente repleta de riquezas, especialmente ouro e prata. O termo é frequentemente usado de forma metafórica para descrever uma terra de prosperidade ou oportunidades.

[73] Ivánova, Adelaide. *Asma*. São Paulo: Nós, 2024. p. 167.

momento contribuiu para a disseminação da falsa ideia de que todos os nordestinos eram paraibanos. Assim como já havia acontecido com os "baianos", em São Paulo. Como resultado, o termo "paraíba" passou a ser usado de forma pejorativa, particularmente no Rio, para aludir a pessoas do Nordeste como um todo, refletindo um preconceito regional que generalizou o nome de um estado específico para todos com origem na região.

Também na década de 1950, no governo de Juscelino, observa-se um fluxo migratório relevante de nordestinos para o Centro-Oeste, tendo como principal fator de atração populacional a construção de Brasília. Milhares de trabalhadores do Nordeste foram para a futura nova capital do Brasil, onde se dedicaram principalmente à construção civil. Os "candangos", termo que designa os trabalhadores nordestinos que construíram a nova capital e foram seus primeiros habitantes, tornaram Brasília uma realidade.

Levando em conta informações do Memorial da Democracia, na origem, porém, "candango" tinha uma conotação negativa: servia para identificar portugueses associados ao tráfico de pessoas escravizadas. Com o decorrer dos anos, passou a ser usado para designar os senhores de engenho e, posteriormente, mestiços de negros e indígenas. Euclides da Cunha também utilizou "candango" para descrever o sertanejo com aspecto triste e fatigado. Mais tarde, essa expressão foi adotada na nova capital federal para designar os nordestinos que lá chegavam.

As antigas problemáticas continuaram persistentes. Por força do atraso e da distribuição questionável de recursos, durante as secas posteriores, as vítimas que não migravam alistavam-se em frentes de trabalho de emergência. Nelas, homens, mulheres e até crianças eram empregados temporariamente para a realização de obras, fossem públicas ou em propriedades particulares – um quadro que ajudou a fortalecer as oligarquias latifundiárias e a acentuar disparidades sociais. O combate à seca, que nem é possível – considerando que é uma questão de convivência com o fenômeno –, e não às desigualdades, parece ter sido um erro deliberado de foco, mantendo sistemas convenientes e privilégios. A concentração secular de investimentos na porção Sul do Brasil aprofundou ainda mais os desequilíbrios regionais preexistentes desde a falência do açúcar e agravou as problemáticas internas que o Nordeste já enfrentava.

O termo "pau de arara" e a utilização de gentílicos, como "baiano" e "paraíba", com a intenção de diminuir e homogeneizar remetem à depreciação da mão de obra migrante. O uso dessas designações, além de xenófobo, é elitista. O estereótipo reduz toda a diversidade cultural e regional a uma única representação porque é assim que se nega a pluralidade de vozes e possibilidades. O próprio termo "nordestino" já impõe essa redução, ao definir dezenas de milhões de pessoas como um grupo só. O deslocamento em caminhões com carrocerias adaptadas foi superado com o tempo, mas o uso de "pau de arara" para denominar e inferiorizar pessoas da região, não.

A utilização dessas designações não para por aí. De "baiano", foi feita a "baianada", expressão empregada no Centro-Sul para denotar comportamentos considerados inadequados, como uma infração de trânsito ou uma falha na execução de uma atividade laboral, quando não ocorre para indicar um grupo de nordestinos de modo generalizante. No trânsito, existe ainda o "gelo baiano", expressão que se refere ao prisma de concreto, misturando preconceito com metáfora. O "gelo" vem da sua forma e cor branca, enquanto o "baiano" é associado a tal preguiça, a tal indolência, que, de tão inerte, seria incapaz até mesmo de derreter.

Quando as chegadas de nordestinos a São Paulo registraram números mais altos, a opinião pública se expressou para mostrar quem era esse trabalhador na sua origem e o quanto ele era inapropriado até mesmo para funções de menor prestígio social. Esses mesmos artigos dos anos 1920 trouxeram outras muitas caracterizações, lapidadoras de estereótipos, tudo no mesmo contexto em que o Nordeste passou a existir no imaginário do país, assim como os próprios nordestinos. E não pode ser dado como coincidência o fato de muito da discriminação experienciada até hoje, sobretudo com relação à suposta indisposição para o trabalho, encontrar linhas escritas há mais de cem anos.

As migrações continuam, com um aumento notável no retorno de nordestinos à sua região de origem, conforme dados do IBGE, e agora chegam ao Sudeste profissionais do Nordeste altamente capacitados, que, longe do caminho da subalternização, buscam e conseguem assumir grandes postos de trabalho. Realidade que deixa distante no retrovisor os versos de Patativa do Assaré, de "Triste partida", canção escrita em 1964: "Eu vendo meu burro, meu jegue e o cavalo, nóis vamo a São Paulo, viver ou morrer". Isso marca uma mudança social significativa que pode ajudar a explicar certos comportamentos de rejeição. E aqui, de novo, a "aceitação" da *nordestinidade*, "inadiável", segundo Rachel de Queiroz.

Ao descrever a presença do povo nordestino em São Paulo como "irreversível", a escritora cearense ressaltou que os nordestinos "agora brigam pelas lideranças".[74] Naquele momento, a prefeita eleita da capital paulista era a paraibana Luiza Erundina. Rachel de Queiroz apresentou a geração da Jéssica do filme de Muylaert. Essa geração não se cala, não se curva e tem os meios para fazer a diferença, rejeitando promessas vazias e se estabelecendo em uma paisagem que, à primeira vista, parecia menos resistente à sua presença. Uma geração que, como a personagem do longa, não se contenta em ficar "da porta da cozinha pra lá".

---

[74] Queiroz, Rachel de. A aceitação da "nordestinidade" agora inadiável. *O Estado de S. Paulo*, 25 nov. 1988, Caderno 2, p. 40.

ATO 2
RACIALIZAÇÃO

O esforço para embranquecer o país

Não faltam exemplos de figuras importantes do início do século XX que, por falta de documentos visuais, foram embranquecidas pelo tempo. E aqui não estamos falando somente de nordestinos. Havia um desejo de embranquecimento de uma sociedade que colocava o branco europeu como centro. Machado de Assis, um dos nossos maiores escritores, lutou por uma ascensão social, que não chegou a ser completa pelo tom de sua pele. Tendo vivido o auge da produção cafeeira, a matéria-prima da sua obra acabou, em alguns momentos, sendo a relação entre pessoas escravizadas e o senhorio branco. Ainda assim, por sua posição intelectual, mais que social, preservava uma amizade com Euclides da Cunha, branco e republicano, que o tinha como mestre, e uma posição antagônica à de Lima Barreto, negro e abolicionista, que se opunha à possibilidade de se "embranquecer".

Mas antes de maiores avanços nesse tema, um pouco de contexto: ao longo da história do Brasil, após o início da ocupação portuguesa, os detentores do poder parecem ter estabelecido diferentes grupos populacionais como inimigos em momentos distintos. Eles mobilizaram esforços para eliminá-los na busca por fazer valer seus interesses. Primeiro, os saqueadores franceses. Depois, os indígenas resistentes. Na sequência, os holandeses invasores. Os separatistas também tiveram seu tempo.

Mas o século XIX maturou pensamentos perturbadores sobre a melhoria genética dos brasileiros por meio de intervenções estatais, e um novo inimigo entrou na mira do poder. Era a vez da população negra, incluindo os mestiços, passar a ser o alvo. E isso, sabemos, perdura. Mas voltemos ao início.

É preciso entender que a sociedade do Brasil, por ser escravista, já era hierarquizada de acordo com a cor da pele. "Todos os homens brancos, quaisquer que fossem suas origens sociais, funções ou riquezas, ocupavam, porque livres, uma posição preeminente e se davam ares de nobreza", escreveu a historiadora Katia Mattoso.[75] Thales Guaracy, em sua pesquisa, chega a afirmar que "ser branco, numa terra onde não havia nobres, [...] tornou-se uma forma de nobiliarquia racial".[76] Em resumo: para a elite brasileira, pontua ele, "seria a cor, mais que a origem social, a marca diferenciadora da nata detentora do poder, do dinheiro e dos privilégios".[77] Até aí, a inescapável herança desse sistema.

A questão é que a ideia de supremacia branca, disseminada no Brasil desde o início da ocupação portuguesa, foi refinada no século XIX pelo darwinismo social.[78] Essa teoria, em ebulição na Europa, aplicava equivocadamente conceitos evolutivos no contexto social. Teóricos como os franceses Joseph Arthur

---

[75] Mattoso, Katia Mytilineou de Queirós. A opulência na província da Bahia. *In*: Alencastro, Luiz Felipe de. *História da vida privada no Brasil.* São Paulo: Companhia de Bolso, 2019. v. 2 – Império: a corte e a modernidade nacional. p. 117 e 118.

[76] Guaracy, Thales. *A criação do Brasil.* São Paulo: Planeta, 2018. p. 367.

[77] Guaracy, 2018, p. 367.

[78] O darwinismo social foi uma teoria aplicada às sociedades humanas, baseada em uma interpretação distorcida da teoria da seleção natural de Charles Darwin. Essa abordagem defendia a "sobrevivência do mais apto" como justificativa para desigualdades socioeconômicas e políticas, tratando-as como resultados naturais de um processo evolutivo dado como inevitável.

de Gobineau e Georges Vacher de Lapouge, além do inglês naturalizado alemão Houston Stewart Chamberlain, estavam empenhados em fazer das características externas elementos definidores da moral e do destino das pessoas. Tudo muito providencial ao plano que se traçava para o Brasil.

Temos, portanto, um modo de pensar que pregava que as características que levam ao sucesso de uma população seriam selecionadas naturalmente, enquanto as menos bem-sucedidas deveriam ser eliminadas. Simples assim? O argumento que dava base a isso era que algumas raças ou grupos sociais eram biologicamente superiores. Ao chegar ao Brasil – como conta a historiadora e antropóloga Lilia Schwarcz[79] –, esse pensamento encontrou um lugar onde o conceito de raça não era neutro e a mestiçagem existente era apontada como razão da falência da nação e definidora do seu futuro. Um futuro branco, mas nada brando para quem fugia à paleta.

O debate governamental sobre raça no Brasil nasceu antes mesmo da Independência, proclamada em 1822, nos tratados anglo-portugueses de 1810, que previam a abolição do tráfico negreiro. A partir de 1850, com a Lei Eusébio de Queirós,[80] o comércio transatlântico de pessoas escravizadas para o Império do Brasil passou a ser oficialmente proibido. Mas aí estava o começo das consequências a essa sociedade, que era, essencialmente, escravista. Era preciso pensar na substituição da mão

---

[79] Schwarcz, Lilia Moritz. *Nem preto nem branco, muito pelo contrário: cor e raça na sociabilidade brasileira*. São Paulo: Claro Enigma, 2012; Schwarcz, Lilia Moritz. *O espetáculo das raças*. São Paulo: Companhia das Letras, 1993; Schwarcz, Lilia Moritz; Starling, Heloisa M. de. *Brasil, uma biografia*. São Paulo: Companhia das Letras, 2015.

[80] A Lei Eusébio de Queirós, sancionada em 1850, proibiu o tráfico transatlântico de pessoas escravizadas no Brasil, tornando-o ilegal e estabelecendo penalidades para aqueles que praticassem essa atividade. A medida representou um passo importante no processo de abolição, embora a escravidão em si continuasse a existir no país por mais algumas décadas.

de obra, sobretudo nas lavouras de café. O freio à entrada de pessoas vindas da África deveria ser acompanhado de medidas que fossem capazes de estimular a chegada de europeus – a bordo de navios recebidos, ao menos em comparação aos que vinham da África ou do atual Nordeste, com tapetes vermelhos. Era essa população que o Brasil queria cooptar, não sem interesses.

Vamos a eles: os historiadores Luiz Felipe de Alencastro e Maria Luiza Renaux[81] pontuam que, se o imigrante viesse trabalhar para fazendeiros ou para outro empregador já definido, poderia ter qualquer procedência. Em compensação, se viesse cultivar terras por conta própria, ofertadas pelo governo, deveria preencher as características étnicas e culturais desejadas pelos funcionários do Império. Um nó na tentativa de embranquecer o país que começava a alforriar os trabalhadores escravizados.

Essa diferenciação refletia as correntes contrárias que se enfrentavam no Brasil oitocentista. De um lado, os fazendeiros e os comerciantes buscavam angariar proletários de qualquer parte do mundo, sem considerar o fator cor da pele. Do outro, a burocracia e a intelectualidade tentavam fazer da imigração um instrumento de "civilização", considerando toda a subjetividade que, à época, residia nessa palavra. A busca do segundo grupo era por iniciar um projeto eugenista para a população do Brasil se tornar mais "europeia". O esforço era pela promoção do branqueamento do país. Aqueles que apresentavam características tidas como "intoleráveis" deveriam ser desencorajados até mesmo de se reproduzir.

O Censo de 1872, também conhecido como Primeiro Recenseamento Geral do Império,[82] revelou onde esse predo-

---

[81] Alencastro; Renaux, 2019.

[82] O Primeiro Recenseamento Geral do Império foi realizado em 1872, durante o reinado de D. Pedro II. Essa iniciativa visava a coletar dados demográficos e sociais detalhados sobre a população brasileira, fornecendo informações essenciais para a formulação de políticas públicas e o planejamento do governo.

mínio se manifestava com maior intensidade no Brasil. E não é difícil tentar adivinhar. As províncias da Bahia, conforme pontuado no ato anterior, e do Piauí, hoje estados nordestinos, possuíam a maior porcentagem daqueles que se declararam pretos e pardos. Em consulta aos registros do IBGE, vê-se que os indivíduos podiam se classificar como "brancos", "pardos", "pretos" e "caboclos",[83] opções disponibilizadas no item "raças" do questionário de 1872. Essa informação é fundamental para ligarmos corretamente os pontos à medida que avançamos com a discussão.

O fundamental, por ora, é compreendermos que, sob as mesmas diretrizes, ocorreram a libertação dos últimos escravizados e a chegada em massa de trabalhadores estrangeiros para substituir essa mão de obra. Esses eventos são indissociáveis no contexto dessa nova onda de colonização do Brasil. O período entre 1850 e 1930 foi o de maior entrada de imigrantes no país: as principais correntes foram formadas por portugueses, italianos, espanhóis, alemães, sírio-libaneses, poloneses, ucranianos e japoneses, os três primeiros totalizando mais de 80%. Quase todos se instalaram nas regiões que hoje estão definidas como Sul e Sudeste, o que impactou no perfil étnico dessas partes do Brasil.

Com a abolição "oficial" – a Lei Áurea foi assinada em 13 de maio de 1888 –, foi aberto um caminho para questionar hierarquias sociais e raciais construídas ao longo dos séculos, desagradando quem estava no topo. A ideia de uma população negra e livre, reivindicando direitos sociais, alarmou parte da elite que sonhava com um país branco, em moldes eurocentristas. O preconceito contra o negro alimentou as políticas imigrantes em maior escala, para se criar uma espécie de estoque genético

---

[83] A palavra "caboclo" é usada no Brasil para se referir a pessoas de ascendência mista, geralmente de origem indígena e branca, embora o dicionário admita que o termo tenha outros significados em diferentes regiões do país.

no país. Com os olhos de hoje, a ideia é absurda, mas, na época, tinha o assentimento daqueles que detinham o poder.

O imigrante deveria não somente substituir a mão de obra escravizada, mas também o próprio negro como elemento racial na composição da sociedade brasileira. O historiador Marcos Napolitano[84] resume ao afirmar que imigrantismo e ideologia de branqueamento andavam de mãos dadas no Brasil. Por isso, a preferência por imigrantes europeus latinos e católicos, sobretudo espanhóis e italianos, embora não se dispensasse a vinda de alemães.

A presença desse pensamento nas rodas sociais e políticas se estendeu aos primeiros anos pós-abolição, e não se sabia ao certo qual espaço ocuparia a população negra recém-saída da escravidão. Alinhado com o que escreveu o sociólogo Antônio Sérgio Guimarães,[85] ainda que a liberdade conquistada fosse negra, a igualdade pertencia exclusivamente aos brancos.

Legitimação pela arte

Se o artista é quem se agarra aos sinais do tempo na mesma medida em que assesta a flecha para o futuro, temos boas pistas de que a arte, nessa transição de sistemas de trabalho, ajudou a legitimar o discurso de embranquecimento. Um bom exemplo é a tela *A redenção de Cam*, parte do acervo do Museu Nacional de Belas Artes do Rio de Janeiro, pintada pelo artista espanhol Modesto Brocos em 1895. A tela, inclusive, rendeu uma medalha de ouro a Brocos no Salão Nacional de Belas Artes no ano da sua produção.

Não sem motivo. O óleo sobre tela mostra uma mulher parda, com uma criança branca no colo, entre um homem branco, o

---

[84] Napolitano, 2016.

[85] Guimarães, Antonio Sérgio Alfredo. *Preconceito racial: modos, temas e tempos.* São Paulo: Cortez, 2008.

pai, e uma senhora preta, a avó, que dá graças aos céus como que em sinal de gratidão. A avó se sente "agradecida" pela "evolução familiar" que resulta em um neto branco de olhos azuis. A obra, então, torna-se uma alegoria dessa busca pelo embranquecimento gradual das gerações dentro de uma mesma família, alcançado por meio da miscigenação.

O próprio nome da tela faz alusão ao capítulo 9 do primeiro livro da Bíblia, Gênesis, no qual é apresentada a história de Cam, filho de Noé, que, após cometer um erro, tem sua descendência amaldiçoada. Essa passagem, inclusive, foi utilizada erroneamente para justificar a subalternização de grupos étnicos e a escravidão. Por nascer branco, o neto da família representada por Brocos foi livrado da "maldição" de ser negro, razão pela qual a avó agradece a Deus. Se ao Cam de Noé foi dada uma maldição, ao Cam de Brocos se deve a redenção de toda uma família.

Coincidentemente, o ano de 1895, o mesmo da pintura da tela, concentra a maior entrada de italianos no Brasil naquele século: 85 mil, em sua maioria instalada em São Paulo e financiada por subvenções do governo provincial. São informações também adquiridas no Museu da Imigração do Estado de São Paulo – a antiga Hospedaria de Imigrantes do Brás, construída em 1886 com recursos públicos, servia para recepção, abrigo e encaminhamento de trabalhadores, e sua utilidade é destacada na sua exposição permanente:

> A crise do sistema escravocrata colocou a questão da mão de obra no centro das atenções, no mesmo momento em que se pretendia definir quem era o brasileiro e que "embranquecê-lo" era questão de ordem. Assim, a vinda de estrangeiros, principalmente de famílias europeias para povoar e trabalhar as terras nacionais, foi uma solução apoiada pelos governos.[86]

---

[86] Quadro inicial da exposição permanente do Museu da Imigração de São Paulo, visita realizada em 19/04/2023.

A chegada do século XX encorpou as teorias darwinistas sociais. O diretor do Museu Nacional do Rio de Janeiro, José Batista de Lacerda, por exemplo, durante o I Congresso Internacional das Raças, em 1911, prenunciou, de modo desvairado, que em cem anos a população brasileira seria majoritariamente branca: "Na entrada do novo século, os mestiços terão desaparecido no Brasil, fato que coincidirá com a extinção paralela da raça negra entre nós",[87] profetizou ele. Pela sua projeção, na virada para os anos 2000, a população negra seria extinta e os mestiços representariam, no máximo, 3% da população nacional.

O que se vê, portanto, é que, lá na transição do Império para a República, com a proclamação de 1889, surgiu esse debate sobre a identidade brasileira. A pauta incluía a superação dos "males de origem" do Brasil, entre os quais estava o que se entendia como a "degeneração racial" resultado da miscigenação étnica excessiva. Na conta da miscigenação, foram postos todos os atrasos do país. Com a legitimação desse discurso pela arte, a ideia de hierarquia racial foi renovada. Era preciso agora vencer esse "mal".

O "sertanejo de raça inferior"

O ambiente nacional, como exposto, estava carregado de ideias pessimistas em relação à miscigenação, apontando para a inevitável falência do país. Instituições respeitadas, como a Faculdade de Medicina do Rio de Janeiro, na figura do catedrático Renato Kehl, chegaram a apoiar publicamente a esterilização da população mestiça, sob o argumento de que isso era necessário para construir um Brasil saudável. Kehl, inclusive, foi um dos fundadores, no ano de 1918, da primeira sociedade eugênica da América Latina, a Sociedade Eugênica de São Paulo (SESP),

---
[87] Schwarcz e Starling, 2015, p. 343.

da qual faziam parte nomes conhecidos como o poeta Olavo Bilac e o escritor Monteiro Lobato,[88] o que nos leva à literatura.

A concepção de que o futuro do Brasil dependeria das raças que seriam incorporadas à sua população também impregnava muitas obras literárias, com um olhar torto – eis que ele começa a aparecer – para o Nordeste de hoje. Um dos maiores exemplos dessa abordagem é o livro *Os sertões*, publicado em 1902,[89] após Euclides da Cunha embarcar para o interior da Bahia, pelo jornal *O Estado de S. Paulo*, para cobrir a Guerra de Canudos. Em seus escritos sobre "o homem" do "Norte" que encontrou na missão jornalística, Euclides, como precisou Lilia Schwarcz, "oscilava entre considerar o mestiço um forte ou um desequilibrado, mas acabava julgando 'a mestiçagem extremada um retrocesso' em razão da mistura de 'raças mui diversas'".[90] Um clássico revisitado com incômodo.

Como a maioria dos intelectuais da sua época, Euclides acreditava numa "raça superior" e na sua relação com a pele clara, e entendia que, para o embranquecimento dos brasileiros, era preciso evitar a miscigenação com "raças inferiores". "O sertanejo é, antes de tudo, um forte", escreveu ele, mas advertindo que esse mesmo sertanejo mestiço "é um decaído, sem a energia física dos ancestrais selvagens, sem a altitude intelectual dos ancestrais superiores". Nos seus argumentos pela "estabilidade" e definição sistematizada da "raça brasileira", excessos de preconceitos e muito reducionismo:

> Hoje, quem atravessa aqueles lugares observa uma uniformidade notável entre os que os povoam: feições e estaturas

---

[88] Olavo Bilac e Monteiro Lobato, importantes figuras literárias brasileiras dos séculos XIX e XX, abordaram ideias eugenistas em alguns de seus escritos, sugerindo a seleção genética como meio para aprimorar a sociedade.

[89] Cunha, Euclides da. *Os sertões*. São Paulo: Três, 1973 [1902]. v. 1 e 2.

[90] Schwarcz, 2012, p. 24.

variando ligeiramente em torno de um modelo único, dando a impressão de um tipo antropológico invariável. [...] O homem do sertão parece feito por um molde único.[91]

Além de racializar os sertanejos do antigo "Norte", agrupando-os sob características fenotípicas e culturais, Euclides também se orienta, em *Os sertões*, pelo determinismo geográfico. Segundo essa perspectiva, as características destacadas nessa população e, sobretudo, as diferenças de desenvolvimento observadas por ele, em comparação aos habitantes do "Sul", eram explicadas pelas condições naturais ou físicas dos seus respectivos lugares de origem.

A permanência do modo de pensar eugenista, e sua ingerência na formulação de políticas de Estado, ainda perduraria no Brasil por um período prolongado, que coincide, claro, com os desembarques de além-mar. Basta dizer que a Constituição de 1934, em seu artigo 138, incumbia a União, os Estados e os municípios de "estimular a educação eugênica", condicionando a instrução como prática de "melhoramento" racial.

É justamente nesse contexto de forte incidência do pensamento eugenista, no início do século XX, que o Nordeste é entendido como uma parte diferente do "Norte", ainda que, a princípio, burocraticamente. Sua gente, então, é apresentada ao Brasil a partir do relato de como a miscigenação exagerada afetou a formação de uma "raça" de brasileiros, marcada por "todos os graus de sub-mestiçagem".[92] E algumas das províncias que passam a fazer parte do novo recorte espacial como estados, vale reiterar, figuravam entre as maiores detentoras de autodeclarados pretos e pardos do país.

Nesse mesmo momento histórico, os fluxos migratórios internos estão em alta, como consequência das secas, e os nordestinos,

---

[91] Cunha, 1973 [1902], p. 122.
[92] Barros, 10 ago. 1923, p. 3.

que começavam a ser identificados como "nordestinos" pela ótica da racialidade, não se limitam às divisas recém-definidas e percorrem a nação. As primeiras representações dos *Retirantes*, por Portinari, como dito anteriormente, retratam justamente a situação dos trabalhadores migrantes com origem no Nordeste e como essas pessoas eram percebidas pelo "Sul". Havia uma só cor para todos os personagens: preta.

Os miscigenados, condenados a desaparecer, não apenas existiam no Brasil de cima, correspondente às atuais regiões Norte e Nordeste, como também se deslocavam para somar com outros pretos e pardos onde esses já não eram bem-vindos: uma afronta para quem almejava o sangue europeu. Enquanto o Brasil tentava fugir do passado escravocrata – conforme versado no Hino da Proclamação da República,[93] que data de 1890: "Nós nem cremos que escravos outrora tenha havido em tão nobre país" – e se afastar da população negra e miscigenada, o recém-batizado Nordeste contrariava esse interesse. Presente por meio da sua reivindicação político-econômica e pelos migrantes, o Nordeste era incômodo. A "nova" região reposicionava no centro da sala o que se tentava esconder debaixo do tapete.

Raça e regionalismo

A visão racializada que considerava os mestiços do "Norte", que correspondiam à maioria da sua população, como inferiores, foi atualizada com a emergência do novo recorte

---

[93] O Hino da Proclamação da República foi composto para celebrar o momento histórico da Proclamação da República do Brasil, em 15 de novembro de 1889. Sua letra exalta valores como liberdade, igualdade e progresso. No entanto, apesar de seu tom celebratório, o hino parece tentar apagar ou ignorar os séculos de escravidão que marcaram a história do Brasil e contribuíram para a formação de profundas desigualdades sociais.

que se firmava: o Nordeste. O tópico "Dissertando sobre a raça", que ganhou o jornal *O Estado de S. Paulo* nas impressões seriadas sobre a região de 15 de agosto de 1923, é incisivo com relação ao tema. E faz isso ao referenciar a população local como uma "raça em formação" e assinalar que "é patente a sua degeneração, que se afirma em taxa progressiva, quer considerada pelo lado físico, quer pelo intelectual". Levando em conta o escrito, essa alegada raça nordestina, além de existir, era uma ameaça, não somente à região, mas também ao país, pois representava um "movimento regressivo".[94]

Após 1919, passados dezessete anos da publicação e repercussão de *Os sertões*, como se vê, a imprensa aprofundou essa perspectiva, evidenciando um misto de superioridade e simplificações excessivas, que se manifestava tanto em críticas depreciativas quanto em autoelogios. Sim, nem todas as impressões publicadas nos jornais naquele momento foram ofensivas. Estava em curso, nos anos 1920, outra sequência de textos, não uma série propriamente, porém com conteúdo que nos interessa e, não por acaso, com nome similar: "Impressões de São Paulo". Mesmo São Paulo não representando uma novidade, tratou-se de garimpar elogios feitos por diversas pessoas em outros órgãos de imprensa a respeito da sua gente, estrutura e administração para reproduzi-los nas páginas paulistas.

Um pouco antes, Machado de Assis, muito atento às questões de seu tempo e, em 1881, já com os pés fincados no realismo, dá-nos uma pérola de presente quando, no conto "Teoria do medalhão", ilustra bem o que a imprensa é capaz de fazer pela manutenção do poder. Um medalhão é uma espécie de distintivo, que estabelece uma diferenciação entre quem tem e quem não tem. No conto, um pai, no aniversário de 21 anos do filho, aconselha: é preciso ser notável e, se não o for, finja que o é. Como? Por meio da imprensa.

---

[94] Barros, 15 ago. 1923, p. 2.

Sentenças latinas, ditos históricos, versos célebres, brocardos jurídicos, máximas, é de bom aviso trazê-los contigo para os discursos de sobremesa, de felicitação, ou de agradecimento. [...] Melhor do que tudo isso, porém, que afinal não passa de mero adorno, são as frases feitas, as locuções convencionais, as fórmulas consagradas pelos anos, incrustadas na memória individual e pública.[95]

E ele continua: se ninguém o notar, o filho deve chamar os repórteres da imprensa e virar notícia. É pela imprensa que seu nome não sairá da boca da burguesia e, por meio dessa fama, virá a ascensão. São Paulo não faz feio aos conselhos do carioca Machado de Assis e não se acanha em publicar tudo o que é elogioso a si, numa espécie de personificação de Janjão, o personagem de Machado prestes a chegar à maioridade. Para que São Paulo chegasse à sua maioridade simbólica e consolidasse o pretenso reposicionamento do centro comercial e intelectual do Brasil, era preciso fazer propaganda. E nada melhor que cariocas para fazerem isso.

Talvez por isso, em 28 de outubro de 1923, foram publicadas as impressões de Dionísio Cerqueira e de uma turma de doutorandos da renomada Faculdade de Medicina, lá do Rio de Janeiro, durante uma visita a São Paulo. Cerqueira escreveu sobre a excursão científica originalmente para o *Jornal do Commercio*, editado na capital fluminense, e o jornal paulista tratou de compartilhar. São Paulo, nas palavras de Cerqueira, é "este grande Estado, o primeiro do Brasil, é sempre o da vanguarda". Para ele, "basta uma análise comparativa da terra dos Andrades com o resto do país para mais belo realce do brilhante Estado".[96] O declarante não economiza nos confetes.

---

[95] Assis, Machado. *Teoria do medalhão e Elogio da vaidade*. São Paulo: Sesi-SP, 2017. p. 9.

[96] Cerqueira, 28 out. 1923, p. 4.

Ao mencionar "a história aventureira e heroica dos bandeirantes", Dionísio Cerqueira adentra o mérito da racialização e credita o "progresso incontestável" de São Paulo ao paulista: "o homem é bom, o descendente da raça forte que desbravou o sertão".[97] Declaração que dialoga com o fato de que, na passagem do Império para a República, as províncias transformadas em estados puderam fazer valer suas histórias e cultuar seus "tipos humanos", seu folclore e suas paisagens. Nesse contexto, o gaúcho e o bandeirante, por exemplo, transformam-se em atores históricos e sociais positivos, o que não aconteceu em outros estados. A indicação era a de que havia uma "raça" diferenciada em relação às que se podia encontrar no resto do país. A construção dessas narrativas exigia a criação de jornadas épicas: um périplo em que o homem supera obstáculos e retorna como vencedor. E, para haver um vencedor, há necessidade de haver alguém que seja obstáculo, alguém que, em tese, perca o que quer que seja. O herói aparece nas impressões sobre São Paulo; já o anti-herói é o que se apresenta nas declarações a respeito do Nordeste – a narrativa, como sempre, em favor de quem a detém.

Esse pensamento é mais bem explorado nas "Impressões de São Paulo" de 17 fevereiro de 1924, numa reprodução de entrevista do "ilustre sociólogo" Oliveira Vianna à *Gazeta de Notícias*, também do Rio de Janeiro, a qual é justificada logo na abertura, pois "não podemos fugir ao prazer de transcrevê-las". Além de todo o "deslumbramento" do entrevistado sobre a "maravilhosa capital" paulista, ele expõe detalhes de uma "política de arianização intensiva da nossa raça", tendo São Paulo, a partir da contribuição dada por trabalhadores da Europa, como exemplo a ser seguido pelo Brasil.

Os velhos paulistas foram sempre uma raça exuberantemente fértil em tipos moral e fisicamente eugênicos – e é

---

[97] Cerqueira, 28 out. 1923, p. 4.

este, precisamente, um dos traços que mais os distinguem dos outros grupos nacionais. O afluxo moderno dos colonos europeus tenderá a reforçar ainda mais essas aptidões eugenísticas da gente paulista.[98]

Não há embaraço nenhum aqui. Conduzido pelas perguntas, Oliveira Vianna então conclama o país para unir forças em favor do branqueamento da população e do melhoramento racial. "Devemos fazer todo empenho em aumentar o 'quantum' de sangue ariano no nosso povo", como sendo um dos pontos capitais de uma política – por mais contraditório que possa parecer – "verdadeiramente nacional". Vianna estava "absolutamente convencido de que o Brasil será tanto maior, quanto mais arianizado o seu povo".[99]

A convocação de Vianna não para por aí. Além da importação populacional, ele considera a ideia de o país se prevenir daqueles que não atendem ao padrão desejado. O sociólogo afirma o seguinte: "devíamos fazer todo o possível para evitar a acumulação em nosso meio daquelas raças, que assim se revelarem pouco ricas de eugenismo", uma causa pela qual todos devem unir forças e ser "implacáveis". Vianna fala ainda em estudar com mais profundidade o tema, pois, assim, "poderíamos saber qual a corrente imigratória que nos seria mais conveniente intensificar e favorecer", apesar de ele manifestar uma preferência:

> Tenho pela raça italiana a mais viva admiração. É uma raça ativa, inquieta, ardente, exuberante e considero-a um dos mais preciosos elementos de refusão da nossa velha raça. Destas raças arianas, a raça italiana é uma das mais sadias e mais ricas em eugenismo.[100]

---

[98] Vianna, Oliveira. Impressões de São Paulo. *O Estado de S. Paulo*, 17 fev. 1924. p. 6.

[99] Vianna, 17 fev. 1924, p. 6.

[100] Vianna, 17 fev. 1924, p. 6.

Ao comparar, ainda que indiretamente, o Nordeste com São Paulo, as vozes presentes nessas séries dos anos 1920 intituladas de "Impressões" atribuem ao maior eugenismo da suposta raça paulista as vantagens dessa população e do espaço geográfico que habita. Admiradores declarados da alegada superioridade dos imigrantes europeus e confessos possuidores de uma visão depreciativa do nacional, Paulo de Moraes Barros, autor das "Impressões do Nordeste", e Oliveira Vianna, colaborador das "Impressões de São Paulo", enxergam no nordestino o próprio exemplo da degeneração racial, por se tratar de uma população com "excesso de mestiçagem". Para eles, o Nordeste era inferior por sua própria natureza e pela natureza da sua gente. Uma dessas raças "pouco ricas de eugenismo" é justamente a suposta raça dos nordestinos.

Merece atenção a concomitância dessas séries e o momento da história em que elas acontecem. As afirmações se deram, pois, quando São Paulo buscava se consolidar na liderança político-econômica nacional. Foi a partir dessa necessidade que intelectuais foram aproveitados em meios de comunicação, com narrativas comparativas carregadas de inferiorização e valorização, muitas vezes na forma de regionalismo, para que o Brasil que dá certo, como queriam convencer, pudesse ser legitimado pelos brasileiros. O contraponto com o Nordeste, claro, ajudava São Paulo a construir essa narrativa. Nas palavras de Machado de Assis no conto citado, o filho, além de fazer o possível para pôr o nome "cinco, dez, vinte vezes ante os olhos do mundo", deveria aceitar qualquer busto erguido em sua homenagem.

> Em semelhante caso, não só as regras da mais vulgar polidez mandam aceitar o retrato ou o busto, como seria desazado impedir que os amigos o expusessem em qualquer casa pública. Dessa maneira o nome fica ligado à pessoa; os que houverem lido o teu recente discurso (suponhamos) na sessão inaugural da União dos Cabeleireiros, reconhecerão na compostura das feições o autor dessa obra grave, em que a

"alavanca do progresso" e o "suor do trabalho" vencem as "fauces hiantes" da miséria.[101]

Os paulistas erguiam, a olhos vistos, o próprio busto.

"Injeção de sangue europeu"

A vontade de branquear a população e de melhorar supostas raças nacionais, presente nos escritos que forneciam as "Impressões de São Paulo", também atravessa as "Impressões do Nordeste" e se manifesta nas recomendações expostas para que a região possa superar as dificuldades ocasionadas pela alegada degeneração da sua gente.

É na publicação de Paulo de Moraes Barros de 15 de agosto de 1923 que seus escritos flertam com o que havia de mais racista no Brasil do início do século XX: essa tentativa de mudar o perfil étnico da população. Um dos movimentos principais para isso, já é sabido, foi o incentivo agressivo à imigração de trabalhadores brancos da Europa, com o intento de fazer valer uma ideologia racista e de melhorar a genética dos brasileiros.

É com base nesse pensamento eugênico que um remédio é receitado para o Nordeste, pelo médico sanitarista, na referida publicação: "faz-se mister que ao par das grandes obras, que assegurarão a labuta sadia e remuneradora, se faça naquelas populações depauperadas, injeção consentânea de sangue restaurador, europeu" contra a "deterioração populacional". Ou se faz isso, avança o articulista, ou continuará "a progressão do aniquilador amálgama" atuando de modo indesejado "até o completo abastardamento étnico da região".[102] Não lemos errado. É isso mesmo.

A suposta raça degenerada de nordestinos precisava, na visão do correspondente, de sangue europeu. E uma das maneiras de

---

[101] Assis, 2017, p. 11.

[102] Barros, 15 ago. 1923, p. 2.

tornar isso possível, conforme diferentes trechos do texto, era por força de um processo de nova colonização. Na publicação da série de 24 de agosto de 1923, o tema é trabalhado com afinco, com a declaração de que "a colonização parcial, como escola, impõe-se como decisiva" para a obtenção de resultados esperados com as intervenções das grandes obras. A chegada de imigrantes, logo, surge como "providências premonitórias", mesmo porque a inépcia local poderia arriscar os investimentos estruturantes.

> Falamos em colonização, como elemento imprescindível à exploração econômica do solo do Nordeste, porque estamos convencidos de que o braço trabalhador local é temporariamente inapto, e só na escola do trabalhador exótico poderá habilitar-se para produzir economicamente.[103]

No texto final dessa série, publicado em 26 de agosto de 1923, ainda com a intenção de convencer sobre o remédio prescrito, realiza-se um "cotejo necessário", ou seja, uma comparação, entre o Nordeste e os estados do Sul, onde a presença do colono europeu foi mais recente. O propósito é realçar os aspectos positivos da metodologia eugenista. A ideia apresentada para o Nordeste seria implantar núcleos coloniais, a começar pelas serras, para "desfazer os primeiros obstáculos que a fama do clima opõe". A entrada do trabalhador estrangeiro, segue o fio, tornaria possível a criação de "núcleos de propaganda, núcleos chamarizes". E então, das serras, a mão de obra importada passaria para as vargens enxutas.

A explicação de todo o plano é encerrada com um arremate: "sugerimos o colono como elemento educador para adaptação e aproveitamento dos nossos operários nativos".[104] Quer dizer: pela observância do correspondente enviado pelo "Sul", o que faltava no Nordeste não era propriamente atenção governamental,

---

[103] Barros, 24 ago. 1923, p. 2.

[104] Barros, 26 ago. 1923, p. 4.

mas a presença recente europeia, de uma raça entendida como superior, e capaz, por isso mesmo, de mudar a realidade da região. Começando pela própria população.

O reconhecimento do STJ

Os escritos visitados até aqui, em suas linhas e entrelinhas, apontam para o racismo. Marcus Eugênio Oliveira Lima, autor de *Psicologia social do preconceito e do racismo*,[105] reúne definições que apresentam o racismo como uma ideologia. Essa ideologia propõe que os seres humanos estão divididos e separados em entidades biológicas exclusivas, chamadas raças, e sugere que há uma relação causal entre características físicas geneticamente herdadas e traços de personalidade, intelecto e moralidade. A partir dessa premissa, justifica-se a ideia de que uma raça é superior à outra, estabelecendo uma hierarquia capaz de excluir e discriminar.

Djamila Ribeiro argumenta que o racismo serve para manter privilégios de alguns em detrimento de outros, funcionando como "um sistema de opressão que nega direitos, e não um simples ato de vontade de um indivíduo".[106] Ao deslocar o racismo da esfera das manifestações individuais e contextualizá-lo de forma mais ampla, como um fenômeno coletivo, ela expande a concepção do conceito, mostrando que ele não se limita a atitudes pessoais, sendo, na verdade, uma dinâmica social enraizada que perpetua subjugamentos e desigualdades.

Isso implica que o racismo se baseia em um sistema de acesso desigual ao poder, permitindo que o agressor cause danos à vítima para promover e manter suas vantagens. Nesse contexto,

---

[105] Lima, Marcus Eugênio Oliveira. *Psicologia social do preconceito e do racismo*. São Paulo: Blucher, 2020.

[106] Ribeiro, 2019, p. 16.

Adilson Moreira[107] observa que o racismo funciona como uma forma de dominação social, destinada a manter o controle nas mãos do grupo racial dominante. Para sustentar e legitimar esse sistema de privilégios, é fundamental a perpetuação de estereótipos que retratam minorias raciais como incapazes de desempenhar papéis competentes na esfera pública.

Esse racismo também pode ser cultural. Em termos simples, a categorização racial se baseia em diferenças genéticas que são vistas como naturais e imutáveis, e que levam a distinções visíveis. Por outro lado, a categorização cultural se baseia em diferenças culturais e comportamentais, que são vistas como adquiridas e menos fixas, mas que, com frequência, são igualmente tratadas de modo essencializado. De uma maneira ou de outra, há, no racismo, um sistema de exclusão que opera por meio da estigmatização de grupos populacionais que são racializados por supostas características fenotípicas ou psicológicas comuns.

Tudo isso nos leva à compreensão de que o racismo é um comportamento consciente e deliberado, que reforça hierarquias e limita direitos e oportunidades. Foi essa compreensão que resultou na inclusão dos crimes raciais na Constituição de 1988 como imprescritíveis e inafiançáveis, uma ação necessária para eliminar a justificativa da "falta de intenção" em gestos e palavras carregados de dolo.

A Justiça tem aplicado condenações mais severas àqueles que proferem ofensas contra pessoas do Nordeste nos últimos anos. A explicação para essa mudança de chave é simples: o reconhecimento da discriminação contra brasileiros de origem nordestina como racismo. Novembro de 2022 marca um momento decisivo, quando o Superior Tribunal de Justiça (STJ) passou a classificar tais atos dessa forma. Essa decisão foi uma resposta às manifestações que se intensificaram durante a campanha eleitoral daquele ano, assunto que será abordado no

---

[107] Moreira, 2023; 2024.

quarto ato, resultando na tipificação da xenofobia como crime de racismo pela primeira vez no ordenamento jurídico brasileiro.

Com base nas declarações de caráter racial encontradas na literatura e no material jornalístico vistos até aqui, que refletem a conjuntura eugenista e a tentativa de branqueamento da população do país, não é difícil chegar à conclusão do STJ. De fato, o preconceito contra o povo do Nordeste está profundamente arraigado no racismo, uma vez que a desvalorização do nordestino, leia-se do "mestiço acaboclado", conecta-se diretamente com a desvalorização do sujeito "não branco". Da mesma forma, a desvalorização do trabalhador nordestino migrante se alinha com a desvalorização da mão de obra negra.

O racismo se manifesta através de atos ou falas discriminatórias, baseados na suposição de que todos os membros de uma minoria racial compartilham traços considerados inferiores, inalteráveis e hereditários. Nesse contexto, é relevante resgatar a descrição do homem nordestino padrão, "de molde único", que Euclides da Cunha comparou a um Quasímodo em *Os sertões*, retratando-o com um esqueleto defeituoso e marcado por uma indolência da qual não consegue se desvencilhar.

Quasímodo é a figura central de outro livro, *Notre-Dame de Paris*, obra de Victor Hugo, publicada em 1831. O personagem, com uma notável deficiência física, inspirou a Disney a produzir a animação *O Corcunda de Notre-Dame*, nos anos 1990. Em *Os sertões*, foi a maneira encontrada por Euclides para descrever o sertanejo do "Norte": um "Hércules-Quasímodo", "forte", porém, "torto" e "desengonçado". Essa relação intrínseca entre aspectos físicos e morais, característica marcante do racismo, também se faz presente nas declarações euclidianas que voltam a ser repetidas pela imprensa paulista após o Nordeste ser assim definido.

O nordestino foi descrito como alguém associado à profunda miséria, à miscigenação considerada excessiva e à condição de retirante, um migrante que se uniu a outros trabalhadores pobres em São Paulo, onde encontrou uma elite que se considerava superior e branca. Muitas das retratações discursivas sobre pessoas do Nordeste perpetuaram um estigma de incapacidade, rotulando-as com base em características físicas e comportamentais e assumindo que essas características se aplicavam a todos de maneira uniforme. As menções à degeneração e ao apuro racial nos textos visitados, e em outras produções jornalísticas e culturais ao longo do século XX, evidenciam que a discriminação tem uma base racista, sim, sem perder o entrelaçamento com a questão da pobreza. É um racismo sobre o qual se assentou o preconceito de classe.

A ocorrência da miscigenação, utilizada de modo habitual para minimizar acusações de racismo no Brasil, não elimina a discriminação racial, como proposto pela lógica lusotropicalista, aquela que romantiza a colonização. Em vez disso, dá origem a um tipo distinto de racismo, no qual a cultura mestiça interessa, para fins de apropriação, mas o mestiço em si, não. Esse pode e deve ser desconsiderado – ou até eliminado, conforme as previsões de José Batista de Lacerda do início do século XX. Como o nordestino e a cultura que lhe é atribuída passam por essa experiência – a apropriação atrelada à dispensa –, tem-se mais um argumento de que um dos elementos centrais na articulação da xenofobia contra o povo do Nordeste é o racismo.

Cabe dizer aqui que nos anos 1930, durante a Era Vargas, o conceito de brasilidade ganhou destaque, e a busca por um novo sentimento capaz de unir elites e classes populares acabou por transformar o mestiço em um símbolo nacional. Sob o governo de Getúlio, houve um esforço para construir esses valores e criar uma nação integrada, blindada contra regionalismos desagregadores. Esse esforço visava a promover a unidade nacional, mas enfrentava o desafio das teorias pessimistas predominantes sobre a miscigenação estabelecidas na sociedade brasileira.

Foram os movimentos modernistas de 1920 que abriram novas perspectivas para pensar a nacionalidade brasileira, destacando a valorização da mistura étnica e do ambiente tropical. Para isso, foi necessário reforçar a virtude do "ser brasileiro", valorizando seus tipos humanos e sua cultura popular. Nesse contexto, elementos como o samba, a feijoada e o futebol se tornaram ícones nacionais. A ressalva, de novo, se faz importante: a aclamação não se dirigia ao mestiço em si, mas aos elementos culturais moldados pela miscigenação. Essa cultura mestiça, promovida pelo nacionalismo da época, emergiu como a representação oficial da nação, buscando criar uma imagem alegre do país. Também foi durante os anos 1930 que Nossa Senhora Aparecida, uma figura negra, foi escolhida como padroeira do Brasil.

Todavia, a apropriação de elementos dados como periféricos não se traduziu em políticas públicas que valorizassem o mestiço. É só lembrar que a Constituição de 1934 propunha o estímulo à educação eugênica para um suposto "melhoramento racial". Embora o objetivo fosse forjar uma identidade nacional unificada em detrimento dos regionalismos, isso não foi alcançado de forma absoluta. Os símbolos nacionais foram estabelecidos, mas os regionais continuaram a persistir, sob a alegação de que representavam igualmente a verdadeira essência do Brasil. Como bem disse o filósofo e historiador Michel Zaidan Filho, tudo ganhava a vitrine com o "charme de uma cocada preta em restaurante francês".[108]

---

[108] Zaidan Filho, Michel. *O fim do Nordeste & outros mitos*. São Paulo: Cortez, 2001. p. 16.

ATO 3
MONOTEMATIZAÇÃO: SECA, FANATISMO E VIOLÊNCIA

A nacionalização da seca

Chamar artistas à baila para falar da seca é um bom ponto de partida para este ato, no qual nos aprofundaremos sobre estiagens como a de 1877-1879, tão politizada e exposta, e o quanto o tema determinou o Nordeste, no seu nascedouro e no seu existir. Olhar "a terra ardendo, qual fogueira de São João" é lembrete imediato para o símbolo vocalizado por Luiz Gonzaga: a tal asa-branca que "bateu asas do sertão". A ave é conhecida por seus processos migratórios e, curiosamente, não é endêmica do Nordeste brasileiro. Ela voa longas distâncias e tem um nome alternativo curioso para o que se pretende refletir aqui: "legítima".

A asa-branca, cantada por Gonzaga, reaparece nos versos de Alceu Valença, quando em "A seca", ele descreve um riacho que virou caminho "de pedras ardendo em fogo". É a ave que estabelece uma conexão entre as secas de tempos distintos – seca "braseiro", que "torrou garrancho" e não deixava vivo "nem um pé de plantação". Embora as estiagens tenham sido um fenômeno cíclico por séculos, a Grande Seca de 1877 ganhou notoriedade não apenas por sua intensidade, mas também pelos registros disseminados pelo então Império do Brasil, como os que foram feitos pelo escritor baiano Rodolfo Teófilo.

No livro *A fome – violação*, Teófilo apresenta os efeitos dessa seca, a partir da sua visão em Fortaleza. Dentro da linha regionalista, que já começava a ganhar as páginas da literatura nacional, tem-se a tragédia da família sertaneja acossada pela estiagem como fio condutor da narrativa, por meio da qual o autor lança um protesto contra o descuido dos governos em relação à população local.

> A peste e a fome matam mais de quatrocentos por dia! O que te afirmo é que, durante o tempo em que estive parado em uma esquina, vi passar vinte cadáveres: e como seguem para a vala! Faz horror! [...] O terror era geral! Por toda a parte via-se o pranto, a desolação. Raro era o dia em que os urubus não denunciavam uma carniça humana, um corpo que apodrecia nos arrabaldes da cidade.[109]

Esse quadro desolador e de abandono no Ceará, detalhado por Teófilo, teria inspirado a célebre frase atribuída ao imperador Dom Pedro II: "Se não há mais dinheiro, vamos vender as joias da Coroa. Não quero que um só cearense morra de fome por falta de recursos", conforme registrado por Leopoldo Bibiano Xavier.[110] Essa declaração, cuja veracidade não se pode confirmar, sublinha a gravidade da situação e a necessidade urgente de atenção governamental, evidenciando o impacto devastador da estiagem na região e a resposta extrema requerida para enfrentar a crise.

Durante o reinado de Dom Pedro II, inclusive, foi criada uma comissão com o objetivo de desenvolver estratégias para mitigar os efeitos das secas. A Imperial Comissão Científica da Exploração das Províncias do Norte conduziu experimentos para avaliar soluções inovadoras, como a viabilidade do uso de camelos trazidos da Argélia para enfrentar as áridas condições do sertão nordestino, como documentado por Delmo Moreira em

---

[109] Teófilo, Rodolfo. *A fome – violação*. Rio de Janeiro: José Olympio, 1979 [1890]. p. 100 e 156.

[110] Xavier, Leopoldo Bibiano. *Revivendo o Brasil-Império*. São Paulo: Artpress, 1991. p. 75.

sua pesquisa.[111] Esse episódio, de tão curioso, foi levado para a Marquês de Sapucaí em 1995, pela escola de samba Imperatriz Leopoldinense, com o samba-enredo "Mais vale um jegue que me carregue, que um camelo que me derrube, lá no Ceará", o que lhe garantiu o título de campeã do carnaval carioca.

Além da ideia um pouco esdrúxula de utilização de camelos como meio de transporte, a Imperial Comissão Científica da Exploração das Províncias do Norte também abordou uma série de outras medidas para enfrentar as adversidades. Entre as propostas discutidas estavam a construção de ferrovias e açudes, bem como a ideia pioneira de transposição das águas do Rio São Francisco para o Rio Jaguaribe, no Ceará. Esse projeto de canalização foi considerado um precursor da futura transposição do Velho Chico, que viria a se concretizar mais de um século depois. No entanto, apesar do entusiasmo inicial e das ambições, a maioria desses planos permaneceu no papel.

A mobilização na capital não foi por acaso. Essa seca foi realmente devastadora, e o que se vivia em um pedaço do "Norte" não ficou restrito às suas fronteiras. No primeiro ano da Grande Seca, em 1877, o *Jornal do Commercio*, do Rio de Janeiro, publicou uma série de artigos em que o engenheiro André Rebouças comparava a seca no Ceará com a que ocorria na Índia, e tentava extrair feitos exitosos do estrangeiro para aplicar nas províncias do "Norte".

Havia uma pressão para que o governo imperial adotasse medidas efetivas, e a publicação dessa série foi um ajuste de holofote. Segundo o ex-senador Eloy de Souza, em seu livro de memórias, a comparação residia no fato de que, enquanto a Inglaterra se compadecia da Índia e socorria o país "habitado por um povo que não tinha nas veias uma gota do seu sangue", no Brasil, o governo inicialmente "vedava aos jornais divulgarem no Rio de Janeiro as mesmas misérias", contribuindo

---

[111] Moreira, Delmo. *Catorze camelos para o Ceará*. São Paulo: Todavia, 2021.

para que "faltassem socorros que eram urgentes e que estavam tardando".[112] Foi a primeira vez em que a seca ganhou notoriedade nacional, também porque a imprensa, apesar da censura, já estava bem desenvolvida e tinha condições de repercutir o fenômeno para além do local da sua ocorrência.

O período que antecedeu a Proclamação da República foi marcado pela aparição de muitos jornais, aquecidos pelas tendências republicanas e abolicionistas. Em 1875, por exemplo, surge *A Província de São Paulo*, que mais tarde passou a se chamar *O Estado de S. Paulo*, veículo importante para a reflexão que fazemos. Um ano antes, na cidade do Rio de Janeiro, aparece a *Gazeta de Notícias*, um jornal pautado pelo discurso pró-República.

E foi a *Gazeta* a vitrine de uma das maiores coberturas jornalísticas da seca de 1877-1879, realizada pelo escritor e ativista político fluminense José do Patrocínio. Por meio da série "Viagem ao Norte", com dez artigos publicados entre junho e setembro de 1878, Patrocínio expôs as feridas abertas pela estiagem e questionou a aplicação dos recursos governamentais a serem usados como alívio. No ano seguinte, em 1879, ele voltou a escrever sobre o assunto, com foco na inclemência da seca sobre os habitantes do "Norte", entre junho e dezembro, em estilo de folhetim. Surgia, com essas narrativas serializadas, a primeira versão do livro *Os retirantes*. Nascia, então, com toda a força, a literatura da seca.[113]

> A fome deu alarma nas cidades, vilas e povoados, como nos mais humildes casais esparsos pelos tabuleiros e pelas charnecas do sertão, e o povo, rápido e ruidoso como a

---

[112] Souza, Eloy de. *Memórias*. 2. ed. Brasília: Senado Federal, 2008. p. 266.

[113] A literatura da seca refere-se a obras literárias que abordam as consequências sociais, econômicas e culturais das secas no Nordeste brasileiro, destacando as condições de vida e as lutas dessa população frente à aridez do clima e à escassez de recursos.

enxurrada, afluiu às estradas em demanda do litoral e da sede do governo.[114]

Foi igualmente nesse capítulo da nossa história que as fotos de duas crianças vítimas da Grande Seca foram publicadas na revista carioca *O besouro*, em 1878, enviadas pelo próprio José do Patrocínio. Na visão de pesquisadores como Joaquim Marçal Ferreira de Andrade e Rosângela Logatto,[115] essa foi uma das iniciativas pioneiras da imprensa brasileira ao utilizar fotografias como documentos comprobatórios de uma realidade. Com o título "páginas tristes" e a apresentação do "estado da população retirante", o chargista Rafael Bordallo Pinheiro publicou as imagens dos infantes ostentadas pela mão de um esqueleto humano vestindo paletó, para reforçar as denúncias feitas pelo remetente. O crédito das imagens, apesar de ausente na publicação, é do fotógrafo Joaquim Antônio Correia. O texto correlato dizia o seguinte:

> São dois verdadeiros quadros de fome e miséria. É naquele estado que os retirantes chegam à capital, aonde quase sempre morrem, apesar dos apregoados socorros, que segundo informações exatas são distribuídos de maneira improfícua. [...] Repare o governo e repare o povo, na nossa estampa, que é a cópia fiel da desgraça da população cearense.[116]

O tratamento da seca na imprensa – e na literatura – vai ajudar a definir o recorte espacial do "Norte" que passaria a ser denominado, mais tarde, de Nordeste, assim como os supostos

---

[114] Patrocínio, José do. *Os retirantes*. Joinville: Clube de Autores, 2018 [1879]. [s.p.].

[115] Andrade, Joaquim Marçal Ferreira de; Logatto, Rosângela. *Imagens da Seca de 1877-78 – Uma contribuição para o conhecimento do fotojornalismo na imprensa brasileira*. Rio de Janeiro: Anais da Biblioteca Nacional, 1994. v. 14.

[116] Páginas tristes/ O Ceará. *O besouro*, 20 jul. 1878. p. 121 e 122.

problemas comuns da sua população. Com as atenções voltadas para esse pedaço de Brasil, ganhava força a produção literária pautada pela seca, período que se inaugura com as publicações de Patrocínio, Teófilo e de *O sertanejo*, de José de Alencar, e segue por pelo menos mais sessenta anos com contribuições de Graciliano Ramos, Rachel de Queiroz, José Lins do Rego, entre outros expoentes da nossa literatura. Na abordagem compartilhada, as condições de vida de quem enfrentava não só a aridez do clima, mas a escassez de recursos. Das páginas dos jornais e dos livros, o assunto se estendeu, até com maior veemência, aos discursos políticos, a partir da certeza de que seus efeitos econômicos confirmariam a perda de poder. O ano de 1877 se torna um marco da decadência regional, um golpe de misericórdia contra o "Norte", agora de joelhos diante do "Sul".

O entendimento de que havia pautas em comum e a preterição e negligência por parte do Império dão partida a um movimento capitaneado pela elite política local para reivindicar ações do poder público e se reposicionar no tabuleiro do poder. O quadro de horror vivenciado – e exposto pela mídia – "faz da seca a principal arma para colocar no âmbito nacional [...] interesses dos Estados do Norte", baseado na percepção da capacidade do tema de mobilizar recursos, nos conta Durval Muniz.[117] É da vulnerabilidade que surge a unificação dos interesses regionais.

Os discursos sobre os Brasis de diferentes realidades, que evidenciavam a crescente desigualdade no tratamento das províncias do "Norte" e a discriminação enfrentada por essas localidades, ganham constância no Congresso Nacional com a formação do Bloco do Norte. Essa coalizão política, composta por deputados e senadores representantes dos estados do Norte e Nordeste do Brasil, avança inclusive pelos primeiros anos da República. O intento era defender os interesses dessas regiões, que ainda constituíam uma só.

---

[117] Albuquerque Junior, 2011. p. 72.

Para entender essa aliança entre parlamentares, Francisco de Oliveira pondera que se deve pesar o fato de as elites terem sido atingidas em cheio em 1877, com danos às suas propriedades e colheitas e a evasão de trabalhadores e – muita atenção – de eleitores também. Ele afirma que o problema era secular, o que existiu de novo foi sua politização.[118] Entretanto, não se pode negar que a rotulação dos pleitos do "Norte" como interesseiros – incluídos no que passou a ser chamado na sequência de "indústria da seca" – acabou por generalizar e criar mais um obstáculo à superação das adversidades enfrentadas.

A Grande Seca, de fato, marcou o início desse entendimento. Conforme as narrativas levadas aos jornais e aos plenários do Congresso Nacional, o poder público organizava a ajuda, mas diante da existência de tantos intermediários em busca de lucro, o socorro era desidratado pelo caminho antes de chegar à ponta. A crítica aos discursos reivindicatórios era baseada na acusação de que políticos tinham transformado a questão regional em uma plataforma eleitoral, para garantir a própria sobrevivência, inclusive com o uso de recursos públicos em função de interesses paroquiais.

Dando um pequeno salto a 1919, pouco antes de o Nordeste ser assim denominado pela burocracia estatal, a revista *Spartacus*, periódico anarquista do Rio de Janeiro do início do século XX, na edição de 9 de agosto daquele ano, contestou o discurso da seca. Tratando-o como uma artimanha, a revista afirmou que os investimentos para amenizar seus efeitos seriam, na verdade, "uma tremenda orgia à custa da nação", sem realmente assistir os "desgraçados do Norte", servindo apenas para "enriquecer meia dúzia de patifes". O periódico não durou muito, mas o estrago com esse discurso estava feito.[119]

Apesar das reações contrárias à postura de parte da elite política do "Norte", a seca de 1877 foi um marco devido aos

---

[118] Oliveira, 1981.

[119] Spartacus. *O problema do Nordeste*. Rio de Janeiro, 09 ago. 1919. p. 2.

seus efeitos devastadores, que provavelmente resultaram, como vimos, na morte de pelo menos quinhentos mil brasileiros. A partir desse evento, a seca ganhou projeção nacional, passando a definir não apenas a região afetada, mas também as narrativas dos que nela habitavam ou que a deixavam em busca de outras condições. Os mestiços surgiram como uma questão complexa, com uma relação ambígua em relação à seca, tornando difícil determinar se eram causa ou consequência do flagelo. A identidade e o destino dessa população "de cor" foram lapidados pela seca. E aí, a asa-branca tinha de ser realmente branca. Mas aqui estamos tratando de outras migrações.

Os "fanáticos" de Euclides

O final do século XIX expôs na vitrine nacional, na seção que cabia ao "Norte", um novo infortúnio além da Grande Seca. Em um mecanismo sutil e ao mesmo tempo ardiloso, as páginas de *Os sertões*, que tornaram o Brasil ciente da figura do sertanejo do "Norte" como resultado de uma mestiçagem extrema, foram além. Elas também evidenciaram outras características igualmente impactantes desse brasileiro que Euclides da Cunha encontrou no arraial de Canudos. Pela prosa euclidiana, capitulada sob a divisão "a terra", "o homem" e "a luta", a violência era uma resposta para as condições adversas e o fanatismo religioso, próprio da ausência de sobriedade da população.

> O homem dos sertões – pelo que esboçamos – mais do que qualquer outro, está em função imediata da terra. É uma variável dependente no jogar dos elementos. Da consciência da fraqueza para os debelar resulta, mais forte, este apelar constante para o maravilhoso, esta condição inferior de pupilo estúpido da divindade.[120]

---

[120] Cunha, 1973 [1902], p. 153.

Isso, aos poucos, foi se tornando um sistema, uma gramática que compunha o imaginário que se tinha do nortista/nordestino naquele momento e, ao se sedimentar no discurso validado pelo que viria a ser classificado depois como jornalismo literário, essa gramática distorcida se articula com o que se queria. A Guerra de Canudos, vale lembrar, transformou o interior da Bahia no cenário de um dos maiores conflitos armados da história do Brasil, logo após a Proclamação da República. Enquadrada como messiânica, por força do seu líder, Antônio Conselheiro, a luta no sertão ainda considerado do "Norte" correu o país tanto pelo número e pela resistência dos seus seguidores quanto pela resposta violenta do Exército para contê-los.

De um conflito local entre camponeses e o governo baiano, a Guerra de Canudos assumiu uma importância nacional, com o envolvimento das Forças Armadas na repressão ao arraial, pela suposta ameaça à nova ordem republicana. Conselheiro seria um crítico à República nascente, apontando-a como responsável pelo sofrimento do povo da região, o que deu ao movimento a pecha de monarquista – uma sucessão de narrativas que se acumulou como prova adicional dessa perspectiva.

Apesar da reputação de última resistência à República, como conta Marcos Napolitano, a imprensa da época tratou o evento como uma "mera manifestação do fanatismo religioso arcaico do meio rural brasileiro".[121] Walnice Nogueira Galvão analisa essa cobertura midiática. A Guerra de Canudos foi motivo para a produção de farta quantidade de material jornalístico no estilo de galhofa e sensacionalista, marcado pela representação satírica e tendência de manipulação de opinião. São recorrentes menções ao "monstro de Canudos" e aos "fanáticos", "miseráveis inimigos da República",[122] empenhados unicamente em arrastar o Brasil para o passado. A narrativa do

---

[121] Napolitano, 2016, p. 23.

[122] Galvão, Walnice Nogueira. *No calor da hora: a Guerra de Canudos nos jornais*. Recife: Cepe, 2019. p. 104 e 105.

progresso contra a narrativa conservadora se consolidava, e o duelo entre elas tomava forma.

Um desses correspondentes, que se propôs a difundir versões da luta em Canudos, foi Euclides, designado pelo jornal *O Estado de S. Paulo* para acompanhar uma expedição militar ao povoado, em 1897, e reportar ao "Sul", a partir daquele ano, os acontecimentos no "Norte". Os "despachos do *front*" foram o embrião de *Os sertões*. A encomenda do veículo rendeu uma série de publicações desfavoráveis que serviu de base, após abrandamento feito no processo de edição, à escrita da obra.

O tom mais acusatório que Euclides adotou em seus artigos jornalísticos foi, de fato, suavizado na obra literária, conforme analisado por seu biógrafo, Luís Cláudio Villafañe Santo. Durante o conflito, sua perspectiva era claramente "oficialista" e favorável ao Exército, refletindo uma posição predominante na imprensa. No entanto, no livro, ele adota uma postura crítica, denunciando a violência contra os sertanejos. Embora esclareça as motivações de Canudos e questione a versão oficial sobre o desfecho, Euclides mantém uma visão negativa sobre a população do "Norte", não se abstendo de críticas.

Mesmo com atualizações e subtrações, muito do que se publicou no jornal segue no livro, a exemplo da narração depreciativa da fé dos moradores de Canudos, descrita pelo autor como parte de um "misticismo bárbaro". São palavras de julgamento a partir de uma observância parcial, que exagera e categoriza o diferente como demandante de superação. Essa conduta está presente, por exemplo, quando ele compara "o 'beija' das imagens", instituído por Conselheiro, a um "ritual fetichista", quando caracteriza momentos compartilhados de prece pela comunidade como uma "nevrose coletiva", e em diversos outros trechos.

> Estalavam gritos lancinantes, de desmaios. Apertando ao peito as imagens babujadas de saliva, mulheres alucinadas tombavam escabujando nas contorções violentas da histeria,

> [...] e, invadido pela mesma aura de loucura, o grupo varonil
> [...] vibrava no mesmo ictus assombroso.[123]

Para se ter uma ideia da influência de *Os sertões*, basta dizer que, no ano seguinte ao lançamento do livro, em 1903, Euclides da Cunha foi eleito para a Academia Brasileira de Letras (ABL). Além disso, até hoje, a palavra "sertão" perdeu seu significado amplo de "interior", que poderia se referir a qualquer região do Brasil, e passou a designar especificamente o semiárido nordestino. Como observa Lilia Schwarcz, Euclides seguiu os determinismos da época ao iniciar sua obra discutindo a "terra" e suas limitações, para depois abordar o "homem" e suas fraquezas, uma delas sendo a distância da razão, capaz de explicar a existência do que ele chama de "Jerusalém de taipa": Canudos.[124]

Uma perspectiva interessante a ser comentada é a de Rui Facó, autor de *Cangaceiros e fanáticos*, que diz que a motivação maior de revoltas como Canudos não estava nos céus, e sim na terra. A mistura de crenças e práticas religiosas, segundo ele, é uma tendência natural das massas rurais espoliadas e serve como instrumento na luta pela libertação social. "Nas condições de isolamento em que viviam, [...] era natural que as populações interioranas criassem seus próprios conceitos de vida, de organização social".[125] Submetidos às privações estabelecidas pela ordem dominante, o "fanatismo" era, na verdade, uma espécie de ideologia.

Facó ressalta que, quando a campanha contra Canudos foi iniciada em 1896, as explicações para sua popularidade entre as massas eram atribuídas ao atraso das populações rurais e à crença nos feitos miraculosos de seu líder. No entanto, "não

---

[123] Cunha, 1973 [1902], p. 210.

[124] Schwarcz, 2012.

[125] Facó, Rui. *Cangaceiros e Fanáticos*. 6. ed. Rio de Janeiro: Civilização Brasileira, 1980. p. 42.

há um só testemunho de que o Conselheiro se arvorasse em fazedor de milagres".[126] Canudos, embora embalado pelo misticismo religioso, foi, como podemos acordar, essencialmente uma luta de classes intensificada pelo monopólio da terra. Por isso, não se tratava de um fenômeno isolado; outras revoltas semelhantes ocorriam em diferentes partes do Brasil, onde os eventos não podiam ser explicados pela suposta degeneração das populações locais.

Esse tipo de conflito social, que mistura valores religiosos populares e revolta política, também ocorreu no "Sul", tendo como exemplo a Guerra do Contestado (1912-1916),[127] motivada por uma disputa de terras entre posseiros e latifundiários. As condições de vida precárias e as injustiças sociais e religiosas alimentaram a insatisfação popular. Então vejamos: o Sul do Brasil, mais precisamente uma região disputada pelos estados de Santa Catarina e Paraná, também serviu à história com conflitos de caráter "messiânico". Em comum, camponeses em situação de vulnerabilidade, organizados em comunidades alinhavadas por motivações religiosas e combatidos por forças militares apoiadas por fazendeiros.

Se um exemplo for pouco, outro se deu anos antes, em 1873 e 1874, na colônia alemã de São Leopoldo, no Rio Grande do Sul. Foi onde explodiu o levante dos Muckers, movimento de natureza religiosa e social, também reputado como messiânico, liderado por um curandeiro e sua esposa profetisa, Jacobina Maurer, ambos de origem germânica. O conflito se desdobrou em choques armados entre as tropas e os colonos. O grupo contestava as autoridades religiosas e sociais estabelecidas,

---

[126] Facó, 1980, p. 85.

[127] A Guerra do Contestado foi um conflito social que combinou valores religiosos populares e insatisfação política. Envolveu camponeses miseráveis, armados e organizados em uma comunidade religiosa "messiânica", que enfrentaram forças militares apoiadas por grandes fazendeiros. O episódio, comparado a uma guerra civil, resultou em milhares de mortos.

promovendo um estilo de vida comunitário e uma interpretação alternativa da Bíblia. O levante foi violentamente reprimido pelo governo, resultando em conflitos armados e na prisão e execução de diversos membros.

Isso tudo para dizer que, como bem pontuou a socióloga Maria Isaura Pereira de Queiroz,[128] é interessante notar que o levante místico, reiteradamente visto como um fenômeno restrito ao Nordeste e atribuído à suposta instabilidade psicológica dos mestiços nordestinos, também ocorreu em outras regiões do Brasil, incluindo na comunidade imigrante mais prestigiada da administração imperial. Em suma: a pecha de instável e fanático ficou restrita ao povo do Nordeste, apesar de movimentos com características semelhantes terem ocorrido em outras porções do Império.

Boa parte do choque, ao revisitar essa história, vem de registros – para que não restem dúvidas sobre a relação estabelecida entre o "fanatismo" e a mestiçagem – que dão conta do recebimento da cabeça de Antônio Conselheiro, após o massacre de Canudos, pelo médico e antropólogo Raimundo Nina Rodrigues. Isso para que ele avaliasse se a cabeça de Conselheiro apresentava alguma anormalidade. Em seus ensaios,[129] Nina Rodrigues admitiu a alegada instabilidade dos mestiços e a relacionou, com argumentos científicos, ao menor desenvolvimento de seu cérebro. O médico, na verdade, seguiu, por um período, uma prática comum entre os eugenistas de sua época: examinava crânios de contraventores na tentativa de identificar características físicas que pudessem ser indicativas de desvios de caráter. Assim, buscava fundamentar a ideia de que certos traços corporais poderiam prever comportamentos

---

[128] Queiroz, Maria Isaura Pereira de. *O messianismo no Brasil e no mundo.* 3. ed. São Paulo: Alfa-Omega, 2003.

[129] Rodrigues, Raimundo Nina. *As raças humanas e a responsabilidade penal no Brasil.* Rio de Janeiro: Centro Edelstein de Pesquisa Social, 2011 [1894].

criminosos – a prova dos nove do que se entendia como a tão falada degeneração racial.

De volta a Canudos, é importante enfatizar o quanto a organização da mídia foi fundamental para sua visibilização, como o primeiro grande acontecimento com cobertura diária nos jornais, garantindo ao evento um interesse ainda não visto no Brasil. E *O País*, principal órgão de imprensa do Rio de Janeiro de então, passava a noticiar diariamente os acontecimentos "sangrentos" dos sertões da Bahia sob um título geral bastante expressivo: "A catástrofe". Assim, nos lembra Facó, "o país inteiro vivia em função dos acontecimentos de Canudos",[130] e isso dá conta da amplitude do impacto desse evento e das opiniões a seu respeito.

É por essa razão que afirmamos que o final do século XIX também reservou um espaço na mídia para a exploração do "Norte" sob a ótica da excentricidade e da reprovação religiosa, servindo de matéria-prima para julgamentos e internalizações. Esse viés será reforçado, mais tarde, pela Revolta de Juazeiro, nos anos 1910, e pelo Massacre do Caldeirão, nos anos 1930, ambos desempenhando papéis decisivos na construção da imagem do povo da região que, após 1919, passou a ser tratada enfim como Nordeste.

Para não ficarmos apenas nos nomes, no caso da Revolta de Juazeiro, trata-se de um conflito armado ocorrido em 1914, no Ceará, liderado pelo padre Cícero Romão Batista e pelo coronel Floro Bartolomeu. O confronto foi uma reação às medidas do governo republicano que interferiam nas práticas religiosas e sociais da região, envolvendo tanto forças militares quanto civis, e terminou com um desfecho negociado que preservou a influência do sacerdote.

Influência que havia começado anos antes. A escritora e historiadora Dia Nobre explica que em 1889, quando o

---

[130] Facó, 1980, p. 107.

"Padim Ciço" "ministrou a comunhão a uma beata chamada Maria Magdalena do Espírito Santo de Araújo, a hóstia consagrada verteu sangue",[131] narrativa que inaugurou o que ela define como "história oficial" de Juazeiro. O sangramento do pão consagrado logo passou a ser considerado um milagre, e a reputação do padre (e não da beata, a verdadeira protagonista do episódio) se espalhou pela região e pelo país.

Já o Massacre do Caldeirão, ocorrido no Ceará em 1937, foi um episódio de violência contra o movimento liderado pelo beato José Lourenço, que promovia práticas comunitárias e igualitárias em uma comunidade rural. A repressão violenta das forças estaduais resultou em numerosas mortes e na perseguição aos membros do movimento. Edu Lobo, ao cantar Canudos e citar o Conselheiro, também fala dessas crenças, dessa "desavença que reparte". E repartia não só internamente, mas causava um abismo que seria difícil de transpor ainda anos mais tarde.

A "Meca dos Sertões"

As novas impressões publicadas na década de 1920 não eram tão novas assim. Os "fanáticos" descritos por Euclides da Cunha também surgem nas linhas jornalísticas daquele período, agora com o Nordeste sendo especificamente identificado. Essa suposta faceta "supersticiosa" do povo nordestino é abordada em algumas publicações das séries visitadas. E amplamente detalhada no texto de 16 de agosto de 1923, que inclui um relato de visita à Juazeiro do Padre Cícero. Paulo de Moraes Barros conta ter observado, nos domínios do religioso, uma "massa de gente soez", dito de outra forma, grosseira, composta por "fanáticos boçais". A multidão que ele encontra é tomada como a "maior promiscuidade", "à espera do momento em que

---

[131] Nobre, Dia. *Incêndios da alma: Maria de Araújo e os milagres do Padre Cícero – a história que o Vaticano tentou esconder*. São Paulo: Planeta, 2024. p. 16.

possa beijar os pés do santo",[132] um *déjà-vu* de Canudos, alvo de críticas do início ao fim:

> Da gente e do lugar, é medíocre a impressão. [...] Da turba que o assediava, homens e mulheres do aspecto alucinado, olhos esbugalhados, com os braços estendidos atiravam-se por terra, tentando tocar-lhe a barra da batina![133]

A palavra "turba" é termo utilizado pelo correspondente para descrever o público que se aglomerava à porta do sacerdote. A impressão "medíocre" ajudou a construir a ideia de quem era o nordestino no imaginário dos leitores. Essa representação, que vinha sendo moldada pelos relatos sobre aquela terra tão distante, agora incluía não apenas a noção de um povo supersticioso, mas também descrições mais objetivas a seu respeito, como o "aspecto alucinado" e os "olhos esbugalhados".

Moraes Barros não foi o único forasteiro a adentrar os domínios do religioso e a pôr no papel suas impressões. Lourenço Filho, em sua série de artigos focada especificamente em "Joaseiro do Padre Cícero", também ofereceu um retrato detalhado do local. Em seus escritos, Juazeiro é apresentada como o "reino da insânia", o "império do abracadabra", a "Meca do fanatismo religioso".[134] Juazeiro é, nas palavras de Lourenço Filho, a "Meca dos Sertões".[135] Juízos que não ficam restritos ao espaço e ao seu líder: ao atirar no Padre Cícero, mencionando a saga dos romeiros em busca do "milagreiro" do Ceará, o educador atinge em cheio os nordestinos:

---

[132] Barros, 16 ago. 1923, p. 3.

[133] Barros, 16 ago. 1923, p. 3.

[134] Lourenço Filho, 1925, *passim*.

[135] Meca é uma referência à cidade religiosa localizada na Arábia Saudita. É considerada o lugar mais sagrado do islã. É o suposto local de nascimento do profeta Maomé e, por isso mesmo, um destino de grande importância espiritual para muçulmanos de todo o mundo.

> A maioria passa esquálida, semimorta de cansaço e de privações, alentados só com a ideia de benção do padrinho, o "Padim Ciço", que é, para tais inteligências embotadas, meio ingresso no céu.[136]

Lourenço Filho, no impulso de desqualificar o religioso, contribui para a formação da imagem estereotipada do nordestino no "Sul" ao descrever, de forma generalizada, os fiéis da região. Na publicação de 25 de novembro de 1925, para ilustrar, ele resume os devotos como "sujos e abatidos", que se apresentam com "largos chapéus de couro ou de palha de carnaúba, os seus bordões e os seus bentinhos, o rifle inseparável e as 'pracatas'" – uma maneira equivocada de se referir às sandálias percatas ou alpercatas, também conhecidas como alpargatas. Definia-se o nordestino e suas vestes.

O romeiro, para esse articulista, está imerso em "um misto de superstições grosseiras e de feiticismos", num "pesado e avassalador ambiente de demência", no qual se tem nada mais que "degradação humana", conforme expresso por ele no mesmo artigo – termos que já haviam visitado outros discursos e representações. Conforme a perspectiva lourenciana, chamemos assim, o Nordeste em exibição é um ambiente onde a lógica, a razão e o bom senso estão ausentes, onde predominam comportamentos e situações que não são entendidas como racionais.

> Não vendo ao redor senão rostos macerados, fisionomias impressionantes de iluminados e pertinentes, o que se tem não é nenhuma vontade de rir, mas um furioso apelo à razão, que nos levaria a protestar, a gritar, a chamar à realidade aquele estúpido rebotalho humano.[137]

---

[136] Lourenço Filho, 18 nov. 1925, p. 3.
[137] Lourenço Filho, 25 nov. 1925, p. 3.

Além das balas mal direcionadas que atingem a população nordestina – como o uso da palavra "rebotalho", um sinônimo de refugo, para classificar os habitantes locais como resto humano –, Lourenço Filho não poupa munição contra o Padre Cícero. Em seu artigo intitulado "*Ecce homo*!" ("eis o homem", em latim), de 27 de novembro de 1925, ele define o sacerdote como "um doente de espírito" que firmou suas "ideias delirantes" no "atraso do povo". Embora a gravura que acompanha o texto no jornal retrate o "Padim", o autor não hesita em descrevê-lo à sua maneira, mencionando sua suposta "cabeça-chata", expressão muito conhecida e que ganhará explanação mais adiante.

E, quando se trata de determinismo, nada como o passado para validar o presente. Uma conexão feita por Lourenço Filho merece igual atenção. Ao afirmar, logo ao iniciar a série, que em Juazeiro se encontra "a mesma rude superstição, o mesmo fanatismo cego e doentio", o educador e pedagogista parece querer acessar uma memória nacional, incentivando o leitor a estabelecer um paralelo entre os eventos atuais e um episódio religioso marcante que os precedeu. A suspeita recai, evidentemente, sobre Canudos, o que é mais tarde confirmado pelo autor ao comparar as comunidades ligadas a Padre Cícero e a Antônio Conselheiro, afirmando o Nordeste como um espaço de fanatismo, onde episódios de "guerra santa" são constantes. Mas nada disso surpreende, afinal, explica ele, tudo atesta apenas "a ignorância e o fundo supersticioso do caboclo", que possui "uma tradição indestrutível de messianismo e sebastianismo".[138] O nordestino estava determinado a ser um devoto delirante.

O "pavoroso sertão"

O naturalismo e o determinismo de Euclides da Cunha fizeram escola. Em *Os sertões*, ele estruturou a obra para demonstrar

---

[138] Lourenço Filho, 23 abr. 1926, p. 4.

como a "terra" árida influenciava os sucessos e insucessos do "homem" sertanejo do "Norte". Da mesma forma, as "Impressões do Nordeste", publicadas na década de 1920, começam por explorar as características físicas da região antes de se aprofundar na presumida "formação étnica" da população. Claramente afetado pela ótica euclidiana, Paulo de Moraes Barros entrega sua crença no poder que o ambiente exerce sobre os aspectos físicos e comportamentais dos seres humanos.

Logo no texto de estreia, de 10 de agosto de 1923, apesar de ele falar em "poupar o Nordeste de julgamentos prévios", o recorte espacial, uma novidade discursiva, é apresentado ao "Sul" como "a terra do sofrimento", "a terra onde a água é quase um mito", "a terra da desolação". Um lugar onde "um sol de fogo incide a prumo" e se sente um "calor que requeima a própria alma".[139] São declarações que refletem como um espelho a paisagem descrita no livro que veio antes. Na verdade, em não raras passagens, o que se nota nos escritos da década de 1920 é uma vontade imensa de encontrar *Os sertões* de Euclides, com trechos que mais parecem transcrições.

O primeiro tópico apresentado por Moraes Barros, como era de se esperar, foi dedicado às secas. Conforme detalhamos, antes mesmo de a região receber oficialmente o nome de Nordeste, a questão da estiagem já dominava a cobertura midiática no "Sul" sobre esse outro pedaço de Brasil. A seca se estabeleceu como o tema preponderante nas discussões sobre o "Norte" desde o final do século XIX, e as grandes obras realizadas para mitigar seus efeitos intensificaram essa monotematização. A visita, que tinha o objetivo de inspecionar as intervenções federais, trouxe ainda mais destaque. No texto inaugural publicado sobre a viagem, o articulista descreve o fenômeno com imagens vívidas: "tudo parece esturricado e morto". E continua, sem economizar adjetivações:

---
[139] Barros, 10 ago. 1923, p. 3 e 4.

É grandiosa e triste esta opulência da desolação! [...] Na atmosfera candente, nem um sopro de brisa a arrefecer-lhe o rigor. Prosseguia vagarosa a avançada, fazendo-nos respirar ar de fogo, que requeimava lábios e narina. Encaixados, como estávamos, entre muralhas de rocha que redobravam o calor, urgia escapar daquela fornalha, de labaredas difusas. No vasto boqueirão ao fundo começa o temeroso sertão que evoca a seca, a miséria, o pavor![140]

A palavra "sertão" reaparece insistentemente nas primeiras impressões sobre o Nordeste, especialmente quando se descreve a terra. Esse uso reforça aquela ideia equivocada de que o termo se refere exclusivamente à porção interiorana da região. Em uma das publicações da série, por exemplo, encontramos a expressão "sertão calcinante". Em outra, a descrição é "sertão com todos os seus farrapos", e numa terceira, o adjetivo foi escolhido para criar um efeito bastante dramático: o "pavoroso sertão".

É no texto publicado em 19 de agosto de 1923 que Moraes Barros vai expressar mais uma adjetivação depreciativa atribuída ao Nordeste: "fim do mundo". Essa expressão idiomática bastante popular é empregada para descrever locais considerados extremamente negativos. O sertão, então, de acordo com essa perspectiva, é uma exclusividade nordestina, e "fim do mundo" é sinônimo disponível para identificá-lo. Logo ali, o início deste mundo brasileiro. Eis o cartão de visita do Nordeste. Agora, se a terra determina a sociedade, conforme a visão prevalente à época, e essa terra remetia à intensa negatividade, já se pode deduzir qual tipo de indivíduos ela seria capaz de definir.

A violência do cangaço

José Gomes não era um nome conhecido em Pernambuco no século XVIII, mas quando se falava em Cabeleira, a identificação

---
[140] Barros, 10 ago. 1923, p. 4.

era imediata. "À sua audácia e atrocidades deve seu renome este herói legendário", comparável a um "El Cid" ou "Robin Hood" pernambucano. É como o escritor Franklin Távora descreve seu protagonista. Seu romance de 1876 explora as aventuras e desventuras desse homem, mostrando a luta entre o bem e o mal em um Nordeste marcado pela injustiça. Com seus longos cabelos e uma vida fora da lei, *O Cabeleira*[141] era temido pela população.

Além da fé e da seca, a violência. As narrativas sobre o Nordeste, antes mesmo de a região receber essa denominação, ganharam uma nova camada de complexidade com o cangaço. "A grande seca de 1877-1879 é o ponto de partida para o desencadeamento de ações dos grupos de cangaceiros mais famosos do século XIX", como registrou Rui Facó.[142] Trata-se de um fenômeno social complexo, que propicia leituras distintas, mas que admite ser sintetizado pela presença de bandos nômades que praticavam delitos pelo semiárido nordestino. É Facó também que afirma que, em 1878, os jornais já "reclamavam enérgicas providências contra salteadores, que continuavam a infestar o interior. Formavam-se todos os dias novos grupos".[143] O cangaço, reflexo das questões sociais agravadas pelas secas, durou cerca de setenta anos e ganhou destaque especialmente nas décadas de 1920 e 1930, com a figura emblemática de Virgulino Ferreira da Silva, vulgo Lampião.

Durante esse auge, logo após o novo batismo do Nordeste, algumas publicações na imprensa passaram a retratar o fenômeno de forma equivocada, dando a entender que o aceite era um sentimento generalizado: o nordestino ou era apoiador ou fazia parte de um bando. Essas afirmações contribuíram para uma percepção distorcida segundo a qual suas práticas eram normalizadas pela sociedade local. Essa narrativa generalizante desconsiderava os

---

[141] Távora, Franklin. *O Cabeleira*. São Paulo: Três, 1973 [1876].

[142] Facó, 1991, p. 136.

[143] Facó, 1991, p. 136.

muitos que se opunham ao cangaço, bem como suas vítimas, fazendo com que a população fosse tachada de violenta com base em associações levianas e conclusões precipitadas.

Parte dessas associações se deu no campo da fé. De volta às "Impressões do Nordeste", que calharam de ser as primeiras, Paulo de Moraes Barros relaciona o que chama de "fanatismo religioso" à violência ao narrar sua visita a Juazeiro em 16 de agosto de 1923: "E dizem que essa gente, com as 20.000 cabeças a mais que vivem extramuros, são mantidas à socapa do cangaço", que são homens que "exercem o banditismo como profissão normal".[144]

Lourenço Filho faz a mesma conexão em 19 de novembro de 1925, ao assegurar que, na terra de Padre Cícero, "não há, nas pobres habitações, nem cadeiras, nem mesas, nem camas. Em nenhuma delas faltam, porém, pendurados à parede da sala, o rifle e a efígie do Padrinho"[145]. Ele explica que o lugar é um "arraial sórdido e miserável, sem higiene e sem trabalho, abrigo de peregrinos e de cangaceiros da pior espécie"[146]. Em 27 de novembro de 1925, Lourenço diz mais e afirma que os milagres atribuídos à beata Maria de Araújo, nos anos 1890, atraíram romeiros e "gente da pior espécie que procurava a nova Jerusalém, como um couto para todos os crimes"[147]. Já em 21 de abril de 1926, o educador lança outro dardo: Lampião, quando esteve em Juazeiro, encontrava-se com "a calma de um cidadão que nada deve à justiça e quase com honras de triunfador"[148].

O reforço dessa ideia foi dado pelas narrativas sobre a indiferença dos governos locais, que pareciam, ainda que pela

---

[144] Barros, Paulo de Moraes. Roteiro de uma viagem à cidade de Juazeiro do Norte. *Revista do Instituto do Ceará,* Fortaleza, v. 37, p. 205-223, 1923.

[145] Lourenço Filho, 19 nov. 1925, p. 3.

[146] Lourenço Filho, 19 nov. 1925, p. 3.

[147] Lourenço Filho, 27 nov. 1925, p. 3.

[148] Lourenço Filho, 21 abr. 1926, p. 3.

postura negligente, consentir no movimento, levando em conta outra série de publicações do mesmo período: "O banditismo no Nordeste".[149] Quase como um folhetim, as publicações estavam repletas de violência, fugas e emboscadas. Na primeira publicação, de 4 de fevereiro de 1927, é exposto que "os facínoras têm saqueado diversas localidades, matando gente e animais, incendiando propriedades, desonrando famílias", praticando, portanto, "crimes dos mais perversos e hediondos". O governo local é descrito como inerte e a polícia, "estafada e covarde", permitindo que o bando avance sem obstáculos.

Em 16 de junho de 1927, a mesma série traz novas acusações de "indiferença" e "descaso" entre os governadores, apesar do cenário detalhado de cidades aterrorizadas, com famílias deixando suas casas em busca de refúgio mais seguro. A denúncia prossegue dias depois, em 23 de junho, com mais uma publicação, na qual autoridades cearenses acusam a polícia paraibana de conivência, creditando-lhe parte da culpa pela "grande horda que flagela os sertões do Nordeste brasileiro". Já em 11 de julho do mesmo ano, os relatos são sobre Lampião: "O Ceará oficialmente entende-se com ele e o protege", "o governador Moreira da Rocha e o Padre Cícero garantem-lhe plena liberdade de locomoção" e "a polícia [...] não se incomoda". O Nordeste, então, é descrito como um lugar onde "ninguém se mexe", incluindo as autoridades, e o Ceará, como um asilo inviolável do "Rei do Cangaço".

Existem duas visões que explicam o cangaço na historiografia brasileira: a primeira o classifica como forma de resistência social e luta contra a opressão; a segunda o define como crime organizado, sem qualquer orientação política e social. Fato é que o fenômeno reforça a ideia do Nordeste como terra violenta e sem lei e o universo em torno dele foi incorporado à representação imagética do povo da região. É desse contexto do Nordeste violento do

---

[149] O banditismo no Nordeste. *O Estado de S. Paulo*, série de textos publicada ao longo de 1927.

cangaço e dos "coronéis" que advém o termo "cabra-macho", a título de exemplo, referente a um homem valente, destemido, que não demonstra fraqueza, que resolve tudo na bala ou na ponta da peixeira e não leva desaforo para casa. Com origem na oralidade, o termo se tornou um símbolo de virilidade e, posteriormente, foi muito difundida pela produção cultural, sobretudo em expressões artísticas tomadas como tradicionais, caso da literatura de cordel e de letras de forró e baião.

A compreensão desse tema passa pelo entendimento de que as identidades de gênero são formadas com base nas relações de poder. A cultura, por meio de discursos, desempenha um papel relevante na produção dessas identidades, definindo o que significa ser "homem" e ser "mulher". As normas tradicionais de masculinidade refletem e perpetuam hierarquias de poder, valorizando características como força e vigor. Trata-se, portanto, de uma construção social de afirmação e autoafirmação, fermentada por um contexto de violência e de quedas de braço, sobretudo com o determinismo a dizer que o meio hostil é que torna o ser humano dessa maneira.

A pecha de violência não se limitou ao fenômeno do cangaço em si, que poderia ser visto como um evento distante da maioria da população. Ao fazer essas associações, porém, a imprensa da época transmitiu a ideia inaugural do banditismo social como algo comum, conferindo-lhe um *status* de normalidade. E, de repente, sobre a cabeça de todos os nordestinos, foi posto um chapéu de cangaceiro; o que nos leva a refletir sobre a fragilidade da apropriação inconsciente de certos símbolos nos dias de hoje – ainda que em tom de brincadeira.

Apesar de exaustivamente explorado na produção cinematográfica dos anos 1960, como veremos ainda neste ato, o cangaço continua a ser um tema recorrente nas chamadas narrativas regionais, mesmo que de maneira reinventada. No filme *Baile perfumado* (1997), dirigido por Lírio Ferreira e Paulo Caldas, há uma versão aburguesada de Lampião, apreciador de uísque e perfumes franceses, uma figura derrotada pela modernidade. Já na série *Cangaço novo* (2023), Aly Muritiba apresenta um retrato de violência que vai além do Nordeste, abordando questões que dizem respeito ao Brasil – e não apenas à região –, a exemplo dos assaltos a bancos. O resgate que é feito do cangaço logo no título é para legitimar a ideia de que uma gente justiceira e corajosa habita as terras áridas do sertão nordestino, já que não parece nada razoável dizer que o movimento findado em 1940 é capaz de justificar manifestações atuais de violência.

A persistência da imagem do cangaço, mesmo que simbolizada por um aparentemente inocente chapéu de Lampião, usado para reforçar uma suposta identidade nordestina, mantém viva uma parte complexa da história marcada por extrema violência. A manutenção de Virgulino Ferreira da Silva como um mito, seja para atestar resistência ou masculinidade – os "cabras-machos" –, contribui para o atrelamento do Nordeste a temas carregados de significados, distantes da aparente inocência de um mero acessório. Identificar-se com elementos do cangaço passou a ser quase um certificado de nordestinidade, como se adotar seus símbolos fosse uma prova irrefutável de pertencimento à região, tal qual insinuava – e muitas vezes afirmava – a imprensa paulista em 1920.

Livro do Nordeste: o contraponto

Esse movimento de representação do que viria a ser o Nordeste como lugar de seca, fanatismo e violência, que fazia da região, desde o início, um sinônimo de atraso, não passou sem reação. Em 1925, quando essa imagem negativa descrita pelo "Sul" já começava a se disseminar fortemente pelo país, Gilberto Freyre teve a iniciativa de reunir intelectuais para confrontar essas afirmações, que não deixavam de ser acusações. A ideia era apresentar o que essa porção de Brasil tinha de melhor, nos campos social, cultural e econômico. Assim, a edição comemorativa do centenário do jornal *Diário de Pernambuco*, editado em Recife, transformou-se no *Livro do Nordeste*,[150] um contraponto editorial que pode ser entendido como a certidão de nascimento da região, emitida em 7 de novembro daquele ano.

Vale destacar que o *Diário de Pernambuco* desempenhava um papel fundamental na disseminação das reivindicações locais e dos estados vizinhos. Era o principal veículo responsável por defender tanto as questões culturais quanto os interesses econômicos da esquina do Brasil. Por isso mesmo, no conteúdo do *Livro do Nordeste*, são abordados elementos que apontam para a prosperidade da cana-de-açúcar; a arte do pernambucano Manoel Bandeira; o pioneirismo da escrita feminista da potiguar Nísia Floresta; e outros atributos do espaço que estava sob a mira de interesses. O objetivo era produzir uma mensagem de afirmação, direcionada ao Nordeste e ao restante do país.

No artigo "Vida social no Nordeste", presente na publicação, que analisa os "aspectos de um século de transição", Freyre afirma que "comparando o Nordeste de 1825 com o de 1925 tem-se quase a impressão de serem países diversos". Esse recorte, cuja abordagem se repete ao longo do texto, indica uma consciência de que o próprio Nordeste já se reconhecia, àquela altura, como uma região separada do "Norte". E percebia essa condição como algo antigo, secular, com o apontamento de vários elementos, e não somente a seca, que justificavam a unidade regional. São escritos, portanto, que servem como uma espécie de comprovação da identidade da região, que a apresentam, de repente, como algo sólido e concreto.

Nesse mesmo artigo, como é feito ao longo da edição especial, tem-se uma oposição ao que era apresentado em São Paulo. Freyre relata que a nova paisagem do Nordeste havia perdido o ar provincial de outrora para "adquirir o das modernas fotografias de usinas e avenidas novas", onde "beirando

---

[150] Todas as citações do *Livro do Nordeste* neste tópico foram colhidas de: Freyre, Gilberto *et al*. *Livro do Nordeste*. 2. ed. Recife: Arquivo Público Estadual, 1979 [1925].

os canaviais e algodoais [...] correm linhas telegráficas, fios de telefone, vias férreas". Os trens, inclusive, de acordo com ele, agora integram o cenário, assim como os automóveis, "em vez dos carros de boi". Um Nordeste próspero e moderno, em declarações que não ficam restritas ao ambiente rural e avançam sobre a zona urbana, inexistente nas primeiras impressões e em outros artigos que circulavam no "Sul".

> As cidades muito se modificaram com a construção, sobre modelos europeus do século décimo nono, de gares, mercados, bancos; com a tração elétrica; com os novos tipos de residência de uma arquitetura de confeitaria; com a preocupação da linha reta à americana, que por completo alterou, em vários bairros do Recife, o à-vontade antigo das ruas.

Apesar de fazer o contraponto e colocar na vitrine qualidades consideradas positivas, Freyre não esconde a existência de secas "das mais terríveis por que tem passado a região", que chegaram a levar "até os engenhos de cana os horrores da fome". É por causa do fenômeno da estiagem, "cheio de infortúnio e horrores", inclusive, segundo o sociólogo, que tem sofrido "a moral social do Nordeste", com o deslocamento de famílias "em condição de humilhante inferioridade". A seca é abordada no *Livro do Nordeste* como um desafio que impacta a região, porém não é considerada um fator determinante de sua identidade.

As narrativas sobre a "Vida social no Nordeste", que mencionam momentos de escassez, também descrevem episódios de abundância, como "almoços em que os vinhos corriam dos barrilotes", com mulheres distintas elogiadas como "*a very accomplished woman*", isto é, muito realizadas, bem-sucedidas, na tradução do inglês, ao som do piano, no qual eram tocadas valsas vienenses. Quer dizer: um Nordeste não só moderno, mas cosmopolita. São detalhes da vida privada da "aristocracia territorial do Nordeste", do passado e do presente, que o narrador parece conhecer bem, com gostos "um tanto afrancesados".

Fica evidente aqui que a perspectiva de Freyre está acomodada em uma posição de privilégio, mais associada à "casa-grande" do que à "senzala", recorrendo-se ao antagonismo presente no título do seu famoso livro. Apesar desse elitismo, ao lançar luz sobre o Nordeste urbano e o do litoral e, principalmente, sobre a riqueza da produção cultural da região, negligenciada nos escritos do "Sul", ele desempenha um papel significativo para libertar a região de uma visão limitada e pessimista, de uma monotematização. Sua abordagem proporcionou um entendimento mais amplo e diversificado do Nordeste.

A estratégia de Freyre, presente não somente no *Livro do Nordeste*, mas em grande parte da sua obra, foi a de apresentar outro Nordeste ao restante do país: o Nordeste ainda pautado pela cana-de-açúcar. Ele não retratava apenas uma região delimitada geograficamente, mas o Brasil que existia a partir de Pernambuco, que seria um exemplo a ser seguido. Zaidan Filho argumenta que muito da produção de Freyre tinha esse propósito, no entanto, pois era "destinada a garantir uma sobrevida, no plano de uma economia simbólica-cultural, para as oligarquias decadentes da região",[151] que tinham sido alijadas do poder. A ideia seria contribuir para a continuidade do *status* dessas elites através da produção intelectual.

Ao mobilizar os mais cultos para colaborar com o conteúdo sobre os hábitos, costumes e artes regionais, Freyre contrapôs a imagem do Nordeste construída em São Paulo, bem como destacou a região como um lugar de "tradição", abrindo caminho para novas críticas e para que a terra dos bandeirantes se firmasse, na antítese, como polo de modernidade. Por mais que aceitasse as transformações em curso, ele manteve no protagonismo o que foi tomado como tradicional, a exemplo da renda de bilro e de outros produtos feitos à mão, e tudo mais que pudesse ostentar o passado. Isso levou Zaidan Filho a descrever suas práticas

---

[151] Zaidan Filho, 2001, p. 11.

como uma "estetização do atraso", capaz de oportunizar um uso negativo por parte dos críticos de primeiro minuto da região.

É importante resgatar que a modernidade e o vanguardismo já eram argumentos de autoafirmação da São Paulo dos anos 1920, tendo como demonstração desse ambiente favorável ao novo a Semana de Arte Moderna.[152] Uma das propostas do movimento era justamente a ruptura com o passado, propondo uma renovação visual e conceitual. A busca de Freyre, no fim das contas, era o contraponto estético, porque politicamente e economicamente o Nordeste já havia perdido para o "Sul". Mas a narrativa modernista paulista acabou vitoriosa.

De todo modo, o esforço para apresentar as tradições, a história e a memória do Nordeste antecipou o que viria a ser um evento significativo daquela década: o Congresso Regionalista do Recife, realizado em 1926. Esse evento se destacou por reunir artistas, intelectuais e políticos dos estados nordestinos em torno de um tipo de patriotismo regional, essencial para contestar as narrativas da imprensa paulista, cujas versões, devido à sua influência e à falta de outros contrapontos, podiam ser tomadas como verdades absolutas. No *Manifesto regionalista*, publicado no mesmo ano, Gilberto Freyre mantém a abordagem, visando a angariar apoio para suas ideias.

> Talvez não haja região no Brasil que exceda o Nordeste em riqueza de tradições ilustres e em nitidez de caráter. [...] Como se explicaria, então, que nós, filhos de região tão criadora, é que fôssemos agora abandonar as fontes ou as raízes de valores e tradições [...]?[153]

---

[152] A Semana de Arte Moderna, realizada em São Paulo em 1922, iniciou o movimento modernista no Brasil ao romper com as formas tradicionais de arte e literatura. Seus principais objetivos eram renovar e valorizar as expressões artísticas nacionais, representando um marco importante na cultura brasileira.

[153] Freyre, Gilberto. *Manifesto regionalista*. Recife: Instituto Joaquim Nabuco de Pesquisas Sociais, 1967 [1926]. p. 34.

Até então, o Nordeste era meramente uma designação geográfica baseada em documentos do governo federal. Porém, a propaganda regionalista começou a moldar seu conceito, dando-lhe não só forma, como também corpo e substância. O Nordeste foi ampliando seu sentido, deixando de ser apenas o espaço das obras de convivência com a seca para ter identidade. Esse trabalho combinou elementos do modernismo e do regionalismo, resultando na idealização de costumes e tradições, o que abriu caminho para a construção do que se entende até hoje como "brasilidade nordestina".

Temos aqui, portanto, um processo de autorreconhecimento que buscou apresentar uma narrativa justificadora para a maneira de ser dos nordestinos, ao mesmo tempo que reforçou aspectos conservadores, dando uma grande contribuição à naturalização problemática de certos costumes já vencidos. Um discurso não criado para dissimular, mas para definir. Afinal, só é possível defender um "eu" quando se tem clareza sobre quem ele é.

Até a alegada degeneração da mestiçagem excessiva, explorada pelo "Sul", entrou na roda, só que com um olhar não pessimista, claro. No *Manifesto* assinado por Freyre, ele destaca o Brasil como uma "combinação, fusão, mistura", sendo o Nordeste, quiçá, "a principal bacia em que se vêm processando essas combinações, essa fusão, essa mistura de sangue e valores que ainda fervem".[154] Ao contrário da combinação perigosa abordada pela imprensa em São Paulo, o Nordeste era, de acordo com essa perspectiva *à la* Pernambuco, um lugar onde a miscigenação ocorreu de forma a enriquecer a população.

A abordagem sociológica de Freyre encontrou respaldo ficcional na literatura do paraibano José Lins do Rego, numa perspectiva bastante saudosista, com a descrição de um Nordeste carregado de passado e de memórias, para onde sempre se

---

[154] Freyre, 1967 [1926], p. 41.

quer retornar. Esse retrato literário é uma tentativa criativa de contrapor-se à dureza da seca, uma realidade da qual se busca fugir. A casa-grande e as terras que a cercam emergem como uma espécie de oásis, um enclave do Nordeste de outrora, alheio às dificuldades do presente. Em *Menino de engenho*,[155] publicado em 1932, José Lins explora a região sob a ótica curiosa de Carlinhos. Mesmo que questione as normas sociais vigentes, ele permanece seguro de sua identidade e das vantagens de pertencer àquele lugar.

Outro grande colaborador dessa frente, no campo das artes visuais, foi o pintor pernambucano Cícero Dias. Seu trabalho voltado para retratar a sociedade açucareira e a população mestiça apresenta um Nordeste poético, livre de conflitos sociais, criando em cores vibrantes um catálogo de imagens regionais, que mistura realidade social e imaginário lírico.

Dá para perceber que, mesmo sem compromisso com o que mais tarde passou a ser chamado de decolonialidade, com a desconstrução de estruturas de opressão, esses esforços desempenharam um papel importante na resistência ao discurso midiático predominante do "Sul". Discurso esse que buscava fixar o pensamento de que São Paulo era superior, apoiado na falsa premissa de que a cidade refletia a Europa. Embora se possa questionar as intenções por trás do empenho de Freyre, possivelmente ligadas ao desejo de manter privilégios das elites, o fato é que essas iniciativas surgidas ao longo da década de 1920 contribuíram para unir interesses.

É por isso que podemos dizer que o *Livro do Nordeste* representou uma resposta intelectual, assim como o *Manifesto* e o Congresso Regionalista, que visava a criar e disseminar a ideia de uma região formada por uma civilização remanescente da era do açúcar. E, como dito pelo próprio Freyre, não havia "nenhuma mais criadora do que ela, de valores políticos, estéticos

---

[155] Rego, José Lins do. *Menino de engenho*. 110. ed. Rio de Janeiro: José Olympio, 2010 [1932].

e intelectuais".[156] A questão é que isso significou reduzi-la a alguns aspectos considerados ultrapassados, como os aristocráticos, nos quais prestígio e poder estavam ligados à posse de terras. A partir desse "inquérito da vida nordestina", conforme apresentado no editorial da publicação, a região já delineada em termos geográficos ganhou identidade, embora pela voz de poucos intelectuais. O Nordeste se afirmava e, assim, definia-se.

Um discurso conveniente

"Muita gente falou de água para o Nordeste. Muita gente fez demagogia com a seca. Muita gente explorou a seca". Esse trecho é do discurso feito pelo então presidente Fernando Henrique Cardoso (1995-2003) durante visita às obras da adutora do Oeste, no ano de 1998, em Ouricuri, interior de Pernambuco. O preâmbulo antecede o anúncio da ampliação de projetos de convivência com o fenômeno da estiagem, apresentados como uma ação "que nunca se fez no Brasil em matéria de irrigação".[157]

Durante muitos anos – e até o tempo presente –, o Nordeste foi – e permanece – tratado como uma unidade homogênea, sendo a seca sua principal narrativa. Na agenda federal, Nordeste e "obras contra as secas" seguem sinônimos, do jeito que registrou Gilberto Freyre quase um século atrás. A seca era o problema unificado enfrentado pelos nordestinos e funcionava como um ponto de aproximação, especialmente em períodos eleitorais. No entanto, essa simplificação, como defende a geógrafa Iná Elias de

---

[156] Freyre, 2004 [1937], p. 195.

[157] Cardoso, Fernando Henrique. *Discurso em visita às obras da adutora do oeste*. Ouricuri (PE), 31 jul. 1998. Biblioteca da Presidência da República. p. 114. Disponível em: http://www.biblioteca.presidencia.gov.br/presidencia/ex-presidentes/fernando-henrique-cardoso/discursos/1o-mandato/1998-1o-semestre/31-de-julho-de-1998-discurso-em--visita-as-obras-da-adutora-do-oeste. Acesso em: 09 abr. 2025.

Castro,[158] foi em parte fomentada pelos próprios nordestinos. Em 1958, para citar um exemplo, o então deputado federal Arruda Câmara, de Pernambuco, clamava na Câmara dos Deputados por um tratamento diferenciado para a região, destacando que "o Nordeste passa fome e miséria". Todo o Nordeste.

Como vimos no tópico anterior, parte da elite intelectual do Nordeste, liderada por Freyre, empreendeu esforços para apresentar ao Brasil uma visão alternativa da região, pautada pela sociedade do açúcar. Porém, uma fração da elite política local, na tentativa de reequilibrar a balança e recuperar a atenção pública – é o que sustenta Iná Elias de Castro –, teria enxergado vantagem no discurso da seca e se unido em torno da ideia de um Nordeste falido e demandante de assistência e socorro. Esse movimento, embora semelhante ao que ocorreu anteriormente com os mal-intencionados integrantes do Bloco do Norte, agora se manifestava sob a nova denominação: Nordeste.

Iná Elias de Castro aponta que uma fração da elite política do Nordeste foi historicamente beneficiada pelas condições estruturais da região e persistiu nesse caminho, adaptando-se apenas aos novos contextos e desafios. Tudo para preservar sua condição favorável e posição de poder. Perder o controle em nível nacional já seria uma situação difícil, mas permitir que isso ocorresse também no âmbito local seria ainda mais problemático. A geógrafa ressalta que o processo de manutenção do poder regional seguiu uma lógica particular, muitas vezes sabotando o próprio entorno para se sobressair. Nas palavras dela, "as elites regionais possuem seus interesses, e suas relações com o poder central orientam-se no sentido de preservá-las".[159]

Em suma, à luz dessa perspectiva, diante da ameaça de perda de poder no cenário nacional, essa parcela da elite adotou o discurso do fatalismo e da falta de prosperidade para proteger

---

[158] Castro, 1992.
[159] Castro, 1992, p. 18.

sua posição local. Ao se apresentarem como porta-vozes dos flagelos da seca, esses políticos – muitos dos quais estavam ligados ao setor agropecuário – não somente procuravam afirmar sua representatividade, incutindo a ideia de que eram necessários, mas também asseguravam o controle sobre os investimentos destinados pelo governo federal à região.

Esse entendimento possibilita que se olhe para o Nordeste com mais profundidade, indo além da sua simplificação como uma mera "questão", como tem sido abordado desde seus primeiros esboços. A concepção da região sob o rótulo "questão do Nordeste" é uma constante na literatura, tratando esse recorte espacial como um problema intrínseco. Ao considerarmos o aspecto discursivo proposto, conseguimos deslocar essa suposta problemática do campo geográfico para o político, pois aceitar o Nordeste como uma "questão" seria o mesmo que legitimar esse discurso oportunista. Para contrariar essa narrativa, é essencial reconhecer que o regionalismo nordestino, em certa medida, é uma construção intelectual de uma elite conservadora e cheia de interesses.

Exposto isso, é razoável concluir que o nosso regionalismo foi em parte moldado por detentores do poder, cuja principal preocupação era conservar sua posição de privilégio. Esse regionalismo possui então uma densa camada política, frequentemente alinhada a interesses territoriais que nem sempre refletem o bem coletivo. Temos, em geral, um regionalismo elitista, tradicionalista e pouco democrático. Seguindo o fio, no Nordeste, parte da elite política desempenhou um papel fundamental tanto na definição das características regionais quanto na projeção da sua imagem – do Nordeste e dos nordestinos. Isso implica dizer que, além de um recorte geográfico, a região também aconteceu por "representação" e "estratégia ideológica".

> A imagem projetada da região era a caatinga ressequida, a indefectível carcaça de um boi e os retirantes, magros, com seus poucos pertences entrouxados e equilibrados sobre a

cabeça. Eram as "vidas secas" de Graciliano Ramos, [...] a imagem de sofrimento era apropriada e usada politicamente.[160]

A pesquisa conduzida por Iná Elias de Castro se debruçou sobre 476 discursos feitos por 84 deputados federais do Nordeste, no período entre 1946 e 1985. Uma das conclusões alcançadas é de que a abordagem monotemática sobre a região foi refinada ao longo do tempo e, a partir da segunda metade da década de 1950, tornou-se predominante. Foi justamente nesse momento que a região, como uma área que demandava ações planejadas de desenvolvimento, entrou de novo na ordem do dia e ganhou destaque nos debates públicos, o que culminou, em 1959, na criação da Superintendência do Desenvolvimento do Nordeste, a Sudene.[161] O economista paraibano Celso Furtado, idealizador da autarquia, foi também seu primeiro superintendente.

Com base nessa pesquisa, mais de 50% das falas fazem referência a investimentos, reivindicações e atividades econômicas. O governo federal teria que se consolidar como fonte provedora de recursos para compensar o Nordeste pelos problemas climáticos enfrentados e pelo desequilíbrio na balança em favor do Centro-Sul, que recebia um tratamento diferenciado. Na recorrência de temas, com maior frequência, a "agricultura", seguida da "seca".

Com discursos cada vez mais centrados em questões regionais, em detrimento de agendas estaduais, a transição da abordagem estadualista para a regionalista fortaleceu porta-vozes e promoveu uma maior coesão e influência, resultando na formação de uma frente unificada e poderosa: sim, estamos falando da bancada do Nordeste. Esse agrupamento parlamentar se consolidou no Congresso Nacional ao enfatizar as dificuldades enfrentadas

---

[160] Castro, 1992, p. 59.

[161] A Superintendência do Desenvolvimento do Nordeste (Sudene), criada em 1959, é uma autarquia especial com autonomia administrativa e financeira. De acordo com informações em seu site, sua missão é fomentar o desenvolvimento sustentável e inclusivo na região Nordeste.

pela região e a necessidade de ações do governo federal. As elites, que haviam perdido parte de seu poder no passado, uniram suas forças remanescentes, dispersas pelos nove estados nordestinos, para se afirmar como uma coisa só e fazer valer seus interesses.

A defesa de ganhos pessoais, entretanto, não parece restringir-se a uma dimensão temporal ou local. Ao pesquisarmos "legislar em causa própria" no Google, encontramos diversas acusações, que vêm sendo noticiadas desde que a internet começou a dar registro aos fatos, e elas surgem das mais variadas UFs do Brasil. Iná Elias de Castro observa que "na Região Nordeste, a representação de interesses no Congresso é balizada pelas fontes e formas de recrutamento dos representantes, mais do que pelas demandas do eleitorado",[162] isto é, os deputados e senadores nordestinos tendem a defender causas pessoais mais do que pautas coletivas. O difícil não é contestar essa afirmação, mas compreendê-la como algo exclusivo do Nordeste, como se, nas demais regiões do Brasil, a conduta dos parlamentares no Congresso fosse diferente, orientada exclusivamente pelo interesse comum.

Olhar apenas para a quota de responsabilidade da classe política do Nordeste seria culpabilizar atores da região de forma integral pela sua própria depreciação. Embora uma parcela da elite política nordestina tenha de fato contribuído para a construção dessa imagem, atravessada pelo negativismo, é preciso compreender que esse movimento se aproveitou de um quadro já estabelecido no "Sul". O início desse processo ocorreu fora do Nordeste, quando se analisa a ordem cronológica dos eventos. Além disso, reivindicações fazem parte da ação parlamentar. Ainda que permanecer no lugar de inferiorização para negociar ajuda tenha contribuído com a derrocada, isso só veio a acontecer depois.

De todo modo, os ataques contra esse discurso fatalista partiam não raras vezes de integrantes da própria elite política do Nordeste. Para ilustrar, conforme o Arquivo da Câmara dos

---

[162] Castro, 1992, p. 167.

Deputados, o deputado federal Praxedes Pitanga, da Paraíba, denunciou em 1958 "deformações e explorações que políticos pouco escrupulosos imprimem à assistência do governo federal às populações flageladas pela seca". O então deputado federal Miguel Arraes, de Pernambuco, expôs, em 1983, a "utilização da miséria como forma de pressão para conseguir recursos que, ressalvadas as poucas exceções, acabam nos bolsos dos poderosos". Já a deputada federal Cristina Tavares, também de Pernambuco, pronunciou-se, em 1983, sobre "o sistema que descobriu que a miséria do Nordeste provoca fartos dividendos eleitorais", com a existência de parlamentares que conseguem "carrear dinheiro para projetos agropecuários falidos e fantasmas".[163]

A politização da seca, independentemente das intenções por trás de cada voz, ocorreu de fato. O discurso de vitimização, conforme detalhado nos estudos de Iná Elias de Castro, foi habilmente formulado, divulgado e absorvido, tornando praticamente impossível a percepção de qualquer outra visão sobre o Nordeste – pelo menos no âmbito do Congresso Nacional. O uso do fenômeno para fins políticos é inegável, assim como a contribuição para a construção da imagem negativa da região. Agora, também não se pode negar que esse apontamento, embalado de modo discursivo sob o rótulo de "indústria da seca", é extremamente conveniente para justificar práticas excludentes e o represamento de recursos capazes de transformar a realidade local.

A imagem captada pelos "olhos sulinos", amplamente divulgada, confirmou-se tanto em uma autoimagem equivalente quanto em novas acusações. A problemática do Nordeste foi abordada com generalizações e hipérboles, alimentadas por interesses externos e por filhos ilustres. O objetivo era manter as estruturas da região no nível estreito dos seus respectivos interesses imediatos, fosse na esfera local, fosse a partir da capital do país.

---

[163] Castro, Iná Elias de. Imaginário político e realidade econômica: o marketing da seca nordestina. *Nova Economia*, v. 2, n. 2, p. 53-75, 1991. p. 72.

Validação literária

A seca presente nos jornais e nos discursos políticos também adentrou o campo das artes, pela porta da literatura. Embora uma parcela da elite intelectual tenha optado por destacar o Nordeste da cana-de-açúcar, como fizeram Gilberto Freyre e José Lins do Rego, para contrabalançar os reducionismos vindos do "Sul", essa abordagem não foi unânime entre os nordestinos mais letrados no início do século XX. Seria imprudente afirmar que se tratou de um movimento coordenado, mas muito da produção literária desse período, ou pelo menos a que mais se destacou nacionalmente, contribuiu para validar uma imagem em construção, quando autores locais aprofundaram em suas obras narrativas de miséria e fome.

A literatura da seca nasceu ainda no contexto da grande estiagem de 1877-1879, e reapareceu nos anos seguintes, relatando as dificuldades provocadas pelo fenômeno nas províncias do "Norte". Era também o momento em que se buscava uma literatura genuína, que já surgiu fortemente ligada a essa temática. Dessa conjuntura nasceu o romance regional, como se o "romance nacional", ou sem necessidade de um adjetivo, o "romance" simplesmente, fosse exclusivo do Rio de Janeiro e de São Paulo. Esse romance de costumes emergiu com o propósito de explorar e enaltecer as distintas facetas étnicas, linguísticas, sociais e culturais que caracterizavam as diferentes porções do Brasil. No caso do "Norte", os aspectos relacionados à seca foram os que ficaram em evidência.

De volta à grande obra de Franklin Távora, *O Cabeleira*, o autor cearense expressa, em seu prefácio, a necessidade de se criar uma "literatura setentrional", que seria representada pelo romance regional. Távora afirma que "Norte e Sul são irmãos, mas são dois. Cada um há de ter uma literatura sua". No entendimento dele, a região "Norte", ainda não contaminada pela influência estrangeira como o "Sul", possuía elementos suficientes para desenvolver uma literatura genuinamente brasileira. O entusiasmo de Távora pelo tema é tão grande que ele chega a criticar seu conterrâneo José de Alencar, argumentando que o Brasil de cima deveria possuir uma biblioteca verdadeiramente própria. Ele lamenta que, "dentre os muitos filhos seus que figuram com grande brilho nas letras pátrias, poucos têm seriamente cuidado de construir o edifício literário dessa parte do Império".[164] Sua crítica se volta especificamente ao autor cearense aclamado pela Corte.

O regionalismo, iniciado com vigor pelos escritores românticos do século XIX, manteve-se forte no início do século XX, tendo como exemplo marcante *Luzia-Homem*,[165] publicado em 1903 por Domingos Olímpio. O romance conta a história de uma jovem que "não era mulher como as outras", criada por um vaqueiro após testemunhar o assassinato da sua família por jagunços,[166] espécies de guarda-costas de figuras influentes no meio rural. A trama se desenrola entre a "afluência de retirantes", "famílias no extremo passo da miséria" e um "sertão tostado", retratos que iam se consolidando no imaginário nacional.

A partir de 1920, temos uma produção literária que muito nos interessa por força, principalmente, do entendimento de que, dentro do vasto "Norte", agora existia o Nordeste, um novo recorte espacial que despertava desconfiança e curiosidade. Também porque essa definição burocrática foi estabelecida justamente pela ocorrência das secas, em contraste com o entusiasmo econômico do "Sul", que era associado à prosperidade, enquanto o Nordeste era reduzido a uma imagem calamitosa. O "Norte" até beliscou, nesse período, uma ideia de fartura, advinda dos ganhos com a borracha nas frentes amazônicas. O termo "Norte" ressurgia economicamente com o impulso dos seringais. O Nordeste surgia da vulnerabilidade.

---

[164] Távora, 1973 [1876], p. 27.

[165] Olímpio, Domingos, *Luzia-Homem*. São Paulo: Três, 1973 [1903].

[166] O dicionário *Aurélio* define "jagunço" como um matador contratado, geralmente remunerado para atuar como guarda-costas de pessoas influentes, especialmente nas regiões do interior do Brasil.

Além disso, a Semana de Arte Moderna de 1922, que aconteceu no novo centro de poder econômico, marcou o início de uma intensa renovação na literatura brasileira, ao romper com uma forma tradicional de contar histórias e buscar uma linguagem mais nacional. Era a preparação de terreno para acontecer o movimento literário conhecido como "romance de 30", sendo o regionalismo, especialmente o nordestino, com José Américo de Almeida, Graciliano Ramos e Rachel de Queiroz, o mais destacado entre eles. O romance regional reaparece com toda a sua força para proporcionar ao Brasil uma visão mais ampla de si mesmo, especialmente em relação às regiões "mais longínquas". O que muitos autores queriam era denunciar descasos e negligências, mas as tramas apresentadas acabaram por confirmar, na literatura, o que a imprensa já afirmava sobre a "nova" região.

> Era o êxodo da seca de 1898. Uma ressurreição de cemitérios antigos – esqueletos redivivos, com o aspecto terroso e o fedor das covas podres. Os fantasmas estropiados como que iam dançando, de tão trôpegos e trêmulos. [...] Adelgaçados na magreira cômica. [...] E os braços afinados desciam-lhes aos joelhos, de mãos abanando. [...] Não tinham sexo, nem idade, nem condição nenhuma. Eram os retirantes. Nada mais.[167]

Foi pela caneta de José Américo de Almeida que o romance nordestino entrou nessa fase renovada, quando, em 1928, ele lançou *A bagaceira*. O livro aborda a realidade dos retirantes, mostrando sua luta pela sobrevivência em meio às adversidades climáticas e injustiças sociais. Pela narrativa do paraibano, o povo do Nordeste, desiludido pela fome, passa a perambular em busca de água e comida, encontrando apenas mais miséria e desatenção governamental.

---

[167] Almeida, José Américo de. *A bagaceira*. 45. ed. Rio de Janeiro: José Olympio, 2017 [1928]. p. 86.

O Quinze, de Rachel de Queiroz, lançado em 1930, trouxe à tona importantes denúncias sobre a seca e, especialmente, sobre os campos de concentração que avizinhavam algumas capitais do Nordeste – Fortaleza, no caso –, com a intenção de reter os retirantes vindos do interior. Com uma narrativa forte marcada pelo realismo social, ela impulsionou o romance regionalista, pavimentando o caminho para se tornar a primeira mulher a ingressar na Academia Brasileira de Letras. Embora o foco da cearense fosse denunciativo, a autora criou imagens impactantes, como a de Chico Bento se deparando com migrantes que se alimentavam de uma novilha morta "de mal dos chifres". Imagens internalizadas, além da mera denúncia.

> E depois de arriar as trouxas e aliviar a burra, reparou nos vizinhos. A rês estava quase esfolada. A cabeça inchada não tinha chifres. Só dois ocos podres, malcheirosos, donde escorria uma água purulenta. [...] – E vosmecês têm coragem de comer isso? Me ripuna só de olhar... O outro explicou calmamente: – Faz dois dias que a gente não bota um de-comer de panela na boca.[168]

Das páginas de *Vidas secas*, publicado por Graciliano Ramos em 1938, outro exemplo semelhante. Com as mesmas pretensões críticas, a trama revela aspectos desumanizantes vivenciados pelo povo retirante do Nordeste, nas figuras de Fabiano e Sinha Vitória, capazes de dar nome a uma cadela, Baleia, mas incapazes de nomear os próprios filhos. A perspectiva dos personagens, descritos como "infelizes [...] cansados e famintos", aliada ao cenário de uma caatinga vermelha salpicada "de manchas brancas que eram ossadas", criou uma representação impactante do sofrimento humano em meio às adversidades da terra. Tudo escrito por um alagoano, ou seja, alguém que nasceu nesse lugar e o conhece muito bem.

---

[168] Queiroz, 2023 [1930], p. 49.

> [...] foram despertados por Baleia, que trazia nos dentes um preá. Levantaram-se todos gritando. O menino mais velho esfregou as pálpebras, afastando pedaços de sonho. Sinha Vitória beijava o focinho de Baleia, e como o focinho estava ensanguentado, lambia o sangue e tirava proveito do beijo.[169]

Assim, é possível afirmar que pelo menos parte da produção do "romance de 30" exerceu um papel fundamental na representação do Nordeste e do nordestino. Zaidan Filho chega a dizer que Rachel e Graciliano fazem uso de uma estética neonaturalista para retratar uma humanidade degradada pelas secas. Como protagonistas, uma espécie de "*homo nordestinus*", em cujas veias corre a terra ressecada em vez de sangue, e marcados, sob o aspecto psicológico, pelo apego à terra, pelo fatalismo e pela solidão. São personagens, portanto, que se encaixam na figura do "homem telúrico", muito ligado ao solo, que é justamente o imaginário do nordestino das secas e sua relação íntima com a terra onde vive, o Nordeste.

Soma-se a essa análise o olhar um tanto pessimista que parte das obras desse momento trazia em relação à cidade, aos grandes centros, ao que se entendia como moderno, criando uma dualidade entre o rural seguro, apesar das dificuldades, e o urbano de incertezas. A capital enxergada a partir da perspectiva do interior. O "Sul" também era essa capital. O destino que o Nordeste arcaico queria evitar. Em alguma medida, a resistência do passado a encontrar o presente. Ou o futuro.

O tempo tratou de acrescentar escritos importantes a essa produção regionalista voltada para a seca, que continuou a existir nas décadas seguintes. Entretanto, houve mudanças na forma, como nos versos de João Cabral de Melo Neto, o mais influente poeta da Geração de 45.[170] Sua obra célebre, *Morte*

---

[169] Ramos, Graciliano. *Vidas secas*. 147. ed. Rio de Janeiro: Record, 2020 [1938]. p. 12.

[170] A Geração de 45 se refere a um grupo de escritores brasileiros que emergiu após a Segunda Guerra Mundial, em busca de renovação estética e de uma

e vida severina, de 1955, é um poema dramático, um auto de Natal, que narra a fuga de Severino da seca em busca de trabalho na capital, Recife, seguindo o leito árido do Rio Capibaribe. O nome "Severino", aliás, torna-se uma metáfora para os indivíduos, "iguais em tudo e na sina", que padecem das mesmas condições de miséria, violência e exploração.

> E se somos Severinos
> iguais em tudo na vida,
> morremos de morte igual,
> mesma morte severina:
> que é a morte de que se morre
> de velhice antes dos trinta,
> de emboscada antes dos vinte,
> de fome um pouco por dia.[171]

Naquele mesmo ano, o paraibano Ariano Suassuna escreveu outro auto marcante, *Auto da Compadecida*.[172] Nessa peça teatral, ele evoca a atmosfera dos dramas litúrgicos medievais, mesmo com um tom popular e cômico. Essa conexão improvável com a Idade Média, cujo epicentro foi na Europa, ocorre porque os autos e o cordel têm raízes nesse período histórico, embora o Nordeste não tenha vivenciado essa época como Nordeste. A pesquisadora holandesa Ria Lemaire[173] se encarregou de fazer a ponte para sustentar que essa literatura popular, tida como própria, apresenta muitas características comparáveis às

---

abordagem crítica da realidade nacional. Seus membros incluem nomes como Clarice Lispector, João Cabral de Melo Neto e Guimarães Rosa.

[171] Melo Neto, João Cabral de. *Morte e vida severina*. Ed. comemorativa. São Paulo: Companhia das Letras, 2016 [1955]. p. 20.

[172] Suassuna, Ariano. *Auto da Compadecida*. Ed. comemorativa. Rio de Janeiro: Nova Fronteira, 2015 [1955].

[173] Lemaire, Ria. Tradições que se refazem. *Estudos de Literatura Brasileira Contemporânea*, Brasília, n. 35, p. 17-30, jan./jun. 2010.

das literaturas da Idade Média e do início dos tempos modernos no continente europeu.

A trama construída por Ariano reflete a realidade árida da região, e os personagens são arquetípicos e folclóricos: o coronel, o cangaceiro, o padre, o bispo e o "herói picaresco", que se revela, na verdade, um anti-herói simpático e cativante. Ariano confessava que o que o atraía na literatura popular era o aspecto malandro de seus heróis, destacando sua habilidade de vencer os poderosos através da astúcia, o que explica sua predileção por personagens como o "amarelo"[174] João Grilo.

Auto da Compadecida pode ser visto como o primeiro flerte com o que, nos anos 1970, ganhou forma e foi batizado de Movimento Armorial. Em seu manifesto, publicado em 1974, Ariano Suassuna o definiu como uma iniciativa para resgatar e valorizar as raízes culturais do Nordeste, promovendo uma união harmoniosa entre a cultura popular e a erudita. Essa fusão criou uma ponte entre o universo vibrante da literatura de cordel, com suas narrativas voltadas para o rural e o interior, e o refinamento dos versos do trovadorismo.[175] Desse jeito, operou-se a institucionalização da identidade regional, oferecendo um acervo do que seria a essência cultural nordestina, a partir de um "sertão medieval". Além disso, consolidou-a como um elemento significativo da cultura brasileira. Se o *Livro do Nordeste*, de 1925, foi uma espécie de certidão de nascimento da região, Ariano entregou entre 1950 e 1970 a fotografia da carteira de identidade.

Para entendermos como essa elite letrada contribuiu para a construção da imagem do nordestino, porém, é útil

---

[174] A palavra "amarelo" usada para se referir ao personagem João Grilo é entendida como um termo genérico para designar pessoas comuns, geralmente pardas e sem grande instrução.

[175] O trovadorismo, surgido entre os séculos XII e XIV, durante a Idade Média, foi o primeiro movimento literário em língua portuguesa, marcado por poesias musicadas de temática amorosa ou satírica que refletiam a cultura e os valores medievais.

considerarmos o conceito de subjetivação do filósofo francês Michel Foucault.[176] Ele explica que as identidades não são inerentes, mas construídas por meio de práticas sociais, discursos e instituições. Nesse contexto, a literatura desempenhou um papel importante ao criar narrativas que definiram e limitaram a percepção do nordestino, influenciando como essa população é vista e compreendida. A subjetivação, segundo Foucault, é o processo pelo qual um sujeito se forma, e essa formação é profundamente afetada pelas relações de poder presentes na sociedade. Assim, as representações elaboradas pela literatura não apenas refletiram, mas também moldaram as realidades cotidianas dos nordestinos, impactando seus comportamentos, atitudes e a maneira como se enxergam – no espelho, inclusive.

Nesse sentido, os próprios nordestinos também são agentes ativos na construção social de sua identidade, participando de um processo pelo qual se definem e se compreendem: se "nordestinizam" à medida que são "nordestinizados". Esse processo é especialmente relevante nos anos 1930, quando o Brasil buscou definir sua identidade nacional e estabelecer seus símbolos. A busca por uma representação era fundamental para afirmar existência. Assim, a identidade regional não é uma característica natural, mas uma construção mental baseada em interações sociais e representações que configuram a percepção coletiva sobre o Nordeste e sua população.

Entra em cena uma "brasilidade nordestina" que estabelece um "*ethos* cultural"[177] próprio e autêntico, rejeitando influências importadas, estrangeiras ou europeizantes. Nesse mesmo momento,

---

[176] Foucault, Michel. *Ética, sexualidade, política*. Rio de Janeiro: Forense Universitária, 2004; Foucault, Michel. *Microfísica do poder*. Rio de Janeiro: Graal, 1979.

[177] No dicionário *Aurélio*, "*ethos*" (do grego ἦθος, "caráter") refere-se ao conjunto de características, valores e crenças que definem a personalidade, o comportamento ou a moralidade de uma pessoa, grupo ou sociedade.

com a obra mais urbana do baiano Jorge Amado, emerge uma interpretação idealizada da mestiçagem, vista como uma confraternização positiva das raças, um "laboratório da humanidade de amanhã"[178] e uma democracia racial. De acordo com essa visão, bem diferente da propagada anos antes no "Sul", a mestiçagem é apresentada como uma forma de superar os profundos contrastes sociais, econômicos e políticos que caracterizam o Brasil.

Alguns pesquisadores tentam entender as motivações por trás dessas construções literárias, indo além da simples criação e disseminação do conceito de uma região. E a Revolução de 1930, que levou Getúlio Vargas ao poder, possui um papel relevante nessa análise, por ter representado um golpe decisivo contra as oligarquias regionais. Com a queda dos pilares da velha ordem senhorial, os descendentes dessas elites teriam tentado garantir sua sobrevivência no campo da ficção literária. Assim, a literatura aparece como uma oportunidade para preservar influências, mesmo que de maneira simbólica, permitindo que cada um fizesse valer o Nordeste que importava.

O valor estético das obras mencionadas é inquestionável. No entanto, por um longo período, a literatura regional esteve fortemente associada à temática da seca, uma conexão tão profunda que ainda hoje é difícil desvincular essa ideia. Como resultado, livros escritos por autores nordestinos são identificados como regionais quando retratam um cenário rural marcado pela aridez e pelo sofrimento. O Nordeste multifacetado, mesmo se explorado na ficção, parece estar tão distante do Nordeste monotemático que muitos leitores têm dificuldade em reconhecer que ambos se referem à mesma região. E até de classificar essa ficção como uma ficção nacional, como se o que se produz no Nordeste para além desse discurso fosse ainda, e até hoje, uma prosa que representa uma porção menor do Brasil.

---

[178] Hoornaert, Eduardo. A questão do corpo nos documentos da primeira evangelização. *In*: Marcílio, Maria Luiza (org.). *Família, mulher, sexualidade e Igreja na História do Brasil*. São Paulo: Edições Loyola, 1993. p. 27.

A parcela do audiovisual

Com a chegada do século XX, o Brasil foi introduzido a uma nova e marcante forma de expressão: o cinema. A primeira exibição cinematográfica no país ocorreu em 1896, no Rio de Janeiro. Em uma sala alugada do *Jornal do Commercio*, foi projetada uma sequência de filmes curtos, com cerca de um minuto cada, que mostravam cenas peculiares do cotidiano das cidades europeias.

Assim como no jornalismo e na literatura, o cinema também se voltou para a representação dos múltiplos Brasis, seguindo o estilo pitoresco que acabara de chegar da Europa e que dominou a produção cinematográfica nos seus primeiros anos. Um exemplo significativo desse impulso é a obra de Cornélio Pires, jornalista, escritor e folclorista, proeminente no estímulo ao regionalismo. Em 1925, ele lançou *Brasil pitoresco: as viagens de Cornélio Pires*,[179] um trabalho que expressava seu interesse em capturar e divulgar as diversas facetas do Brasil por meio da nova linguagem artística disponível.

Na edição de 12 de fevereiro de 1926 do jornal *O Estado de S. Paulo*, um anúncio promovia o filme, ilustrado com uma caricatura do jornalista montado em um jumento. O texto publicitário informava sobre a exibição naquele mesmo dia, no cinema Phenix, na capital paulista. Descrito como "grandioso" e "o mais importante trabalho cinematográfico nacional", o filme prometia oferecer "ensinamentos" aos espectadores a partir das "viagens de Cornélio Pires ao Norte do Brasil".[180] O jumento no anúncio não era por acaso.

Embora a peça publicitária mencionasse o "Norte", como que para chamar público, o conteúdo do filme não se restringia a essa limitação geográfica. Na viagem retratada, que vai de São Paulo a Pernambuco, Cornélio Pires dedicou-se a capturar aspectos que considerava pitorescos do Brasil, exibindo tipos

---

[179] É possível assistir ao filme no YouTube: youtu.be/4QkxnT2W3Vs.
[180] Brasil Pitoresco. *O Estado de S. Paulo*, 12 fev. 1926, p. 14.

humanos e costumes que evidenciam o exotismo do que é diferente. A obra contrapõe as chaminés de São Paulo com os rebanhos e as rinhas de galo do Nordeste, destacando os contrastes entre essas realidades. Além disso, o relato inclui episódios como o encontro com trabalhadores oriundos de Fortaleza, a quem é observado que "carregam atestados de bom comportamento fornecidos por fazendeiros e pela polícia".

Essa abordagem de exotização e contraste presente no filme era complementada por uma espécie de palestra acompanhada de toques satíricos que permeava a exibição. Nela, quem vivia fora de São Paulo era apresentado de maneira caricatural, como figuras propensas a estereótipos. A tendência de retratar o Brasil de forma exagerada e distintiva não se limitou ao cinema. À medida que o país avançava para novas mídias, essa visão caricatural se estendeu ao rádio e à televisão, moldando a produção cultural subsequente e perpetuando um olhar distintivo e frequentemente reducionista sobre as diversas regiões do Brasil.

No rádio, para aproveitar a deixa, a construção do personagem "Rei do Baião", pelo cantor e compositor Luiz Gonzaga, merece atenção. Gonzaga sabia da importância de cativar o público e, enquanto trabalhava na Rádio Nacional do Rio de Janeiro, encontrou um sanfoneiro gaúcho chamado Pedro Raimundo, que se caracterizava com elementos que remetiam ao Rio Grande do Sul. Foi desse encontro que o pernambucano tirou a inspiração para criar uma imagem própria para representar o Nordeste rural, incorporando às suas vestes o gibão do vaqueiro e o chapéu de Lampião. Assim, ele desenvolveu um personagem que facilitava a identificação com sua música. Essa combinação de tipos nordestinos, embora carregada de elementos simbólicos, dista da autenticidade e se aproxima muito mais de uma estratégia mercadológica.

Em muitas de suas composições, Gonzaga retrata a vida do nordestino que, como na famosa canção "Asa Branca", de 1947, não teve escolha diante da seca e precisou deixar o sertão. Um nordestino nostálgico da terra sofrida que ficou para trás e desejoso de regresso para viver, enfim, "sem rádio e sem notícia 'das terra civilizada'", como é expresso em "Riacho do Navio" (1956). Gonzaga dedicava suas canções aos nordestinos que, afastados de sua terra de origem – e aguardando "a chuva cair de novo" –, o ouviam saudosos. Seu público imediato estava, portanto, fora do Nordeste, "hoje longe, muitas légua". Seu público estava no "Sul".

Essa caricatura criada por Luiz Gonzaga para os nordestinos retirantes refletia o contexto da época, pós anos 1930, marcado por aquele fortalecimento de símbolos e ícones regionais de que já falamos e pela dinâmica dualística de representações externas e internas à qual o Nordeste estava submetido. Enquanto o "Sul" exibia com regularidade perspectivas estereotipadas e, muitas vezes, discriminatórias, os próprios nordestinos, em uma iniciativa recorrente, reinterpretavam e valorizavam as mesmas imagens que estavam na vitrine. Dessa forma, tentavam transformá-las em símbolos de orgulho e afirmação da sua identidade regional.

O audiovisual foi determinante nesse processo ao agregar imagens às narrativas e facilitar a aceitação de uma ideia de Nordeste, como o foi também no aprisionamento de temas possíveis para a região e sua população. No curta-metragem documental *A edição do Nordeste*, lançado em 2023 por Pedro Fiuza, que passeia por produções cinematográficas realizadas entre 1938 e 1980, é possível ver (e rever) como a região foi repetidamente representada sob uma ótica limitada. Essa representação ganhou novas camadas ao longo dos anos, contando inclusive com contribuições de cineastas do próprio Nordeste. O documentário revela como o cinema desse período consolidou tramas e imagens que, por mais de quarenta anos, definiram a percepção sobre o território e seus habitantes. De acordo com o letreiro inicial do filme, o Nordeste foi "editado" pelo cinema, que assumiu "um importante papel nessa construção cultural ao organizar intencionalmente as imagens da região".

Seca, fanatismo e violência dominaram grande parte do cinema sobre o Nordeste da época, evidenciando uma estética parecida que revela uma clara influência recíproca entre as produções. Um dos primeiros exemplos desse padrão é *O canto do mar* (1953), de Alberto Cavalcanti, que exibe, logo nas primeiras cenas, muitos dos elementos que se tornaram comuns em outros filmes: cenas de solos rachados, árvores queimadas pelo sol, mandacarus solitários e um povo sofrido convivendo com urubus, covas humanas e carcaças de bois. A narração inicial do filme destaca a atmosfera de desolação: "A gente prepara-se para abandonar a caatinga seca e as pessoas, quando se encontram, não falam, não há necessidade de palavras para eles, pois bem sabem o que os espera". O filme avança sobre o abandono de tudo o que construíram. E o narrador repete de quando em quando: "Não chove". A jornada do sertanejo e de sua família em busca de água. "Não chove". Eles enfrentam os desafios da estrada, a falta de comida e a dor de recordar um sertão verde, a casa deixada para trás, os parentes que já se foram. "Não chove".

Não se pode contar com os dedos os filmes que retratam essas amargas histórias vividas no sertão do Nordeste.[181] *O cangaceiro* (1953), dirigido por Lima Barreto, é outro bom exemplo, explorando o banditismo social com uma trama repleta de violência e vingança, quase como um faroeste nordestino, no qual tudo se resolve na faca ou na bala. Outras referências são *O pagador de promessas* (1962), o único filme brasileiro a conquistar a Palma de Ouro no Festival de Cannes, e *Vereda da salvação* (1965), ambos dirigidos por Anselmo Duarte, que abordam a religiosidade fervorosa e o fanatismo guiado pela fé. Em *Os fuzis* (1965) – mais um –, Ruy Guerra foca nos conflitos sociais pautados pela fome.

---

[181] São filmes também desse momento *A morte comanda o cangaço* (1960) e *Lampião, rei do cangaço* (1964), ambos dirigidos por Carlos Coimbra, e *O cangaceiro sanguinário* (1969), de Osvaldo de Oliveira, que exploram temas como banditismo, violência e vingança, dentro do estilo faroeste nordestino. Outro exemplo é *Boi de prata* (1980), de Augusto Ribeiro Jr., que aborda a luta pela terra e a figura dos coronéis, ressaltando as tensões sociais e o poder local no Nordeste brasileiro.

É importante mencionar que algumas produções desse período eram adaptações de obras literárias, particularmente dos romances regionais. *Vidas secas*, por exemplo, ganhou uma versão cinematográfica pelas mãos de Nelson Pereira dos Santos em 1963. Os anos 1960, a propósito, também foram marcados pela efervescência do cinema novo, um movimento genuinamente nacional, como destaca Laurent Desbois,[182] que contribuiu para fazer do cinema uma arte não mais exclusiva da Europa ou dos Estados Unidos, mas uma expressão também representativa do Brasil. Com o lema "uma câmera na mão e uma ideia na cabeça", a intenção era criar uma arte engajada, e *Deus e o Diabo na terra do sol* (1964), dirigido por Glauber Rocha, evidencia-se como seu exemplo mais substancial. Temas como seca, coronelismo, violência e fanatismo religioso vistos pelo que se estabeleceu no movimento como a "estética da fome".

Conforme pontuado em *A edição do Nordeste*, esses filmes desempenharam um papel fundamental ao expor e massificar uma imagem que há muito tempo permeava o inconsciente coletivo, agora apresentada de forma concreta e acessível, substituindo a imaginação pela representação visual direta. Essa transição permitiu que questões sociais e econômicas, como a seca e a pobreza, fossem trazidas à tona de maneira vívida, impactando a percepção do público sobre a região e sua gente.

Outro aspecto relevante do audiovisual que não pode ser ignorado é a produção jornalística. Ora, muito do que exploramos até aqui foi fornecido justamente pelos jornais. E seguimos atentos ao amplo espaço dado a coberturas de eventos negativos, que relegam narrativas positivas a um segundo plano. Um dos casos mais marcantes foi a cobertura da prolongada seca que afetou o Nordeste de 1979 a 1984, levando o então presidente da República, o general João Figueiredo (1979-1985), a fazer uma das suas declarações mais controversas sobre o tema: "Só resta rezar".

---

[182] Desbois, Laurent. *A odisseia do cinema brasileiro*. São Paulo: Companhia das Letras, 2016.

As imagens de animais mortos e crianças desnutridas tornaram-se frequentes nos jornais e na televisão, assim como os relatos das "viúvas da seca", mulheres abandonadas pelos maridos durante a estiagem e obrigadas a cuidar dos filhos sozinhas e em condições precárias. Alguns desses casos foram apresentados pelo jornalista João Batista Olivi no *Fantástico*, programa de grande audiência da TV Globo, fato devidamente registrado na página de memórias da emissora:

> Uma cena impactante, ao fim da reportagem, causou comoção, fazendo inclusive o repórter chorar: um dos filhos de Maria Rosa, José Clayton, brincava com ossinhos de animais mortos por causa da seca. Em sua imaginação, ele montava uma fazendinha, em que cada ossinho representava um bicho. Um deles tinha até nome: o touro Azulão.[183]

Essa exposição um tanto monotemática do Nordeste incomodou até mesmo Rachel de Queiroz, a ponto de levá-la a escrever, na edição de 17 de junho de 1988 do jornal *O Estado de S. Paulo*, que a região vivia "sob os olhos tortos da mídia". Ela destacou que parte dos veículos de imprensa se esforçava bastante para realizar uma "cobertura completa" do fenômeno da seca, para mostrar "a terra esturricada" e "o aspecto famélico da população". Com esse intento, acrescenta Rachel, alguns repórteres chegavam a retirar da frente das câmeras "qualquer pessoa mais gordinha" ou mesmo "um canteiro de coentros" cujo verde pudesse contrariar a narrativa em tela. A escritora mencionou ainda que o rico inverno de águas daquele ano não foi noticiado, concluindo que "se é bom, se é bonito, não dá notícia".[184]

---

[183] Seca no Nordeste. *Memória Globo*, 21 fev. 2022. Disponível em: https://memoriaglobo.globo.com/jornalismo/jornalismo-e-telejornais/fantastico/reportagens/noticia/seca-no-nordeste.ghtml. Acesso em: 11 abr. 2025.

[184] Queiroz, Rachel de. Sob os olhos tortos da mídia. *O Estado de S. Paulo*, 17 jun. 1988, Caderno 2, p. 43.

Apesar de alertas como os de Rachel de Queiroz, esse quadro pouco mudou. A mídia tende a privilegiar imagens de solos secos e esturricados ao abordar a região. Com frequência, os jornais trazem elementos aos quais o cinema tanto recorreu, reforçando uma narrativa única que aprisiona o Nordeste em uma mesma representação, tantos anos depois. Essa abordagem contribui para a perpetuação de estigmas, pois a imprensa costuma exibir a região em contextos de miséria e tragédias sociais, dando mais visibilidade às secas do que às cheias e fazendo a improdutividade ter mais espaço midiático que o Nordeste produtivo. Desse modo, as imagens já conhecidas continuam a predominar, e a produção jornalística, em vez de explorar novas perspectivas sobre a região, acaba por reafirmar visões consolidadas.

As linguagens jornalísticas e artísticas muitas vezes favorecem reducionismos, não apenas pela forma como os temas são abordados, mas justamente pela falta de outros enfoques. O que não significa que estejam divulgando informações falsas; o problema reside na tendência de retratar esses eventos como únicos ou determinantes, transformando-os em algo absoluto ou até mesmo espetacular. Há uma clara divergência entre as transformações efetivas que ocorreram em algumas regiões do país e a representação predominante que se mantém, restringindo a percepção a um único recorte da realidade.

Embora seja fundamental reconhecer os desafios impostos pelas secas no Nordeste, é igualmente importante não ignorar a persistência dessa narrativa e dos elementos negativos que frequentemente a acompanham. A verdade é que, por trás das lentes viciadas, há uma rica gama de histórias que merecem ser contadas com a mesma veemência.

A revista *Veja* ilustra esse pensamento ao noticiar a presença dos filmes *Aquarius* (2016) e *Bacurau* (2019) no Festival de Cannes, em abril de 2016 e maio de 2019, respectivamente. Ambos os longas foram dirigidos pelo pernambucano Kleber Mendonça Filho. As manchetes refletem abordagens distintas: "Filme 'Aquarius', do brasileiro Kleber Mendonça Filho, concorre em Cannes", e "Cerebral e intrigante, 'Bacurau' leva a Cannes uma ode ao Nordeste".

Enquanto o primeiro texto – não somente a manchete – omite a palavra "Nordeste", apesar de a trama se passar em Recife, o segundo é iniciado assim: "Um Nordeste moderno e arcaico, violento e terno, e que, acima de tudo, resiste é o cenário e o personagem principal de *Bacurau*".[185] Essas abordagens sugerem que a falta de infraestrutura e modernidade, junto à presença de caatinga e violência, continuam sendo os principais elementos que definem a região. Chega-se ao ponto em que dois filmes rodados no Nordeste são tratados como se não dissessem respeito à mesma região. É a velha ideia de que narrativas urbanas são exclusivas do "Sul". O Nordeste só é Nordeste se seguir a fórmula.

O meio audiovisual colaborou no assentamento da percepção de que o Nordeste é seca, miséria e ignorância e terra de tipos pitorescos, ao buscar retratar apenas essa faceta em imagem e som como representação fidedigna da região e da sua gente. Muito dessa produção não somente se propôs a mostrar a realidade, mas ajudou a instituí-la. O "sertão", palavra que se tornou sinônimo de Nordeste, existe, só que com histórias múltiplas. É um lugar onde a estiagem pode castigar, mas também onde se colhe milho, tomate e melão. É onde se produzem queijos premiados. Onde se cultivam rosas e se faz vinho com uva e caju. O Nordeste rural que prospera, assim como o Nordeste do conhecimento e da ciência, pode não interessar ao grande público, mas ele é uma realidade.

---

[185] Morisawa, Mariane. Cerebral e intrigante, "Bacurau" leva a Cannes uma ode ao Nordeste. *Veja*, 16 maio 2019. Disponível em: https://veja.abril.com.br/cultura/cerebral-e-intrigante-bacurau-leva-a-cannes--uma-ode-ao-nordeste. Acesso em: 11 abr. 2025.

ATO 4
OPOSIÇÃO E INTERESSES

A criação do espaço Nordeste

Muito temos falado sobre a adoção do termo "Nordeste" para designar a fatia do "Norte" afetada pelas secas, mas vale um adendo: isso não se deu como um repente. No contexto da estiagem de 1915, uma das mais severas do século XX e que originou o livro *O Quinze*, de Rachel de Queiroz, essa porção de Brasil maltratada pelo fenômeno já era referenciada desse modo em algumas publicações feitas pela imprensa, antes mesmo de constar com o novo nome em documentos oficiais, quatro anos depois.

Como exemplo, podemos dar a edição de 16 de outubro de 1915 do jornal *O Estado de S. Paulo*. Em nota intitulada "A seca", é narrado que "a imprensa em geral clama contra o descaso do governo do Estado e sobretudo da União relativamente à seca que assola o nordeste do Brasil". Essa compreensão de que havia uma região dentro da região já ultrapassava, inclusive, as fronteiras nacionais. A mesma edição traz novamente a denominação "Nordeste" quando compartilha informações sobre um "longo editorial" publicado pelo jornal argentino *La Razón*, dias antes, que:

> Faz comentários sobre a tremenda seca que assola os sertões do nordeste brasileiro e propõe que seja organizado aqui um comitê pró-flagelados que se incumba de angariar

os donativos com que a caridade argentina certamente contribuirá para cooperar no socorro das vítimas de uma calamidade numa nação amiga como é o Brasil.[186]

A repetição do termo que abria uma cisão geográfica no "Norte" aconteceu, ainda que de forma gradual, até 1919, antes de ganhar um caráter oficialesco. A primeira mensagem do presidente Epitácio Pessoa ao Congresso Nacional, em 3 de setembro daquele ano, gerou diversas menções à denominação na imprensa, incluindo artigos intitulados "O problema do Nordeste". A intenção do chefe maior da nação era viabilizar "a revalidação de uma das nossas regiões mais suscetíveis de produzir", trecho extraído da mensagem, o que atiçou uma problematização nos jornais. Isso significa que, antes mesmo de ser formalmente reconhecido, o Nordeste já era percebido como um problema.

As menções seguiram acontecendo com maior intensidade. Em outubro de 1919, na Câmara dos Deputados, com o fundamento de voto de Cincinato Braga na Comissão de Finanças sobre projeto relativo à região, publicado como "As secas do Nordeste". No mês seguinte, em apelo público da Liga Nacionalista de São Paulo, divulgado pela imprensa com o título "Pelo Nordeste". Em dezembro do mesmo ano, junto à promoção de concerto beneficente realizado na Sala do Conservatório de São Paulo em favor dos "patrícios vítimas da seca no Nordeste". Com o uso cada vez mais frequente do termo para definir o espaço onde o fenômeno incidia, a alcunha que distinguia um pedaço do "Norte" pelo flagelo se firmou.

Ainda assim, 1919 representa um marco nessa denominação, pelas razões que já sabemos, por força do Decreto nº 3.965, que autorizava a construção das grandes obras. O estabelecimento da sua dimensão geográfica, porém, viria de modo indireto, com esse dispositivo fazendo menção a outro, o Decreto nº

---

[186] A seca no Brasil – Um artigo de La Razón. *O Estado de S. Paulo*. 16 out. 1915, p. 2.

13.687, também de 1919, para explicar quais estados o Nordeste abrangeria. Esse outro decreto diz que a Inspetoria se destina "a construir obras e fomentar serviços que atenuem ou previnam os efeitos das secas no Ceará, Rio Grande do Norte, na Paraíba, no Piauí, em Pernambuco, Alagoas, Sergipe, na Bahia e no norte de Minas"[187] (artigo 1º). Minas Gerais, portanto, estava presente, e o Maranhão, de fora.

Logo, o Nordeste nasce da vulnerabilidade, da necessidade de intervenção imediata do governo federal para socorrê-lo. As despesas com a construção, o custeio e a conservação das obras elencadas como necessárias passam a correr por conta de um caixa especial, chamado de "Caixa das Secas". São obras desse período açudes como o de Orós, no Ceará, e o Gargalheiras, no Rio Grande do Norte, estradas de ferro e de rodagem, o porto de João Pessoa e muitos poços e barragens submersíveis. Minas, embora figurando na lista, não foi agraciado. Não há como entender a dimensão do deslocamento direcionado dessa quantia volumosa de recursos sem lançar lupas sobre o autor do gesto, o presidente paraibano Epitácio Pessoa.

No Brasil republicano, valia a Constituição de 1891, inspirada na estadunidense, que estabelecia o federalismo amplo no país, segundo o qual boa parte da arrecadação ficava nas mãos dos governos estaduais. Ou seja: os estados em prosperidade reuniam as condições para avançar mais, enquanto os que amargavam declínios não conseguiam reagir. Estrutura que explica a política do Café com Leite, vigente naquele momento, com São Paulo e Minas Gerais se revezando na presidência da República.

Na perspectiva da historiografia mais tradicional, o período entre 1902 e 1930 é retratado como uma sucessão monótona

---

[187] Brasil. *Decreto nº 13.687, de 9 de julho de 1919*. Approva o regulamento para a Inspectoria Federal de Obras contra as Seccas. Rio de Janeiro, 09 de julho de 1919. Disponível em: https://www2.camara.leg.br/legin/fed/decret/1910-1919/decreto-13687-9-julho-1919-516701-publicacaooriginal-1-pe.html. Acesso em: 11 abr. 2025.

de fazendeiros, em sua maioria oriundos das oligarquias paulista e mineira, que detinham o poder e faziam com que as demais oligarquias regionais, menos influentes, gravitassem em torno do eixo São Paulo-Minas Gerais. No entanto, a historiografia mais recente reconhece que o jogo político nacional incluía outras oligarquias regionais. Uma dessas exceções – além do carioca Nilo Peçanha (1909-1910) e do gaúcho Hermes da Fonseca (1910-1914) – foi a presidência de Epitácio Pessoa. O historiador Marcos Napolitano resume como se deu a ascensão do paraibano ao poder: "Sem chegar a um consenso para um nome escolhido entre suas fileiras, as oligarquias mais importantes (São Paulo e Minas Gerais) escolheram (Pessoa) para ser presidente".[188]

Isso significou a interrupção da política do Café com Leite por um filho da Paraíba, ciente de que sua passagem pelo cargo poderia melhorar as condições de desenvolvimento de sua terra natal. Foi Epitácio Pessoa quem impulsionou as obras para convivência com as secas, canalizando investimentos significativos para restaurar a prosperidade do Nordeste. E a Inspetoria Federal de Obras Contra as Secas (IFOCS) foi uma das ações implementadas por ele em 1919 como resposta às severas secas que assolavam a região.

É essencial compreender o processo de constituição das regiões à luz dos movimentos de formação capitalista no Brasil, considerando as distintas formas de reprodução do capital como a base material que dá origem a essas divisões. Nesse sentido, elas se elucidam pelas contradições da expansão capitalista no país e pelos diversos processos de acumulação de capital em todo o território. Francisco de Oliveira nos ensina que o que preside a constituição das regiões é o modo de produção capitalista; assim, elas são espaços socioeconômicos nos quais uma forma de capital se sobrepõe às demais, homogeneizando a região pela sua predominância. Isso resulta na formação de classes sociais

---

[188] Napolitano, 2016, p. 39.

cuja hierarquia e poder são determinados pela localização e pelas características específicas do capital, refletindo as contradições inerentes a esse sistema.

Esse argumento sugere que a elaboração do conceito de "região" está mais relacionada à dimensão política, fundamentada nas relações de produção, do que a aspectos geográficos, baseados em características físicas. Zaidan Filho explica melhor: "'Região' não é uma positividade geográfica, mas, ao contrário, um produto sociocultural das disparidades geográficas no processo de desenvolvimento econômico capitalista".[189] E aí, a intenção dos detentores do poder de conservar desigualdades se apresenta como uma das provas mais evidentes disso.

Passando a vista na produção jornalística do início do século XX até 1919, é notável a presença não rara de um tom de solidariedade quando o Nordeste, já assim mencionado, e seu povo ganham espaço na mídia. Não somente na divulgação de informações relativas à ocorrência de secas, mas também de eventos beneficentes realizados "para expulsar a miséria e a fome do lar dos nossos irmãos do Nordeste".[190] O espírito de generosidade indicava um ambiente favorável às iniciativas do governo, sem espaço para oposição ou depreciação dos "irmãos" em dificuldade.

O novo tratamento estabelecido pela União em relação ao Nordeste e sua população, por intermédio de Epitácio Pessoa, coincide com uma atualização na abordagem feita pelos jornais. Uma região "nascia", e seu ato de "criação" já era acompanhado do envio significativo de recursos federais. Naturalmente, essa mudança despertou diferentes sentimentos no restante do país. A imprensa, influenciada em certa medida pelos interesses de seus patrocinadores, encarregou-se de apresentar ao Brasil esse lugar ora "privilegiado" e seus habitantes: as primeiras novas

---

[189] Zaidan Filho, 2001, p. 43.

[190] Pelas vítimas da seca. *O Estado de S. Paulo*. 24 dez. 1919, p. 4.

impressões sobre um espaço já conhecido, mas que, devido a forças políticas, foi transformado em novidade. O Nordeste surgiu da vulnerabilidade, sim, mas também da contrariedade.

As primeiras expedições e suas motivações

Um marco nessa mudança de tratamento são as séries de artigos que acompanham o desenrolar de cada ato. Seus autores também têm a capacidade de elucidar as razões por trás dessas transformações e contextualizar melhor as abordagens. Eles revelam o que se oculta nas linhas que preencheram as páginas dos jornais.

Nas "Impressões de São Paulo", por exemplo, há um forte regionalismo de superioridade em favor da capital paulista, e uma das vozes presentes é a do sociólogo Oliveira Vianna, ouvida não sem razão. Estamos falando de um dos ideólogos da eugenia racial no Brasil, que acreditava na hierarquia das raças e no darwinismo social. Em seu livro *Raça e assimilação*,[191] de 1932, temos a influência da ideia de que o progresso da sociedade seguia princípios semelhantes à evolução dos organismos biológicos. Vianna defendia que as diferentes raças humanas estavam em estágios distintos na escala evolutiva e a "raça paulista", em termos de Brasil, é a que levava vantagem, cabendo a ela, inclusive, o papel de reparação nacional.

O interesse de Lourenço Filho, o autor de "Joaseiro do Padre Cícero", também perpassa a ideologia, embora refletisse uma rixa pessoal. Na época, ele era diretor de instrução pública do Ceará e deixou Fortaleza para tentar superar a resistência do religioso na zona do Cariri. A Reforma do Ensino Primário Cearense, conhecida como Reforma Lourenço Filho, encontrou como obstáculo a oposição do sacerdote, que se opunha às

---

[191] Vianna, Oliveira. *Raça e assimilação*. Rio de Janeiro: Companhia Editora Nacional, 1954 [1932].

suas diretrizes e chegou a negar a colaboração do município de Juazeiro. Sem sucesso na missão, Lourenço Filho transformou parte dessa experiência (ou frustração) em textos. E é quando o Nordeste é descrito por ele como um retrocesso no tempo, no qual se manifesta um "fanatismo cego e doentio" de "povos primitivos", marcado por uma "rude superstição".[192]

Paulo de Moraes Barros, ao buscar suas "Impressões do Nordeste", seguiu de barco até Recife, de onde acessou o interior pernambucano e cidades da Paraíba, do Rio Grande do Norte e do Ceará. A "expedição" "era desejo do supremo magistrado da nação, para que fosse informado ao país" que investimentos eram realizados na terra dos "esquálidos retirantes".[193] O "supremo magistrado" era Artur Bernardes, mineiro que sucedeu o paraibano Epitácio Pessoa na Presidência da República em 1922; e a terra dos "esquálidos retirantes", o Nordeste. Foram percorridos 6.678 quilômetros por ferrovias, estradas e caminhos de rodagem, em uma missão que o presidente classificou como "urgente" no telegrama-convocação para essa "visita" às "grandes obras contra as secas".

Agora, vejamos: o patrocínio da produção dessa série, mencionado no cabeçalho de cada publicação, era da Sociedade Rural Brasileira (SRB),[194] fundada em 1919, ano em que o Nordeste foi burocraticamente definido, com o objetivo de fomentar a agropecuária do país, leia-se o café e o leite. Não é surpreendente, portanto, que essa série recebesse o apoio da SRB, criada para defender os interesses das economias "sulistas".

---

[192] Lourenço Filho, 18 nov. 1925, p. 3.

[193] Barros, 10 ago. 1923, p. 3.

[194] A Sociedade Rural Brasileira (SRB), fundada em 1919, apresenta-se na internet como uma organização que representa o setor agropecuário do Brasil, com o propósito de promover os interesses dos produtores rurais e advogar por políticas públicas que beneficiem o agronegócio. Ao longo dos anos, tem se dedicado à formulação de políticas agrícolas e à defesa das demandas do setor rural no cenário político nacional.

Entre seus fundadores, inclusive, estavam proprietários de jornais. Além disso, foi um presidente da política do Café com Leite quem convocou Moraes Barros para inspecionar as obras, que representavam um redirecionamento de recursos que, em vez de serem destinados a São Paulo e a Minas Gerais, foram alocados para outra região do país. Por isso, não seria precipitado afirmar que o Nordeste da seca, na condição de novidade geográfica, foi apresentado ao Brasil com a tinta da caneta do café, do leite e de interesses difíceis de esconder.

O próprio Moraes Barros também estava ligado ao setor agropecuário. Tanto que, no início do século XX, ele ocupou a Secretaria dos Negócios da Agricultura do estado de São Paulo. Sua fazenda, Pau-d'alho, em Piracicaba, interior paulista, foi o local onde se destacou como produtor de café, tendo inclusive acolhido os primeiros imigrantes japoneses da região em 1918. Sanitarista, produtor de café e defensor da imigração estrangeira: essas três características do autor são importantes e não podem ser ignoradas.

É o que já discutimos sobre narrativas: elas são construídas por aqueles que detêm o poder de contá-las. Havia muitos interesses em jogo – ideológicos, políticos e econômicos. Nesse contexto, o Nordeste e os nordestinos aparecem para serem julgados, com ataques até mesmo patrocinados, e sem muito espaço para se defender.

"Obras de Santa Engrácia"

Do outro lado do Atlântico, em Portugal, ainda se ouve, embora com menos frequência, uma curiosa expressão popular que dá conta das "obras de Santa Engrácia". Sua origem possui duas versões: uma delas remete a uma igreja em Lisboa que, após três séculos de reformas, ainda mantinha o *status* de "inacabada". A outra versão apresenta Santa Engrácia como uma santa que nunca atendia as promessas feitas a ela, personificando a morosidade e a ineficácia em realizar o que se esperava dela. Assim, a expressão é utilizada com humor para se referir a qualquer coisa que parece estar eternamente em andamento e nunca chega ao fim.

De volta ao Brasil, as "obras de Santa Engrácia" foram incorporadas a acusações, encaixando-se como uma luva no discurso crítico que se buscava construir. As publicações da época que pontuaram a necessidade dessas grandes obras também levantaram questionamentos sobre suas reais vantagens humanitárias e econômicas. Além disso, os trabalhos eram, em vários textos, considerados morosos, a ponto de receberem a expressão popular portuguesa como definição. As ações anunciadas em 1919 já eram motivo de piada em 1923 – apenas quatro anos depois, e não trezentos, como no caso da versão existente sobre a igreja lisboeta. A imprensa afirmava que as obras que aconteciam no Nordeste não passavam de "obras de Santa Engrácia".

Em seu livro de memórias, o ex-senador Eloy de Souza acrescenta que pouco tempo após o arranque das iniciativas para amenizar os efeitos da seca, começaram as críticas às grandes obras e aos investimentos no Nordeste. No entanto, isso não se deu na esfera política propriamente, mas por intermédio da imprensa, "soprada", também, "como arma de oposição ao presidente da República".[195] É nesse contexto acusatório que se fortalece o termo controverso "indústria da seca", usado para generalizar negativamente ações públicas relativas à estiagem e nivelar por baixo todos os atores envolvidos no processo.

Além da suposta morosidade, outra crítica recorrente dizia respeito ao custo das intervenções. Nas primeiríssimas "Impressões do Nordeste", de 10 de agosto de 1923, é afirmado de imediato que "tudo isso custa caro e muito caro, por ser feita em terra desprovida de recursos e, ainda mais, por ser, no caso, o Brasil o tesoureiro, isto é, o governo federal".[196] No texto da série de 19 de agosto, volta-se ao tema para sublinhar o "imenso

---

[195] Souza, 2008, p. 269.
[196] Barros, 10 ago. 1923, p. 3.

dispêndio" com grandes açudes, que apenas "servirão de refúgio pra retirantes nas épocas calamitosas",[197] ainda que o argumento contrário pareça depor pela sua realização. Já na publicação do dia 23 do mesmo mês, quanto às estradas de rodagem, é feito o seguinte comentário: "chegam a ser exorbitantes os preços unitários quilométricos de algumas delas", o que demanda, conforme o articulista, "explicações mais amplas"[198] e urgentes. Uma grande pulga era posta atrás da orelha nacional.

Sobre esse "imenso dispêndio" em curso, diga-se, o que parecia incomodar mesmo era o destino dos recursos. E isso dito de maneira expressa. Paulo de Moraes Barros, em 10 de agosto de 1923, chega a lamentar que recursos tão valiosos servissem a essa finalidade. Com um tom de infelicidade, ele observa que "manda a equidade que o nordestino seja assistido dentro do próprio Nordeste, ainda que tal assistência [...] se assemelhe um tanto à curatela de um grande asilo nacional".[199] Mais adiante, o enviado questiona se, para poupar terrenos de cultivo tão precários, valeria a pena despender tanto dinheiro. Ele mesmo responde a essa indagação, afirmando que esse montante é suficiente para justificar a conclusão de que o objetivo econômico da União jamais será alcançado.

A crítica sobre os custos se desdobra, ao longo da série de publicações, em uma acusação de falta de planejamento, que inclui também a ausência de estudos prévios sobre a geografia da região. Para exemplificar, Moraes Barros pontua que é de notar que muitas das obras foram iniciadas sem orçamentos prévios, e apenas algumas delas foram precedidas de cálculo global, cuja aproximação "deixa muito a desejar". Ele destaca que a falta de estudos anteriores seria a causa da existência, a título de demonstração, de diversos poços não aproveitados

---

[197] Barros, 19 ago. 1923, p. 4.
[198] Barros, 23 ago. 1923, p. 4.
[199] Barros, 10 ago. 1923, p. 4.

pelo fato de sua água não ser potável. A soma dos fatores morosidade, custos elevados e ausência de estudos preliminares leva à percepção de que as grandes obras eram, de certa forma, uma irresponsabilidade, seja pela falta de preparo, seja pelas dificuldades de se cumprir o que se pretendia.

Os argumentos, no entanto, não pareciam suficientes, especialmente para aqueles que buscavam convencer sobre a integralidade da questão. O componente migratório, entenda-se, o deslocamento de trabalhadores, era utilizado como mais um elemento na construção narrativa que buscava transformar a percepção das obras de necessárias em desnecessárias. "Tão edificante nota da indiferença nordestina, testemunhando a preferência de morrer a população à míngua, antes que se fixar onde a terra faculta trabalho permanente".[200] A insinuação feita em 18 de agosto de 1923 questionava por que os nordestinos não deixavam seu local de origem, evitando assim "pura perda" com "custosas açudagens". O destino, porém, só não poderia ser o "Sul", como bem sabemos.

Quando as penúltimas primeiras impressões sobre o Nordeste foram publicadas, em 25 de agosto de 1923, as acusações finalmente ganharam nomes e endereços certos. É aí que o IFOCS entra na berlinda. Contra a inspetoria responsável pelas intervenções, as alegações de que o órgão trabalhava "atendendo não a conveniências gerais, mas às conveniências de uma política de campanário que reclama o açude que convém ao coronel". Todo o esforço nacional se resumia, e não passava disso, a um "regime dos paliativos, tão caro a todos nós", pois, com as obras, o "grande flagelo do Nordeste" se tornou também o "grande flagelo do Tesouro".[201] E isso não poderia acontecer. Santa Engrácia tinha de "passar na frente".

---

[200] Barros, 18 ago. 1923, p. 4.
[201] Barros, 25 ago. 1923, p. 2.

O espólio das secas

Sem causar surpresas, logo após a saída de Epitácio Pessoa da presidência da República, em novembro de 1922, houve a extinção da "Caixa das Secas". O IFOCS, sob acusações, perdeu o impulso anterior, com a diminuição sensível de suas ações por conta da falta de recursos, o que provocou uma desarticulação nas obras que aconteciam no Nordeste. Com o paraibano Epitácio Pessoa fora do Palácio do Catete, as realizações federais em sua região de origem foram à míngua.

O ex-senador Eloy de Souza, que acompanhou de perto esses acontecimentos na capital, classificou essa iniciativa do novo presidente, o mineiro Artur Bernardes (1922-1926), como "maldade" e "ignorância", descrevendo-a como um "ato desumano". Souza chega a adjetivar Bernardes de "colaborador do flagelo" em razão da suspensão dos investimentos. Em seu livro de memórias, ele afirma:

> Apesar de ter vencido a eleição em todos os Estados do Nordeste [...], pagou-nos os sacrifícios desta fidelidade suspendendo as obras defensivas contra os efeitos das secas [...]. Não houvesse ele extinguido, com golpe de pena, a Caixa das Secas, e paralisado abruptamente todos os serviços com prejuízo direto e ruinoso para a aparelhagem de alto preço adquirida pelo Dr. Epitácio Pessoa, [...], pode-se afirmar que a região já estaria hoje redimida.[202]

Com a imprensa atuando para convencer a opinião pública de que a decisão de Bernardes era, no mínimo, razoável, não havia qualquer obstáculo para retroceder nos planos de recuperação do Nordeste:

> A medida da suspensão destas obras foi tão violenta e seus efeitos tão drásticos, que tudo se fez telegraficamente num "pega-ladrão" injusto e inconcebível. Não foram poucos

---
[202] Souza, 2008, p. 304.

os caminhões que ficaram parados no meio das estradas durante muito tempo, com prejuízo do material que transportavam. Tudo foi obra da intriga e da perversidade.[203]

Uma vez represados os recursos que antes chegavam aos rincões nordestinos, para onde iriam agora essas cifras tão desejadas? O ex-senador é capaz de nos contar. Consumada a espoliação, vários estados do "Sul" colheram os frutos e foram beneficiados. Mais um acontecimento que não causa espanto. Só para Minas Gerais, justo Minas Gerais, a terra de Bernardes, "foram transferidos da Caixa das Secas 35.000 contos, ao que se disse na época e não foi contestado, para estradas de ferro".[204] Esses investimentos, apresentados como necessários, claro, diferentemente dos que ocorriam no Nordeste, não careciam de qualquer justificativa. E nem precisavam: afinal, como era frequentemente destacado pela imprensa, no Nordeste a administração pública padecia de seriedade, bem diferente do que acontecia no "Sul", especialmente os estados que "emprestavam" seus líderes para comandar o país.

Não esqueçamos que as "Impressões de São Paulo" ressaltavam as qualidades do estado paulista, administrativas inclusive, a partir da fala de atores de diferentes localidades do país. É quando era apresentado um "padrão de progresso e de civilização" capaz de "estimular outras unidades da Federação".[205] Dionísio Cerqueira, em 28 de outubro de 1923, vai nos dizer que, em São Paulo, ao contrário de outras regiões, "seus governos levam a efeito programas que se encadeiam na decisiva obra de aperfeiçoamento coletivo".[206]

---

[203] Souza, 2008, p. 269 e 270.

[204] Souza, 2008, p. 270.

[205] Peixoto, José Carlos de Matos. Impressões de São Paulo. *O Estado de S. Paulo*. 9 jul. 1929, p. 4.

[206] Cerqueira, 1923, p. 4.

Em 9 de julho de 1929, na mesma série, ocorre um exercício diferente. É dada voz ao então governador do Ceará, José Carlos de Matos Peixoto, para elogios ao "Sul". O tom político aparece no final da entrevista, quando o chefe do executivo cearense é questionado sobre a administração pública de São Paulo. Ao que ele responde: "Não há em São Paulo duas opiniões quanto à capacidade administrativa do sr. Júlio Prestes[207] [o governador da época], que tem realizado um governo progressista e modelar no grande Estado". E prossegue com mais afirmações elogiosas ao realçar que a gestão é "de uma atividade intensa e de um dinamismo fora do comum".[208]

Quer dizer: o Nordeste administrava mal, ao contrário do "Sul", que realmente merecia os investimentos da nação. Precisamos entender que o Nordeste passou a ser foco de atenção não apenas pelo consumo de recursos que interessavam, mas também porque era uma região cujas elites ainda disputavam a hegemonia nacional. Todo o investimento recente feito pela União em grandes obras significava o remanejamento de recursos reivindicados pelo "Sul", sim, que se afirmava como o novo centro de poder. Porém, não há como desassociar essas declarações de uma tentativa de desviar do Nordeste a atenção do governo federal, renovada na gestão de Epitácio Pessoa, quando se questiona até a necessidade dos investimentos para socorrer sua população. É fácil perceber que o esforço intelectual de alguns artigos servia como um argumento da elite do "Sul" para evitar que recursos fossem direcionados a outra região do

---

[207] Júlio Prestes foi um político que exerceu o cargo de governador do estado de São Paulo e, posteriormente, eleito presidente do Brasil em 1930, embora não tenha assumido o cargo devido à Revolução de 1930. Esse movimento armado derrubou o governo de Washington Luís (1926-1930) e instalou Getúlio Vargas no poder, dando início à Era Vargas (1930-1945), um período marcado por profundas transformações políticas, econômicas e sociais no Brasil.

[208] Peixoto, 1929, p. 4.

país, recursos que poderiam fortalecer uma mesma elite que já tinha tido seu espaço e desejava retomar a antiga posição.

As narrativas sobre a seca, portanto, estavam repletas de disputas, envolvendo acusações de discursos falsos para obter recursos e desvios de verbas destinadas ao socorro das vítimas. Essa desconfiança remonta à Grande Seca de 1877, conforme registros do Arquivo do Senado Federal, que mencionam tentativas de investigar a questão no legislativo, nos moldes do que hoje se conhece como Comissões Parlamentares de Inquérito (CPIs). Um desses registros é o pedido expresso do senador Silveira da Motta, de Goiás, que em 1880 solicitou a nomeação de uma comissão para verificar as despesas feitas com repasses às províncias do ainda "Norte", envolvendo auxiliares do governo imperial. A proposta não chegou a ser aprovada.

O Arquivo do Senado Federal guarda também discursos como o do senador Mendes de Almeida, maranhense, que afirmou que "o Paraguai está sendo substituído pelo Ceará",[209] referindo-se à Guerra do Paraguai (1864-1870), que havia custado caro e secado os cofres públicos do Império. Os males da seca exigiam sacrifícios bélicos da nação.

O ambiente acusatório persistiu no início do século XX, servindo como uma boa desculpa para a inação, com outras comparações, a exemplo das "obras de Santa Engrácia". Ainda assim, em 1932, quando ocorreu a maior seca já registrada em termos territoriais, a situação teve ampla repercussão, a ponto de provocar mudanças constitucionais. Essa estiagem, uma das mais severas já experimentadas no Brasil, resultou na inclusão de um dispositivo na Constituição de 1934 que destinava

---

[209] Westin, Ricardo. 500 mil mortes, doença, fome, desvio de verbas e pedido de CPI: o retrato da Grande Seca do Império. *Arquivo S*, n. 83, Sociedade, 01 out. 2021. Disponível em: https://www12.senado.leg.br/noticias/especiais/arquivo-s/500-mil-mortes-doenca-fome-desvio-de-verbas-e-pedido-de-cpi-o-retrato-da-grande-seca-do-imperio. Acesso em: 12 abr. 2025.

4% dos recursos da União a obras voltadas para a convivência com o fenômeno no Nordeste. O impacto dessa seca também reverberou na produção cultural, exemplificado pelo livro *Vidas secas*, publicado em 1938 por Graciliano Ramos. Contudo, a porcentagem estabelecida em 1934 foi reduzida na Constituição de 1946 e, posteriormente, suprimida, no contexto político do Brasil pós-1964, refletindo as mudanças nas prioridades do governo e a contínua luta pela atenção às necessidades do Nordeste.

Do ponto de vista político, além das dúvidas sobre a necessidade dos investimentos e a gestão das obras, é fundamental ressaltar que o Nordeste das secas também foi caracterizado, especialmente na produção cultural subsequente, como uma região dominada pelos "coronéis", pelas oligarquias, pelas eleições fraudulentas e pela violência política. Nessa esteira, o clientelismo[210] e o paternalismo se tornaram protagonistas nas relações de poder, e, aí, agir em benefício do Nordeste significava, na prática, favorecer essas elites.

As insinuações sobre o mau uso dos recursos públicos e o questionamento sobre a validade dos investimentos no Nordeste sempre acompanharam a região. É curioso pensar, porém, que um marco dessa narrativa foi a gestão do mineiro Artur Bernardes e, cem anos depois, justamente cem anos depois, já na atualidade, esse discurso se revelou ressonante. Estamos falando de agosto de 2023, quando o governador Romeu Zema, de Minas Gerais, também foi às páginas do jornal *O Estado de S. Paulo* fazer críticas à atenção federal voltada para iniciativas na região, comparando o Nordeste-Norte a "vaquinhas que produzem pouco".[211]

---

[210] Clientelismo é um sistema de relações políticas e sociais em que um grupo ou indivíduo (o "cliente") depende de outro mais poderoso (o "patrão" ou "chefe") para obter favores, benefícios ou apoio, em troca de lealdade ou serviços.

[211] Gugliano, Monica; Matais, Andreza. Zema anuncia frente Sul-Sudeste contra Nordeste e quer direita unida contra a esquerda. *O Estado de S. Paulo*, 05 ago. 2023. Disponível em: https://www.estadao.com.br/

Na metáfora de Zema, mineiro como Bernardes, o Sul-Sudeste, claro, correspondiam a "vaquinhas que produzem mais". Esse discurso, claramente, é uma variante das ideias expressas em 1923, refletindo a persistência de percepções que continuam a moldar as relações entre as diferentes regiões do Brasil.

A ideia de que o Nordeste não merece atenção governamental voltou com força nas declarações de Zema sobre o "protagonismo econômico e político" das regiões Sul e Sudeste, em contraste com o Nordeste e o Norte. Ele argumentou que os primeiros geram mais riqueza para o país que os segundos, os quais, de acordo com ele, recebem mais benefícios do governo. As declarações de Zema provocaram uma avalanche de reações nas redes sociais, tanto favoráveis quanto contrárias, especialmente por deslizarem para o separatismo.

E essa não foi a primeira vez que Zema fez declarações dessa natureza. Em junho do mesmo ano, ele afirmou que no Sul e no Sudeste há mais pessoas trabalhando do que vivendo de auxílio emergencial, em comparação com outras regiões do Brasil, especificamente o Nordeste. Essa é mais uma associação leviana, pois, de acordo com o Portal da Transparência do Governo Federal, São Paulo concentrou o maior número de beneficiários do auxílio em 2023, com 2,6 milhões de pessoas recebendo um investimento mensal de R$ 1,7 bilhão em repasses. Em seguida é que aparece a Bahia, com 2,4 milhões de beneficiários. Minas Gerais, o estado de Zema, também apresentou números significativos, com mais de um milhão de famílias contempladas: 1,6 milhão, para sermos exatos.

Toda essa narrativa sobre prosperidade e falta de prosperidade parece ignorar que, em várias oportunidades, o Brasil financiou aquilo que era do seu interesse, como se os sucessos e insucessos regionais fossem meros frutos do acaso – e do mérito, por que não? – e não resultado de decisões políticas deliberadas. A urbanização

politica/nos-queremos-protagonismo-politico-diz-zema-ao-anunciar-frente-do-sul-sudeste-contra-nordeste/. Acesso em: 12 abr. 2025.

e a industrialização do "Sul", por exemplo, foram financiadas por todas as regiões, incluindo as "vaquinhas que produzem pouco", que já enfrentavam dificuldades na época. Como já mencionado, o país era marcado por um nomadismo econômico, em vez de construir uma base sólida e duradoura de crescimento equitativo, resultando em ilhas transitórias de prosperidade. Quando uma economia enfrentava dificuldades, o padrão era conhecido: simplesmente passava-se para a próxima, deixando a que não rendia mais frutos abandonada ao acaso, ao deus-dará.

A história confirma que o financiamento do "sucesso" do "Sul" foi um esforço coletivo. Só para dar um exemplo: uma das razões para a Revolução Pernambucana de 1817, na qual Pernambuco se declarou independente por 75 dias, foi o alto custo da iluminação pública do Rio de Janeiro, a nova capital, localizada do outro lado da colônia. Os pernambucanos pagavam pela iluminação carioca enquanto permaneciam no escuro. Quando o café cedeu espaço para a indústria, os esforços imperiais se concentraram no "Sul", e, mais uma vez, a conta para viabilizar o Brasil moderno na terra dos bandeirantes foi dividida entre todos. Tensões existiram e continuam a existir, mas o malabarismo necessário para atender quem mais precisa é o que define a ideia de unidade nacional. E, assim, as secas no Ceará e as cheias no Rio Grande do Sul devem continuar a receber a devida atenção, de acordo com suas ocorrências e necessidades.

Conforme vimos, a busca por investimentos para compensar as desigualdades existentes foi questionada em diversos âmbitos, especialmente no Congresso Nacional. Embora interesses pessoais tenham influenciado parte do discurso sobre as secas, quase sempre ignorando a raiz do problema – a desigualdade –, não se pode desconsiderar a verdade por trás dessas falas e a oposição enfrentada pelo Nordeste para obter o apoio necessário, ainda que esse apoio não se dirija diretamente à raiz do problema, como deveria ser. Discutir o acesso à água sem considerar a função social da terra não parece ser a abordagem mais adequada. Da mesma forma, desconsiderar o pleito político como se fosse mera ficção também não contribui para uma solução efetiva.

Uma dúvida, entretanto, permanece. Se cem anos depois o que temos é a reprodução do mesmo discurso contrário ao envio de recursos para ajudar a população do Nordeste, ao mesmo tempo que se resiste à *nordestinidad*, qual seria então o destino dos nordestinos? A completa subalternização social, ou nem mesmo fazer parte dessa sociedade? "Devíamos fazer todo o possível para evitar a acumulação em nosso meio daquelas raças, que assim se revelarem pouco ricas de eugenismo".[212] O sociólogo Oliveira Vianna, em 1924, nas suas "Impressões de São Paulo", parece ter dado a resposta.

E não exageramos em pensar assim. A combinação de interesses políticos e manifestações equivocadas sobre as pessoas do Nordeste tende a ganhar ainda mais força (e violência) durante os períodos de sucessão presidencial. Pois é quando a atenção do governo federal é frequentemente utilizada para questionar a capacidade de decisão e participação da população nordestina nas eleições. Essa dinâmica não apenas marginaliza os nordestinos, mas também alimenta um ciclo de desinformação e preconceito com consequências duradouras na forma como essa região e sua gente são percebidas e tratadas no cenário nacional. Sempre a atenção federal, sempre os nordestinos.

Ataques eleitorais

De quando em quando, a discussão é requentada; de eleição em eleição, o caldo entorna. E quem ajuda nesse transbordamento certeiro – pelo menos de quatro em quatro anos – é a internet. Ela trouxe consigo a descentralização das fontes de informação e deu voz ativa a todos na expressão de opiniões. Mas não somente:

---

[212] Vianna, 1924, p. 6.

Desejo do fundo do coração que (os nordestinos) sejam tomados pela desnutrição, que seus bebês nasçam acéfalos, que suas crianças tenham doenças que os médicos cubanos não consigam tratar, que o ebola chegue no Brasil pelo Nordeste e mate a todos! Só outra arca de Noé pra dar jeito! (Publicação feita por R. Z. P. no Facebook após o resultado das eleições de 2014.)

As redes sociais, em particular, criaram um espaço público no qual ofensas que antes eram confinadas ao privado agora são expostas. Isso ocorre devido à noção equivocada de um ambiente "sem lei" e à sensação de segurança proporcionada pela distância em relação aos alvos. A xenofobia no espaço virtual se intensifica a cada período eleitoral, pois encontra na adversidade política uma oportunidade para se fortalecer e ganhar impulso, como nos diz a pesquisadora Mariana Jantsch de Souza.[213] E então, além de manifestações de polarização, podem entrar em cena incivilidades, muita desinformação e indecorosos discursos de ódio.

O cenário de polarização das eleições presidenciais evidencia não somente uma disputa no campo ideológico, mas também uma intensa expressão de preconceito contra a população do Nordeste. A discriminação percebida nesse período não se limita à desvalorização da cultura da região; ela assume uma conotação agressiva, levando a narrativa pautada pela falsa ideia de hierarquização regional à manifestação do ódio extremo.

Um levantamento realizado pela Safernet, organização não governamental que acolhe denúncias de crimes cibernéticos contra os direitos humanos no Brasil, revelou um aumento

---

[213] Souza, Mariana Jantsch de. Discurso de ódio e dignidade humana: uma análise da repercussão do resultado da eleição presidencial de 2014. *Trabalhos em Linguística Aplicada*, Campinas, n. 57/ago. 2018. Disponível em: https://www.scielo.br/j/tla/a/BqJsGQQbc6csP838MJrRDfx/abstract/?lang=pt. Acesso em: 12 abr. 2025.

alarmante de 874% nos casos de xenofobia em 2022, em comparação a 2021. Esse crescimento superou o de intolerância religiosa e o de misoginia. A Safernet atribui essa elevação nos casos de xenofobia a uma tendência crescente do discurso de ódio nos últimos anos eleitorais, uma percepção que é compartilhada pela população, tanto nas redes quanto nas ruas.[214]

Outubro de 2022 foi o mês em que ocorreram o primeiro e o segundo turno das eleições presidenciais daquele ano. Ao revisitarmos declarações e manifestações que marcaram esse período, encontramos comentários que servem para a reflexão em curso. Um exemplo é a postagem de um personal trainer que afirmou: "O Nordeste merece voltar a carregar água em balde mesmo. Aí depois vem esse bando de 'cabeça redonda de bagre' procurar emprego nas cidades grandes". Outro é um vídeo compartilhado em redes sociais, no qual uma advogada diz: "A gente não vai mais alimentar quem vive de migalhas". Em um vídeo diferente, postado nas redes por uma empresária, o pedido para que não contratassem nordestinos em Santa Catarina, descrevendo esse gesto como um boicote aos "desgraçados que passam fome e vêm vender rede na praia".

As frases contra os nordestinos partiram de eleitores declarados do ex-presidente Jair Bolsonaro (2019-2022), paulista, que se mostravam à vontade em adotar a postura discriminatória como reação à vitória eleitoral de Luiz Inácio Lula da Silva (2003-2011, 2023-atualmente), pernambucano, na região Nordeste. No intuito de desmerecer a decisão política dos nordestinos, foram abertas as comportas de uma reserva de depreciações carregadas de hostilidade. Essa reserva incluía termos pejorativos que foram utilizados pelo próprio Bolsonaro durante o seu mandato, como "paraíbas", "paus de arara" e "cabeças-chatas". E esses eram os menos agressivos.

---

[214] Indicadores da Central Nacional de Denúncias de Crimes Cibernéticos. Disponível em: https://indicadores.safernet.org.br. Acesso em: 16 abr. 2025.

Seguindo o fio sobre a crescente tendência do discurso de ódio nos períodos eleitorais, voltamos nossos olhos para 2014, ano em que a ex-presidente Dilma Rousseff (2011-2016) foi reeleita no segundo turno, superando Aécio Neves. Um caso marcante dessa sucessão foi a declaração genocida feita por uma auditora do trabalho nas redes sociais. Ela afirmou o seguinte: "Essa região do Brasil merecia uma bomba como em Nagasaki, pra nunca mais nascer uma flor sequer por 70 anos". Outro exemplo, na mesma linha, partiu de uma estudante: "Nordestino não é gente, faça um favor a São Paulo, mate um nordestino afogado!". A imprensa também noticiou a existência de uma comunidade em uma rede social composta por membros da classe médica que propunha "castrações químicas" contra a população do Nordeste, sugerindo até a promoção de um genocídio na região. Nesse acervo de hostilidades de 2014, lembramos ainda do "desejo do fundo do coração", apresentado logo no início deste tópico, pela "desnutrição", pelo "ebola" e por outros males que pudessem acometer os nordestinos.

Esse "desejo" declarado de impor uma punição é abordado nos estudos de Mariana Jantsch de Souza. Ela observa que se instaura, nas eleições presidenciais, um discurso punitivo baseado na culpabilização já estabelecida pelo resultado eleitoral. Esse castigo pretendido volta e meia flerta com algo ainda mais grave e irreversível: a morte. Na tentativa de desumanizar os nordestinos, insinuando que suas vidas podem ser ceifadas sem qualquer prejuízo moral ou legal – muitas vezes com referências a Deus e à Bíblia –, esses agressores acabam por perder sua própria humanidade ao expressarem uma vontade de exercer violência extrema. "Só outra arca de Noé pra dar jeito!".

A pesquisadora Adriana Vilar de Menezes[215] evidenciou de forma contundente a normalização do discurso de extermínio ao

---

[215] Menezes, Adriana Vilar de. *Nordestino na rede: discurso de ódio e disputa de sentidos no Twitter nas eleições 2014*. 2019. 109 f. Dissertação

analisar mais de 120 mil postagens nas redes sociais que mencionavam a palavra "nordestino" durante as eleições de 2014. Sua pesquisa revelou uma alarmante recorrência da incitação à morte dessa população. Ela ressalta que o ódio tem raízes no preconceito, que, por sua vez, é alimentado por estereótipos e generalizações historicamente enraizados, frutos de relações de forças antagônicas: políticas, sociais e ideológicas. Desse modo, o discurso de ódio dirigido aos nordestinos acaba reforçando as diferenças em um Brasil dividido e estabelecendo uma relação litigiosa entre regiões e grupos sociais.

Não se pode ignorar a presença de uma mentalidade colonizadora nessas declarações, que retratam os nordestinos como um povo inferior, atrasado e destinado a servir. Um exemplo claro disso é que a atenção direcionada pelo governo federal à região se torna a todo momento um dos principais alvos de queixas, permitindo um paralelo pertinente com o que discutimos anteriormente sobre as intervenções da União no Nordeste. Essa recorrência de atitudes e discursos durante os períodos eleitorais, embora pareça refletir uma mera disputa política, reafirma uma hierarquia regional dentro do país e perpetua a visão dos nordestinos como uma população subalternizada.

Tanto as declarações de 2014 sobre extermínio quanto as de 2022 que instigam um boicote a trabalhadores do Nordeste estão impregnadas de níveis de ódio similares, pois são impulsionadas pelas mesmas motivações. O que se percebe, na verdade, é que a exposição midiática de uma ocorrência em um ano eleitoral cria filtros para as próximas eleições, resultando em um ajuste na forma como essa discriminação é expressa. As razões por trás desses comentários, porém, permanecem inalteradas, inclusive com um aumento expressivo em termos quantitativos, como atestam os números. O que pode parecer

---

(Mestrado em Divulgação Científica e Cultural) – Instituto de Estudos da Linguagem, Unicamp, Campinas, 2019.

uma suavização do discurso – do extermínio ao boicote – encaixa-se melhor como uma tentativa de evitar consequências negativas e retaliações.

Por outro lado, algumas respostas aos ataques virtuais vindas do Nordeste, mesmo que bem-intencionadas, acabam reforçando estereótipos. Na linha reativa do "nordestino com orgulho", muitos conterrâneos se apegam a símbolos considerados regionais, como o chapéu de couro, o cuscuz e a expressão "oxente". E aí se afastam do que está realmente em debate e se agarram a um discurso de enaltecimento da nordestinidade lapidado por intelectuais como Ariano Suassuna, que parece oferecer um caminho seguro a seguir em momentos como esses.

No entanto, é válido questionar se, ao refutar uma crítica negativa com a valorização de elementos dados como regionais, não se está desviando o foco da discussão sobre como a simplificação e a generalização fazem parte de um projeto de diminuição da diversidade e complexidade da região. Ao se afirmarem como "cabras-machos do sertão", para exemplificar, nordestinos podem acabar confirmando uma sentença discriminatória, na esperança de que essa visão seja compreendida de forma positiva. Assim, o discurso de resistência, articulado nesses termos, pode contribuir para o apagamento da pluralidade, que é, de fato, o que caracteriza a verdadeira identidade nordestina.

Merece nota, nessa discussão que permeia a tomada de símbolos e o campo político, a insistência de pré-candidatos e de candidatos, em visita eleitoreira ao Nordeste, de se apropriarem de representações como os chapéus de couro, de vaqueiro ou de Lampião, para tentar buscar proximidade. Uma prática que se tornou comum aos presidenciáveis, comparável a comer pastel em feira livre, numa demagogia simplista capaz de secundarizar as questões que realmente interessam à região. Fernando Henrique Cardoso, na corrida pela Presidência em 1994, quando esteve em Alagoas, não somente usou um chapéu de vaqueiro, como decidiu posar para a foto montado em um cavalo, divulgado pela imprensa como um jegue.

Das redes, vamos às ruas. Por infelicidade, as manifestações xenofóbicas mais agressivas contra nordestinos não se limitam à internet ou aos períodos eleitorais. Dados da Delegacia de Crimes Raciais e Delitos de Intolerância de São Paulo (Decradi) revelam que, em alguns dos últimos anos, a discriminação contra pessoas do Nordeste foi a segunda maior causa de abertura de boletins de ocorrência no Estado, ficando atrás apenas das denúncias relacionadas a ataques contra a população negra.

Casos como o de Sirlei dos Santos ilustram como as agressões verbais podem escalar para agressões físicas. Em 2013, Sirlei foi agredido por um grupo de neonazistas no centro de Niterói simplesmente por ser nordestino, evidenciando a gravidade da violência associada à xenofobia. Da mesma forma, em 2022, Paulo Vítor, um trabalhador nascido no Ceará, foi agredido e sofreu traumatismo craniano enquanto voltava para casa no metrô do Rio de Janeiro. As autoridades policiais reconheceram o incidente como um caso de preconceito direcionado ao seu lugar de origem.

Vale destacar que as notícias sobre o caso, muitas tendo a Agência Brasil, vinculada ao Governo Federal, como fonte, não especificam a origem das duas vítimas. São apenas "nordestinos", e isso é considerado suficiente. De todo modo, esses episódios demonstram que as ameaças que circulam facilmente na internet, por vezes, concretizam-se na realidade, resultando em violência palpável e inaceitável. Como também demonstram que tudo o que tem sido tratado aqui não se baseia em distorções.

ATO 5
ESTEREÓTIPOS

O "nordestino de folhetim"

A resposta foi imediata. Assim que a Globo divulgou a primeira imagem da novela das seis que estava por vir, *No rancho fundo*, no início de 2024, uma reação compreensível ecoou no Nordeste. O alerta para mais uma representação estereotipada dos nordestinos na teledramaturgia foi acionado, gerando, em um povo cansado de ser retratado de forma reducionista, um desejo urgente de mudança.

A imagem, por si só, foi suficiente para provocar um levante nas redes sociais ao apresentar personagens com o filtro insistente do atraso, que há muito persegue as narrativas sobre a região. Figurinos, cabelos e maquiagens sugeriam uma caracterização que parecia alimentada pelo anseio de levar à TV pessoas maltratadas pela vida. Mas, apesar de a imagem falar mais que mil palavras, ela não foi divulgada sozinha. O *release* que a acompanhou confirmou as suspeitas, descrevendo a trama como uma "fábula sertaneja" com "arquétipos bem definidos", mencionando, inclusive, que uma das personagens centrais foi "criada em meio às galinhas". Difícil não ligar os pontos.

Ampliando o dito famoso, podemos afirmar que há imagens que dizem muito e outras que desdizem. E estas ocorrem quando uma pessoa com origem e raízes bem definidas na região Nordeste frustra os estereótipos e é acusada de não ter a "cara de nordestino", de não ser "genuinamente nordestino".

Essa imagem do brasileiro nascido da Bahia ao Maranhão parece muito clara no imaginário de boa parte do Brasil. Para muitos, o nordestino possui apenas uma feição possível, e aqueles que contrariam essa percepção são prontamente notificados por pessoas que parecem exercer uma espécie de controle de pertencimento. E não há como ignorar que as imagens que dizem e desdizem estão profundamente relacionadas. O que se definiu como o estereótipo do retirante ainda é o que se busca nas pastas mentais quando se acessa o arquivo Nordeste.

Essa ideia bem consolidada resulta da repetição e da retroalimentação temática observadas em produções culturais, que sugerem existir o que podemos denominar de estereotipação recreativa. Nela, a região e sua população surgem quase sempre como predestinadas apenas à privação e ao sofrimento. A origem do nordestino parece determinar quem ele pode ser, tanto na trama quanto na vida real. Assim, na hora de descrever um personagem, não importa sua profissão, seus sonhos ou seu caráter; ele é descrito como nordestino e isso basta. Essa abordagem segue uma fórmula facilmente acessada, sugerindo ou uma falta de disposição para conhecer os muitos Nordestes ou a simples adoção de um modelo de negócio aparentemente bastante lucrativo.

Além da trama, os traços. A suposta imagem do nordestino é bastante forte no imaginário nacional, e isso não acontece por acaso. Primeiro, ele foi reduzido em caracterizações feitas no papel e, em seguida, nas artes que usaram diferentes linguagens para a mesmíssima representação. Os escritos da imprensa do início do século XX reapareceram em óleos sobre tela, no cinema, na televisão e em outras manifestações artísticas. O mesmo cinema que consolidou a seca como tema central da região também contribuiu para essa imagem do nordestino do árido sertão, transformando-o em um ser imutável, incapaz de mudar com o tempo e o espaço. O nordestino permanece preso às quatro margens da célebre obra de Portinari, aquela do MASP.

Em *O homem que virou suco* (1981), João Batista de Andrade critica essa receita pronta por meio do personagem Deraldo, um poeta recém-chegado a São Paulo, e do drama que ele enfrenta após ser confundido com outro operário, Severino, que assassinou o patrão. O filme aborda justamente a questão da homogeneização dos nordestinos ao tratar da confusão entre aparências supostamente muito parecidas. A narrativa atinge uma dimensão hiperbólica em uma cena em que Deraldo aparece vestido de cangaceiro no centro da capital paulista, utilizando alegorias para criticar essa percepção distorcida da realidade do nordestino, que se encontra subjugado em um ambiente hostil e opressivo.

A teledramaturgia era um dos alvos da crítica do filme. As novelas têm uma grande responsabilidade no fortalecimento desses estereótipos ao sustentarem o "nordestino de folhetim", um personagem com sotaque inventado, gestos e hábitos desmedidos que, em teoria, passam recibo da sua origem e o tal filtro do atraso. Um personagem facilmente reconhecível, capaz de indicar, à primeira vista, que um nordestino entrou em cena, sem deixar de ser notado até mesmo pelos telespectadores mais distraídos.

João Eudes Portela de Souza e Rafaela Ricardo Santos Marcolino,[216] em seu estudo sobre a representação da identidade regional do Nordeste nas telenovelas, identificaram características recorrentes nos enredos. Em muitas das narrativas, o estereótipo do nordestino assume aspectos religiosos, ingênuos e cômicos. Ficam para esses personagens, geralmente, os papéis secundários que fazem uma composição à trama central, e muitas vezes se assemelham aos "bobos da corte". Sua função é, quase sempre, aliviar o suspense e promover uma quebra intencional da seriedade.

Essas novelas que buscam o Nordeste como pano de fundo apresentam uma estética própria, com estruturas narrativas semelhantes e um padrão recorrente de personagens, um tanto

---

[216] Souza, João Eudes Portela de; Marcolino, Rafaela Ricardo Santos. *A representação da identidade regional do Nordeste na telenovela*. João Pessoa: UFPB, 2016.

inspirado no *Auto da Compadecida*, incluindo tolos, coronéis, padres e beatas. A repetição de elementos estéticos, segundo Souza e Marcolino, reflete não apenas a continuidade na abordagem das tramas ambientadas na região, mas também uma estratégia de produção televisiva que busca criar familiaridade e identificação do público com certos temas e personagens considerados típicos da região, por meio da fácil assimilação. Em outro estudo importante, assinado por Maria Immacolata Vassallo de Lopes, Silvia Helena Simões Borelli e Vera da Rocha Resende, referente à novela *A indomada*, de Aguinaldo Silva e Ricardo Linhares, grande sucesso da Globo nos anos 1990, observa-se como a familiaridade e identificação são construídas por meio do "recurso de prosódia" e do "uso demasiado de hipérbole". Esses recursos não se limitam à construção dos personagens. Também se estendem a um falacioso sotaque regional e aos gestos excessivos. Uma participante do grupo focal utilizado na pesquisa destacou o seguinte: "O que pegava mesmo, o que eu dava risada, era que tinha o sotaque: era muito engraçado, era uma coisa bastante diferente".[217] A trama explorava uma combinação peculiar entre um suposto "sotaque nordestino" e expressões idiomáticas do inglês, utilizando o exagero dos atos como sua maneira de representar os tipos locais.

Entre as muitas obras que se propuseram a apresentar o Nordeste e sua população na Globo, a maior produtora do gênero do país, não se pode deixar de mencionar os trabalhos assinados por Dias Gomes, um baiano que utilizou humor e crítica social para retratar a relação entre poder, fé e o comportamento da sociedade local. Suas tramas exploraram a religiosidade e a idolatria em pequenas cidades nordestinas. Também merecem destaque as adaptações da obra de Jorge Amado, que muitas vezes ganharam uma injeção para tornar os personagens mais

---

[217] Lopes, Maria Immacolata Vassallo de; Borelli, Silvia Simões; Resende, Vera da Rocha. *Vivendo com a telenovela: mediações, recepção, teleficcionalidade*. São Paulo: Summus, 2002. p. 276.

caricatos. Produções recentes, como *Flor do Caribe* (2013), de Walther Negrão, continuam essa tradição de representação do Nordeste e seus supostos tipos na televisão.

Souza e Marcolino afirmam que esses tipos que a TV expõe limitam o nordestino a um comportamento modesto e ingênuo, geralmente associado a uma classe social baixa e a uma religiosidade fervorosa, com pele suada e queimada do sol. Em contrapartida, os ricos são retratados como arrogantes, pouco cultos, brutos, corruptos e com gestos exagerados.

Para ilustrar os aspectos mencionados, podemos recorrer à personagem Perpétua, de *Tieta* (1989), da obra de Jorge Amado, adaptada por Aguinaldo Silva, que representa a figura da religiosa fervorosa. Em *Roque Santeiro* (1985), todo o enredo gira em torno de um suposto milagreiro, enquanto o prefeito-coronel Odorico Paraguaçu, de *O Bem-Amado* (1973), personifica a corrupção. Já Candinho, em *Flor do Caribe*, é retratado como um sujeito ingênuo e ignorante, sempre acompanhado por uma cabra, evocando a figura de Fabiano, de *Vidas secas*, que atravessa a obra escoltado pela cachorra Baleia.

Acrescente-se a essas caracterizações habituais as camadas de penúria e primitivismo, em especial quando a trama se passa no interior da região. Mas há também a narrativa de um Nordeste mítico e idealizado, com um litoral deslumbrante, no qual os personagens se pautam exclusivamente pela maré. Nessa alternância entre praias paradisíacas e um sertão marcado pela pobreza e pela fome, sempre alheio à modernidade e à globalização, à margem de qualquer narrativa urbana, o "nordestino de folhetim" (re)aparece, atravessado pelo fatalismo e pela estigmatização.

E assim, apesar de abordarem enredos que retratam aspectos maltratantes da vida no Nordeste, essas produções culturais que se concentram apenas em narrativas limitantes, ignorando a diversidade da região, são, na verdade, o que mais maltrata sua população. O motivo é simples: elas acabam por perpetuar estereótipos prejudiciais. A começar por essa insistência em enlatar nove estados e sessenta milhões de pessoas como uma coisa só, sem considerar a diversidade de um recorte espacial de Brasil no qual cabem três Américas Centrais e que abrange quase 30% da demografia do país.

Além da trama e dos traços, a fala. Da boca dos personagens criados em estúdio, sai um sotaque falacioso, que ignora a vastidão do Nordeste e suas particularidades linguísticas. A fórmula já é conhecida: uma pronúncia arrastada, com "dês" e "tês" bem marcados, enquanto o conteúdo é lotado de expressões idiomáticas inflacionadas, muitas referências a figuras da Igreja Católica e, não raro, erros de gramática e concordância.

E aí vêm as questões linguísticas: na edição de 22 de setembro de 2013, o *Fantástico*, da Globo, anunciava um filme nacional que usava tantas expressões regionais que precisava receber legenda. *Cine Holliúdy* (2012), de Halder Gomes, seria o primeiro filme falado em "cearencês" da história e, como grande parte do Brasil não entenderia as expressões, o longa-metragem teria de ser legendado dentro do país. A exploração, no campo idiomático, desse alegado dialeto cearense, que distancia em certa medida o estado dos demais, diverte por estar ligado a situações cômicas do dia a dia, e reforça ainda uma representação caricata, principalmente porque, ao fazer uso de prosódias e hipérboles – a receita parece ser essa –, torna-se difícil para o público distinguir o que é exagero humorístico e o que retrata a realidade.

A mesma dinâmica também se verifica nos humorísticos da televisão. O tipo de herói astuto, presente na obra de Ariano, que usa da sua esperteza para sobreviver, ressurge no personagem Didi Mocó, em *Os trapalhões* (1977-1995). Durante o período em que esteve no ar na Globo, com um estilo de comédia chaplinesco,[218] o cearense Renato Aragão fazia graça de si mesmo e se autodeclarava "cabeça-chata", concedendo quase uma espécie de

---

[218] "Chaplinesco" remete à comédia física do icônico ator, diretor e roteirista do cinema mudo Charles Chaplin, marcada por gestos exagerados e humor visual, que dispensam palavras para transmitir emoções e situações cômicas.

autorização para que os nordestinos pudessem ser referenciados desse modo. Assim como Zé Lezin da Paraíba, que passou a integrar o elenco do programa *Escolinha do Professor Raimundo*, da mesma emissora, a partir de 1998, zombando de eventos inusitados apresentados como típicos da região, pela perspectiva de um "matuto sabido", e permitindo que não nordestinos se sentissem à vontade para também fazer piadas.

Falemos agora sobre a piada hostil, sem querer estabelecer relações com os exemplos dados. O prazer gerado por esse tipo de piada está na sua capacidade de afirmar a ideia de que um indivíduo possui um valor superior ao de alguém pertencente ao grupo discriminado. Esse sujeito é julgado com base em estereótipos ou a partir de infortúnios pelos quais tenha passado. O humor muitas vezes existe por força de um sentimento de superioridade, e não somente por parte de quem faz a piada, mas sobretudo daqueles que se divertem com ela. A audiência precisa sentir-se bem.

O humor sobre o povo do Nordeste, baseado em estereótipos, seja na televisão ou mesmo em conversas informais, serve como um meio de legitimação social. Ele ajuda a perpetuar engessamentos que reforçam a subalternização dessa população, e contribuem para excluí-la de oportunidades acadêmicas e profissionais. Senão vejamos: Adilson Moreira traz uma contribuição importante ao definir o que chama de "racismo recreativo", conceito que estamos à vontade para adotar aqui por razões já explicadas no segundo ato. Essa recreação é uma prática que "almeja preservar um sistema de representações culturais que legitima a dominação [...] por meio da desqualificação sistêmica de minorias".[219]

Sob essa perspectiva, quando pessoas de fora da região fazem piadas desse tipo, contribuem para manter o *status quo*[220] e

---

[219] Moreira, 2023, p. 151.

[220] *Status quo* é uma expressão latina que significa "o estado atual das coisas" ou "a situação como está". Manter o *status quo* significa preservar as condições existentes, sem promover alterações ou mudanças no que está estabelecido.

preservar a narrativa vigente sobre os nordestinos. Essas piadas ajudam a perpetuar representações culturais que sustentam privilégios por meio da desqualificação dos outros. Assim, uma piada que parece inocente pode ter implicações profundas e prejudiciais. Da mesma forma, um personagem de telenovela criado para provocar risadas pode causar muito mais do que isso. Especialmente por ser um produto que entra na casa de milhões de pessoas cujas percepções sobre o mundo são estabelecidas pelo que a televisão lhes oferece.

Uma "espécie" diferente

O calendário marcava 10 de novembro, um domingo, dia de grande tiragem para o jornal impresso, quando a *Folha de S.Paulo* apresentou ao Brasil o "homem-gabiru", afirmando que no Nordeste surgiam "novas 'espécies humanas'". A manchete, chamativa, estampava: "Nordeste tem novas 'espécies humanas'".[221] A matéria explicava que a referência ao gabiru se devia ao fato de que, nas cidades, os exemplares dessa "espécie" viviam do lixo, como ratos. Nas zonas rurais, eram chamados de "nanicos" em razão da sua estatura baixa, que "já se compara à de pigmeus africanos".

Amaro João da Silva, um trabalhador rural pernambucano de 1,35 metro de altura, tornou-se protagonista da reportagem por supostamente representar o impacto da fome no desenvolvimento físico dos nordestinos. A imagem ilustrativa, mostrando-o ao lado de um fotógrafo de 1,76 metro, destacava a diferença de tamanho como a medida do "problema". Embora a matéria mencionasse imediatamente a condição de nanismo, tentava explicar que a "espécie" em questão teria sido "criada pela fome": a "espécie dos homens nanicos".

---

[221] Sá, Xico. Homem-gabiru: Nordeste tem novas "espécies humanas". *Folha de S.Paulo*, 10 nov. 1991. p. 17.

Como se não bastasse a baixa estatura, ela teria outras características ainda mais preocupantes: "o tamanho do cérebro também é menor e chega a ser até 40% menos capaz", o que explicaria a "ignorância comum na região". Essa "tendência", considerada "mais forte entre os nordestinos", era atribuída ao fato de o Nordeste concentrar "53% da pobreza do Brasil", mas com uma ameaça substancial de "se espalhar pelo país inteiro".

Em 12 de novembro, na seção "Opinião" do mesmo jornal, foi acrescentado o seguinte:

> São absolutamente chocantes as informações divulgadas anteontem por essa *Folha* acerca do surgimento quase que de novas "espécies humanas" no Nordeste brasileiro em função da miséria e da fome. Não apenas hábitos desesperados – como o de disputar com os ratos gabirus os restos de comida nos lixões das zonas urbanas – como mesmo uma nova configuração física vêm se consolidando. [...] Há grupos que se equiparam, nesse aspecto, aos pigmeus africanos. [...] esses indivíduos chegam a apresentar pronunciadas deficiências nas faculdades intelectuais.[222]

"Nova configuração física", "deficiências nas faculdades intelectuais"... Essas declarações soam como ecos distantes, que poderiam buscar álibi no anacronismo como um escudo. No entanto, o ano era 1991. Praticamente ontem. O "homem-gabiru", "descoberto" pelo jornalista cearense Xico Sá, enviado especial, foi retratado em edições posteriores da *Folha*, ressurgindo até 1995 e aparecendo também em outros meios de comunicação de grande circulação, transformando-se em um símbolo da miséria na região.

Essa vontade de categorizar as ditas "espécies humanas" nordestinas não é nova e nos leva de volta para os mesmos artigos de 1920 que têm nos acompanhado até aqui. Ao abordarem

---

[222] Homem-gabiru. *Folha de S.Paulo*, 12 nov. 1991, p. 2.

especificamente as características físicas das pessoas que habitam o recém-definido Nordeste, para apresentá-las ao "Sul", os articulistas se expressaram de maneira impiedosa. Não é sobre inferir ou apreender o dito nas entrelinhas: as descrições são diretas, sem eufemismos ou disfarces. A criação dos estereótipos na sua gênese, nua e crua.

Foi nas "Impressões do Nordeste" de 15 de agosto de 1923 que os nordestinos ganharam, pela primeira vez, uma imagem detalhada na imprensa nacional:

> O homem é geralmente pequeno e descarnado, com tendência à fixação de esqueleto defeituoso, como normal, sobretudo da ossatura toráxica, cervical e craniana. A mulher, raramente atraente, envelhece precocemente pela prematura concepção e excessiva prolificidade, não sendo rara a mãe de quinze filhos e, como resultado, a decrepitude aos quarenta anos.[223]

Como se pode perceber, tem-se uma imagem estereotipada e depreciativa do corpo do homem e da mulher do Nordeste. Um corpo supostamente pequeno, tal qual o "homem-gabiru", disforme, que não segue os padrões de beleza que, pela própria postura acusatória da análise, seriam facilmente encontrados no "Sul". De novo, a caracterização em comparação com o que é o exemplo. A baixa estatura, a má-formação esquelética e o tamanho da cabeça são alguns dos elementos presentes nessa caracterização, que reforça no nordestino o papel de um Quasímodo, a maneira encontrada por Euclides da Cunha para descrever o sertanejo do "Norte".

Após a definição dessa imagem na mente do leitor, o enviado Paulo de Moraes Barros estabelece relações entre a miscigenação e a ocorrência de doenças congênitas, o que explicaria o fato de as pessoas do Nordeste terem a aparência descrita por ele. O articulista chega a pontuar o que seriam os quatro "elementos

---

[223] Barros, 15 ago. 1923, p. 2.

básicos da degeneração" dos nordestinos, que incluíam, além da diversidade genética, questões sociais e de saúde e a ação do meio – recorrendo ao determinismo geográfico mais uma vez –, para explicar o porquê de o Nordeste padecer de certos problemas.

> Não é de estranhar, pois, a consequente elevada porcentagem de homúnculos, cretinos, surdos-mudos, cegos e atrofiados, como produto de tais fatores, visíveis por toda a parte. São elementos básicos da degeneração os seguintes: 1.0 o cruzamento de indivíduos de raças extremas e a sub-mestiçagem; 2.0 a miséria habitual, agravada pelo flagelo periódico; 3.0 o clima quente, sem o ambiente moderador da vegetação; 4.0 as moléstias endêmicas, das quais resultam a anemia linfática e a multiplicação das taras mórbidas nas famílias.[224]

As mulheres recebem uma crítica mais nociva que os homens nas impressões de Moraes Barros, evidenciada por diversas menções desrespeitosas. Um exemplo é o texto de 10 de agosto de 1923, no qual, ao descrever as crianças que se aglomeravam à beira da estrada para ver a comitiva de inspeção, ele define suas mães como "desgrenhadas matrizes". O uso do termo "matriz", que na criação de animais se refere a fêmeas adultas capazes de reproduzir, revela uma animalização da mulher. Essa prática de desumanização, presente em outras passagens dos textos, estabelece uma conexão direta com o primitivo e o irracional.

Nas narrativas de Lourenço Filho sobre Juazeiro, a terra do Padre Cícero, as críticas ostensivas dirigidas à população feminina estão igualmente presentes, como as que foram publicadas no texto de 19 de novembro de 1925: "mulheres, [...], despenteadas, do aspecto repulsivo, quase todas com a miséria estampada nas faces, dão-se à tarefa de catar insetos à cabeça dos filhos".[225]

---

[224] Barros, 15 ago. 1923, p. 2.
[225] Lourenço Filho, 19 nov. 1925, p. 3.

"Miséria estampada nas faces"? Parece bastante fácil entender como essa imagem se alinha à construção de um estereótipo do nordestino, que perpetua ideias de inferiorização e pobreza.

O conceito de ter a "cara de nordestino" torna-se, assim, a tradução da miséria e do sofrimento, carregando em si a representação de um povo relegado à escassez e à falta de dignidade. Essa associação não apenas desumaniza os indivíduos. Ela também condena a uma narrativa que os limita a serem vistos como meros representantes de uma condição precária, sem qualquer espaço para a diversidade e complexidade de suas realidades.

As crianças, por sua vez, também não escaparam de ter seu aspecto visual descrito nos relatos de agosto de 1923. No mesmo trecho do artigo de estreia de Moraes Barros, do dia 10, no qual ele narra os infantes à beira da estrada, eles são caracterizados como "maltrapilhos". Temos aqui um adjetivo usado para referenciar algo ou alguém em estado de desleixo ou sujeira. Somado aos "insetos à cabeça" destacados por Lourenço Filho, forma-se a reduzida imagem preliminar de total descuido das crianças nordestinas.

O diretor de instrução pública do Ceará, ao discorrer sobre os fiéis presentes nos domínios do Padre Cícero, em sua série de artigos, contribui para essa visão distorcida ao afirmar, no texto de 18 de novembro de 1925, que a população apresenta "aspecto de degradação física, de sujeira, de imundice", em "condições de penúria e abjeção": "uma verdadeira síntese da patologia nacional".[226] Na publicação do dia seguinte, ele acrescenta que nem mesmo as plantas escapam desse quadro, pois "parecem também contaminadas da pobreza ambiente". Pelo olhar de Lourenço Filho, os nordestinos são sujos, exalam miséria e "semelham mendigos".[227]

Toda essa representação patológica de falta de higiene constrói a imagem de um ambiente caótico e imundo, muito

---

[226] Lourenço Filho, 18 nov. 1925, p. 3.

[227] Lourenço Filho, 19 nov. 1925, p. 3.

propício à aparição de insetos, ratos e até mesmo gabirus. Gabirus. Opa, acho que já lemos sobre essa espécie antes. Ou depois.

Aspectos comportamentais

Voltemos a Candinho, da novela *Flor do Caribe* (2013). O personagem foi descrito nas divulgações oficiais como alguém que "anda para cima e para baixo com a sua cabra Ariana, vendendo leite ordenhado na hora". Ele é retratado como um tipo fantasioso, que acredita em tudo, até em anjos e mula sem cabeça. Uma figura quixotesca.[228] Essa insistência nossa com o referido personagem da televisão não é desprovida de objetivo: ele nos ajuda a revelar como os supostos aspectos comportamentais dos nordestinos foram historicamente moldados e estereotipados. No início, pela mão da imprensa.

Os primeiros textos nos jornais que abordaram o Nordeste não apenas buscavam traçar seu perfil geográfico, mas também um perfil psicológico de seus habitantes. A associação da população local à ignorância e à falta de razão permeia grande parte desses relatos, apresentando uma visão de um povo distante, que opera sob uma lógica própria, alheio à modernidade, à ciência e ao progresso.

No segundo número das impressões de agosto de 1923, Paulo de Moraes Barros visibiliza uma relação que interessa muito a Candinho, chamado para esta prosa oportuna sobre passado e presente. O articulista conta sobre o entrosamento fraternal que existe entre as pessoas do Nordeste e o jumento – que, segundo ele, "depois da mulher e dos filhos, é o melhor companheiro do homem, com a vantagem de não precisar que se lhe dê de comer". O correspondente chega a alegar que "se o jerico não existisse, seria preciso inventá-lo, pois, sem ele, estaria

---

[228] "Quixotesca" deriva do personagem Dom Quixote, criado pelo escritor espanhol Miguel de Cervantes, e descreve comportamentos ou atitudes idealistas, sonhadoras e quase sempre desproporcionais à realidade.

a família humana incompleta nessas ingratas paragens".[229] E segue narrando as andanças dos dois, homem e bicho, ausentes de razão, para cima e para baixo, tal qual Candinho e sua cabra nos tempos modernos.

Falando em representações na TV, em uma entrevista à *Folha de S.Paulo*, datada de 22 de março de 2012, Renato Aragão se defendeu de críticas sobre as piadas de *Os trapalhões*, alegando que "fazíamos um humor circense, quase infantil. Eu brincava com o Mussum e vice-versa. Ele dizia 'paraíba', 'comedor de farinha'. Eu falava 'ô, negão'. Era uma brincadeira quase que infantil e não queríamos agredir ninguém".[230] De novo, a não intenção de ofender, a alegada inocência. Mas foquemos agora no aspecto nutricional.

O texto inaugural das mesmas impressões, de 10 de agosto de 1923, ressalta que o nordestino "vive de farinha e rapadura". Na segunda publicação, do dia 15, a dieta é descrita com pormenores: "A alimentação corrente [...] consiste em farinha de mandioca e rapadura, reforçada de quando em quando por um naco de carne de bode".[231] Está feito o link com o "comedor de farinha" que Mussum usava para caçoar de Didi algumas décadas depois. E que não ficou restrito ao humorístico: é frase que se ouvia e se ouve nas ruas.

É interessante registrar que, embora o articulista mencione, aqui e ali, ainda que por alto, os banquetes oferecidos à comitiva ao longo da "inspeção", pouco se detalha sobre as iguarias servidas nessas ocasiões. Assim, permanecem na vitrine apenas a farinha, a rapadura e o naco de bode, enquanto a riqueza da culinária nordestina é deixada em segundo plano. Ou mesmo negada.

---

[229] Barros, 15 ago. 1923, p. 2.

[230] Borges, Amon. Didi recebe troféu de rapadura no Risadaria; leia a entrevista. *Folha de S.Paulo*, 22 mar. 2012. Disponível em: https://guia.folha.uol.com.br/teatro/1065622-didi-recebe-trofeu-de-rapadura-no-risadaria-leia-entrevista.shtml. Acesso em: 13 abr. 2025.

[231] Barros, 15 ago. 1923, p. 2.

Esse quadro de pobreza nutricional é, inclusive, atrelado às altas taxas de natalidade, com comentários bastante ácidos, como nesse segundo texto das "Impressões do Nordeste", no qual se observa que as habitações têm "em média 9 habitantes por fogão". À medida que as linhas preenchiam as páginas, tornando-se um retrato generalizado, a figura do nordestino "comedor de farinha", com uma grande prole e um jumento como melhor amigo, começava a se firmar.

Até mesmo os hábitos mais simples foram amplificados. Lourenço Filho ressalta, em 25 de novembro de 1925, que as mulheres costumam descansar de cócoras, enquanto os homens, encostados à parede, "deixavam cair o peso do corpo sobre uma das pernas e levavam o pé da outra também à parede". Ele aponta que "são poucas as paredes de esquinas, de mercados, de corredores e até de igrejas que não mostrem, à altura de meio metro, as marcas dos pés descalços".[232] Esse comportamento, dado como generalizado, é considerado inadequado para o Brasil do "Sul", que, por essa e outras razões, autodefinia-se "civilizado".

Entre tudo o que foi escrito sobre o suposto comportamento do povo nordestino, três características se destacam pela ênfase e repetição: a indolência, o fanatismo e a violência. Já analisamos esses aspectos em momentos anteriores; eles tiveram um papel significativo na formação de um estereótipo que abrange tanto a aparência quanto o psicológico. Quando essa representação deixa de ser apenas imaginária e se torna concreta, a armadilha está pronta.

A família nordestina surge, inicialmente no papel, de forma disforme e ignorante, com muitos filhos e a farinha como dieta principal. Com frequência, são retratados acocorados ou com um pé apoiado na parede, enquanto o jumento (ou a cabra) é considerado seu bem mais precioso. Essa construção

---

[232] Lourenço Filho, 25 nov. 1925, p. 3.

fundia aspectos físicos e comportamentais, criando uma relação complexa em que é difícil determinar o que veio primeiro. Não se tratava apenas de reduzir ou exagerar; havia uma clara tendência à depreciação. E isso era facilitado pelo fato de que os observadores do "Sul" contavam com uma explicação já bem conhecida: tudo era creditado à excessiva mestiçagem.

Os "bípedes" e a "Babel de sangue"

Na Bíblia, a Torre de Babel é uma narrativa encontrada no livro de Gênesis, capítulo 11. Ela descreve a tentativa dos descendentes de Noé de construir, na planície de Sinear, uma torre que alcançasse os céus. Segundo o texto, Deus confunde as línguas dos construtores, fazendo com que não se entendam, e os dispersa pela face da Terra, dando origem aos diferentes idiomas e nações. É o que consta na sagrada escritura. E não, não trouxemos aqui essa referência bíblica para retomar as narrativas messiânicas associadas ao Nordeste.

Antes, uma última olhada no que escreveu Paulo de Moraes Barros: ainda que não tenha sido a encomenda original da "inspeção", já que foi divulgado apenas o intento de mostrar as grandes obras, a caracterização dos que viviam no "novo" recorte de Brasil permeia muito das "Impressões do Nordeste". E assim, boa parte dos artigos publicados em agosto de 1923 corresponde, na verdade, a linhas e mais linhas dedicadas às piores impressões sobre a população nordestina.

É possível afirmar inclusive que, desde os artigos de Euclides da Cunha em 1897, antes de serem adaptados (e abrandados) para virarem *Os sertões*, o povo do Nordeste não era vítima de tamanho reducionismo. Entre as duas sequências de textos, separadas por 26 anos, constata-se o mesmo entendimento de que a mestiçagem extremada era sinônimo de retrocesso.

Após os comentários iniciais dedicados à terra, na primeira publicação, de 10 de agosto de 1923, Moraes Barros inicia um esboço sobre a população local. Apesar de admiti-la como "relativamente vultosa", ele parte rápido para a redução ao apresentá-la de forma limitada: "nômade por força das circunstâncias", tendo que buscar abrigo "quando acossada pelo rigor do flagelo". Do muito que é dito logo no texto de estreia sobre os habitantes da região em exposição, pede destaque a fala proferida sobre a sua suposta formação étnica:

> Essa população, genuinamente nacional, é ainda amálgama informe de cruzamento entre brancos, pretos e aborígenes, em todos os graus de sub-mestiçagem, com as tonalidades intermediárias de cor, sem predominância coletiva de tipo étnico caracterizado. Apenas a denominação de caboclo, que a abrange, é uniforme.[233]

Aqui, começa a ser evidenciado o entendimento eugênico e determinista de que a incidência de elevada miscigenação, como fato particular do Nordeste e não próprio do Brasil, tem sua responsabilidade na regressão econômica e na perda de conquistas da região. Nesse contexto, ao citar a existência de "branco alourado" e de "moreno de nariz grego ou romano" entre os locais, o autor chega a afirmar que eles estão "traindo origem europeia", isto é, perdendo o que possuem de mais valioso em meio à mistura de sangue em andamento.

Ao avançar sobre esse "caboclo nordestino", produto da mestiçagem, Moraes Barros recorre à Bíblia para definir a região como "esta Babel deprimida de tipos tão variados". O episódio da Torre de Babel do texto religioso entra em cena para expressar confusão e desordem. Ainda que reconheça na população do Nordeste uma "notável resistência orgânica, apesar dos fatores degenerativos que a assoberbam", passando mais um recibo de determinismo, ele declara se tratar de uma gente "supersticiosa", "fatalista" e "indolente", que "vive de farinha" e "vegeta por contemplação", "com o espírito sempre voltado para o seu

---

[233] Barros, 10 ago. 1923, p. 3.

pequenino mundo desolador".[234] Parece mesmo um discurso de dois mil anos atrás.

Nas impressões subsequentes, publicadas nos dias 15 e 16 de agosto, há uma nova referência à passagem bíblica do Antigo Testamento, que afirma categoricamente que "o Nordeste é Babel de sangue". É nesse momento que a estereotipação revela uma interação cruel entre aspectos físicos e comportamentais. O enviado volta a atacar a chamada "raça" do homem nordestino e o "movimento regressivo" que ela supostamente representa. E, novamente, ele acusa aqueles com cabelos loiros, "perdidos" entre os "caboclos", de estarem "traindo a remota origem batávica".[235]

É na desumanização da população do Nordeste, entretanto, que se encontram as sentenças mais incômodas sobre suas representações. Termos como "matuto" e adjetivações semelhantes, embora sirvam para apequenar e desvalorizar o povo da região, acabam se apagando diante do que está por vir, já que, pelo menos, são passíveis de serem atribuídos a seres humanos. Quer dizer: além da queda, foi dado o coice, em sentido figurado.

Em uma das negações de dignidade humana que chamam a atenção, já no primeiro artigo, os nordestinos são referenciados como "bípedes", apenas "bípedes", em um tratamento que difere radicalmente da abordagem empática em favor dos "irmãos do Nordeste", que pouco tempo antes ocupara as mesmas linhas na imprensa para mobilizar ajuda em decorrência das secas: "Os bípedes, caminheiros ou estacionados, tanto os grandes como os médios e os miúdos, eram mestiços acaboclados, que não primavam nem pelo esmero da tez nem pelo apuro das coinas.[236] Era o primeiro indício da seca...".[237] Embora o termo se refira

---

[234] Barros, 10 ago. 1923, p. 3.

[235] Barros, 15 ago. 1923, p. 2.

[236] A "coina", a parte inferior da vassoura onde ficam as cerdas, foi a metáfora escolhida por Moraes Barros para se referir aos cabelos dos nordestinos.

[237] Barros, 10 ago. 1923, p. 4.

a animais que se locomovem usando duas patas ou pés, um grupo do qual os seres humanos fazem parte, é evidente que sua utilização é mais apropriada para aludir a outras espécies. É a vontade de desumanizar, de dar características específicas, de distinguir o nordestino. Para o pior.

A desumanização ressurge em diferentes momentos das impressões de agosto de 1923, de forma mais elaborada, como no segundo texto, publicado no dia 15 daquele mês, no qual o autor narra uma cena com muitas minúcias estéticas, ainda que não testemunhada por ele: "Na via dolorosa da retirada são mais espectros do que corpos, os que alcançam os mortíferos campos de concentração, sob a aparência de frangalhos de gente".[238] Essa passagem, que flerta com a desvalorização humana, escancara portas perigosas, pelas quais se acessa facilmente a discriminação, o desrespeito e a exclusão social. Abusos que são muito familiares. Eis o pacote completo da estereotipação.

Ausência de neutralidade

Há uma anedota conhecida sobre dois peixinhos que passeiam pelo mar. Ao cruzarem com um peixe mais velho, o ancião pergunta: "Como está a água?". Com os olhos estatelados e sem entender nada, os dois se encaram, e um deles pergunta: "Água, que água?". E seguem nadando. Entender que oceano é esse, ainda que transparente e já amalgamado à vida dos peixes, é o objetivo deste ato que já se encaminha para o fim de uma reflexão.

A primeira coisa a ser compreendida é que os estereótipos sociais não surgem do nada. Eles são produtos de ações humanas, de discursos e interesses, o que torna essencial assimilar sua origem e os conflitos nos quais estão inseridos. Longe de serem construções aleatórias, os estereótipos resultam de um longo

---

[238] Barros, 15 ago. 1923, p. 2.

processo discursivo e representativo. Quando tentamos definir o outro por traços simplificados e exagerados, manifestamos a intenção de diminuí-lo.

Revisitando Henri Tajfel, Rosa Cabecinhas[239] e outros que se propuseram a estudar o tema, fica claro que os estereótipos nunca são neutros. Eles dependem mais do observador que do observado, entendimento que reforça a ideia de que somos ativos na construção e manutenção desses conceitos, sempre seletivos e parciais. Os estereótipos acusam, mas também protegem. Sim, pois essa visão hipersimplificada da realidade serve para preservar crenças, princípios e ideais de quem os acessa, mantendo, assim, um *status quo*.

Os estereótipos funcionam como "mapas" que ajudam o indivíduo a navegar em meio a informações complexas, mas também são úteis como "defesas" que preservam seus valores, interesses e ideologias dentro de uma rede de relações sociais. Quem nos explica isso, tim-tim por tim-tim, é Walter Lippmann,[240] a quem já recorremos no capítulo que antecedeu os cinco atos. Quando falamos dos estereótipos sobre o povo do Nordeste, vimos que o "Sul" (e o próprio Nordeste) foi guiado por esses "mapas", desenhados a partir de interesses específicos. Essa hipersimplificação facilitou às pessoas o entendimento do que era esse "novo" espaço e de quem o habitava, mas também protegeu vantagens e convicções. Assim, os estereótipos dos nordestinos prosperaram nos terrenos do desconhecimento e da conveniência.

Como meio para existir, os estereótipos minimizam as diferenças dentro de um mesmo grupo e exageram as diferenças entre grupos distintos. Muito do que o "efeito da homogeneidade do exogrupo" nos ensinou, só que, além de minimizar diferenças nos outros, busca-se exagerar o que se define como semelhante entre eles. Um julgamento que resulta na adjetivação

---

[239] Tajfel, 1982; Cabecinhas, 2012.

[240] Lippmann, 2010 [1922].

de vastos grupos humanos com características genéricas. Esse movimento de recorrer à rotulagem para classificar o outro é companheiro inevitável da capacidade humana de categorizar – a mesma que fez do nordestino um "preguiçoso" – e tem no preconceito seu pilar central. Os estereótipos não são meras percepções inadequadas: são generalizações abusivas que devem ser entendidas em sua dimensão política, servindo para legitimar arranjos sociais extremamente excludentes.

Dito isso, fica mais claro que os estereótipos são utilizados para manter processos de estratificação social, que organizam a sociedade e distribuem oportunidades de maneira desigual, perpetuando desvantagens e privilégios sem possibilidade de mudança. Isso também se reflete em um apagamento de fatos que poderiam contradizer essas narrativas. Algo que a análise de Macabéa e seu complexo nos ajudam a entender.

Para citar outro exemplo: o nordestino é, de forma regular, associado ao machismo e, no contexto eleitoral, à violência, personificado nas figuras do coronel e do jagunço, ignorando as significativas conquistas femininas em termos nacionais. Como o primeiro voto dado por uma mulher[241] no país, em 1928, em Mossoró, no Rio Grande do Norte. Naquele mesmo ano, Alzira Soriano[242] ganhou as eleições no município potiguar de Lajes, tornando-se a primeira mulher prefeita da América Latina. Na terra dos coronéis intolerantes da literatura, o protagonismo das mulheres na política se deu de forma contundente na vida real.

Essa anulação pode ter uma dimensão epistêmica. Embora Nísia Floresta tenha elaborado alguns dos primeiros escritos sobre feminismo e os direitos das mulheres no Brasil, ainda no

---

[241] Celina Guimarães tornou-se a primeira mulher a votar no Brasil após conquistar esse direito por meio de um *habeas corpus*, desafiando as leis da época, que não permitiam o voto feminino no país.

[242] A vitória de Alzira Soriano desafiou as normas sociais e políticas da época e abriu caminho para a participação das mulheres na política no Brasil.

século XIX, o tema é frequentemente relacionado ao Nordeste de forma jocosa, com insinuações de masculinização. Essa percepção é reforçada por figuras como Luzia-Homem, do romance homônimo de Domingos Olímpio, e Maria Bonita, maior nome feminino do cangaço. No entanto, estudos mais aprofundados sobre a companheira de Lampião revelam traços de sua vaidade e atenção com a aparência, evidenciados pelo uso de acessórios e cuidado pessoal, mesmo diante das adversidades da vida nômade que levava.

Um desvirtuamento que provoca internalizações e direciona para caminhos equivocados, como nos anos 1940, quando Luiz Gonzaga declama "Paraíba masculina, muié macho, sim, sinhô" e o verso é compreendido como um atestado do estereótipo dessa mulher pouco feminina. Porém, Gonzaga se referia, na verdade, ao próprio estado da Paraíba, que tem um substantivo feminino como nome: a Paraíba. O estado é que era a "muié macho" da canção, e não as mulheres do Nordeste.

Sobre esse tema, em particular, Dia Nobre faz uma observação interessante. No imaginário nacional, a mulher nordestina que migra, deixando sua zona de "conforto", existe como uma figura fragilizada e subalternizada, pois é recorrentemente retratada dessa maneira na produção cultural, a exemplo da própria Macabéa. Em contraste, a mulher do Nordeste que permanece, muitas vezes abandonada pelos maridos – como as "viúvas da seca" –, surge nas artes como essa "mulher-macho": uma figura que desafia o patriarcado e, ao fazê-lo, contraria o que se espera de uma personagem feminina dentro de um Brasil que diz ser "civilizado".

Isso acontece, também, porque a construção dos estereótipos é escoltada por um processo de inferência, de conclusões precipitadas. Essa dedução é fundamental para determinar o que é percebido ou negligenciado, e são esses rótulos que definem, na mente do observador, o senso de pertencimento ou de exclusão do observado em relação a um grupo específico. Assim, o nordestino ouve com mais frequência do que gostaria que não tem "a cara" da sua gente, apesar de suas raízes serem bem definidas.

Não podemos perder de vista que a permanência dos estereótipos por meio da sua reprodução é o que garante que as desigualdades reforçadas por eles se mantenham inalteradas. Adilson Moreira ressalta que essa constante repetição provoca a internalização de percepções negativas, resultando em "automatismos mentais", pelos quais características perversas são atribuídas de forma automática, sem reflexão.[243] As pessoas percebem apenas o que foi previamente definido pela cultura em que estão imersas, resultando em uma visão estereotipada da realidade. À medida que são repetidos, os estereótipos tornam-se conhecimento compartilhado. E aí, temos uma bola de neve difícil de deter.

Outro exemplo intrigante que ilustra bem essa discussão é o termo "cabeça-chata", volta e meia atribuído aos naturais do estado do Ceará. Essa alcunha hoje pejorativa pode ter sua origem associada a indígenas tapuias, que viveram ali e tinham o costume de modelar os crânios de seus bebês por meio de faixas ou amarrações, conforme registros históricos. Mas há também outra versão, validada pela historiografia, que sugere que o apelido surgiu devido à aparência dos chapéus usados pelos combatentes cearenses durante o processo de independência do Brasil, em contraste com os barretes[244] pontiagudos dos portugueses. Em *Cabeças-chatas*,[245] Leonardo Mota detalha que foram os piauienses e maranhenses que apelidaram os cearenses dessa forma. O Ceará havia enviado tropas para apoiar o Piauí e o Maranhão durante a Batalha do Jenipapo, e a partir do que os combatentes cearenses usavam na cabeça, a alcunha se firmou. Ou seja: dizia respeito à forma de um chapéu e nada mais.

---

[243] Moreira, 2024.

[244] Peça de vestuário usada para cobrir a cabeça, de tecido mole e formato variável.

[245] Mota, Leonardo. *Cabeças-chatas*. Brasília: Casa do Ceará, 1993.

Gustavo Barroso, porém, autor de *Terra de sol*,[246] de 1912, lança luz sobre a questão, já dando o formato craniano disforme como uma condição física do cearense. Ele afirma que o tipo comum no sertão nordestino – sempre a busca por um padrão – é o do "mestiço acaboclado", que detém as seguintes amarrações: "pequena estatura" e "cabeça achatada em cima e no occipital". Na sua concepção, o "verdadeiro característico do cearense"[247]. Embora a origem de "cabeça-chata" seja incerta, o termo persiste ao longo do tempo em descrições como essa. O mais curioso é que há pessoas no próprio Ceará e na região que internalizaram essa ideia de forma tão profunda que conseguem enxergar esse traço físico em si mesmas, ainda que ele possa remeter a um costume indígena ou a um acessório que se usou há mais de duzentos anos.

Além disso, é importante notar que os estereótipos estão intimamente ligados aos estigmas. São essas marcas as responsáveis pela construção de identidades sociais e culturais desprezadas pelo fato de abarcarem pessoas tratadas como diferentes ou mesmo tidas como inferiores. Esses estigmas vão aparecer em falas corriqueiras, discursos e produtos culturais – nestes, como vimos, por meio do "nordestino de folhetim", perpetuando desvantagens e mantendo o *status* privilegiado de quem os reproduz. Os estigmas, portanto, operam como elementos que limitam o acesso a oportunidades sociais. Consciente ou não, a subalternização do nordestino com o uso de afirmações depreciativas corrobora um projeto de desigualdade, no qual está claro com quem estão as vantagens e as desvantagens, e, pior, quem deve permanecer em cada posição.

As declarações iniciais sobre os nordestinos tiveram um impacto profundo na formação de sua imagem, a qual perdura até hoje, mesmo após tanto tempo. Essas narrativas não apenas

---

[246] Barroso, Gustavo. *Terra de sol*. Rio de Janeiro: Livraria São José, 1956 [1912].

[247] Barroso, 1956 [1912], p. 161.

moldaram percepções externas e internas, mas também reforçaram desigualdades sociais que seguem presentes. A influência dos discursos midiáticos é palpável na forma como os nordestinos são vistos pelo restante do Brasil. O uso de termos pejorativos e estereótipos tem raízes em uma representação superficial e enviesada, e, desde então, a realidade complexa e rica da cultura nordestina é frequentemente ignorada. Essa visão simplificada não apenas desumaniza os indivíduos, mas também esconde a diversidade de experiências e tolhe a luta pela igualdade social.

As artes desempenharam seu papel no reforço dos estereótipos. Produtos culturais, com recorrência, retratam personagens que encarnam esses reducionismos, perpetuando uma visão limitada e caricatural do povo da região. Mesmo artistas locais, ao tentar abordar a realidade nordestina, muitas vezes caem na armadilha da generalização, contribuindo para a construção de uma narrativa que reduz a complexidade da cultura e das vivências dos seus conterrâneos. Essa simplificação não só reforça os estigmas, mas também influencia a autoimagem das pessoas que pertencem ao Nordeste, levando à internalização de percepções simplistas.

O preconceito contra o povo do Nordeste remonta ao próprio nascimento do Nordeste como recorte espacial definido pelas secas. O nordestino passou a existir como personagem de uma trama cujos protagonistas eram a miséria, o atraso e a degeneração social. Um personagem que emerge como exemplar de uma raça indesejada, que servia para validar os argumentos de superioridade do "Sul", já que contrariava, por si só, os desejos europeizantes que pautavam a nação.

A ideia de que os nordestinos são inferiores ou menos capazes serve para sustentar um sistema de estratificação social que beneficia os grupos dominantes. Nesse cenário, os estereótipos funcionam como uma defesa de interesses daqueles que os criam, permitindo que as desigualdades permaneçam absolutamente inalteradas. Assim, Walter Lippmann conseguiu precisá-los: "conta-nos sobre o mundo antes de nós o vermos" e, de posse disso, "podemos continuar a sentir-nos seguros na posição que ocupamos".[248] É como a água, que está ali, envolvendo quem vive nela, mas nem todo peixe se dá conta da sua existência. E os dissabores dessa água a gente bem conhece. Os estereótipos nunca são neutros, mas, para quem faz uso deles, sempre são úteis.

---

[248] Lippmann, 2010 [1922], p. 91.

VIVÊNCIAS E DISCRIMINAÇÃO

O passado se faz presente

A construção social de que tanto falamos até aqui se refere ao processo pelo qual significados, valores e normas são criados e compartilhados dentro de uma sociedade. É uma forma de compreensão e interpretação do mundo e, por isso mesmo, influencia como diferentes grupos são percebidos. E, naturalmente, como são tratados. A construção social pode fornecer o contexto e as bases para a formação de preconceitos. E esses preconceitos, por sua vez, têm condições de fomentar e perpetuar práticas sociais discriminatórias.

Ao ouvir os nordestinos sobre suas vivências, etapa final que iniciamos agora, estes escritos não se limitam a rastrear as raízes da construção social dessa população e a forma como sua imagem foi moldada ao longo do tempo: eles também nos conduzem ao presente. Para compreendê-lo, recorremos às pessoas, melhores fontes documentais do nosso tempo. Não por acaso, as vivências surgem aqui e agora, coladas no último ato, dedicado aos estereótipos. É que a partir das experiências compartilhadas – sobre reflexos e espelhos, não deixa de ser –, um aspecto se confirma: elas são permeadas por estereótipos.

A busca foi por ouvir 27 vozes dos nove estados do Nordeste, três de cada um, abrangendo tanto habitantes das capitais quanto do interior, além de garantir diversidade étnica, social e de gênero. Assim, foi possível deslocar o pensamento hegemônico e possibilitar a fala de pessoas consideradas emudecidas; um elenco que reacomoda, a convite deste texto, o que se considera nessa imagem construída ao longo do último século. Com essa pluralidade de narrativas, chegou-se a um conhecimento que diz respeito à experiência coletiva. Ao desenrolar fios múltiplos, conseguimos entrelaçar um mapa da discriminação que não deixa de ser uma forma de resistência. Um jeito de entender o tecido do hoje, tão cheio de retalhos.

Explorar os cinco atos que alicerçaram a construção social do povo do Nordeste ganha mais sentido ao analisarmos agora como essa percepção se manifesta atualmente. É fundamental entender como os nordestinos são vistos e quais são as repercussões dessa imagem no seu dia a dia, especialmente quando estão fora da região, em deslocamento. Vamos, assim, ao encontro do que se entende como lugar de fala, pois somente aqueles que vivenciam os danos causados por um olhar torto são capazes de falar a respeito. Partimos, então, do ponto em que essas pessoas existem no mundo, de acordo com suas experiências em comum. O que se notará é que o nordestino foi construído de modo distorcido, reduzido e/ou hiperbólico no imaginário nacional.

Todas essas experiências individuais, que muitas vezes são subestimadas, representam apenas uma pequena parte de uma estrutura discriminatória muito mais ampla; mas o que foi coletado se arranja em cinco guarda-chuvas temáticos. Cinco grupos sistematizados por afirmações recorrentes, que permitiram a identificação de padrões e o estabelecimento de relações entre as vivências compartilhadas. Vamos a eles.

Padrão físico: "a cara de nordestino" e o mito do *rosto comum*

Imaginar um Sudeste onde paulistas, capixabas, mineiros e fluminenses compartilham uma única aparência física parece ser um exercício criativo complexo. Reducionismo similar segue recorrente em relação aos quase sessenta milhões de habitantes do Nordeste. Um pensamento que se manifesta em frases aparentemente inocentes, algumas até mesmo com a pretensão de serem elogiosas, mas que continuam sendo ouvidas e demandam urgente superação.

Esse entendimento limitado sobre a aparência do nordestino, que é uma das formas mais insidiosas de expressão desse preconceito, ocorre abertamente e se materializa em declarações à primeira vista inofensivas como "ah, mas você não tem cara de nordestino". Outras variações, como "nem parece nordestino" ou "não tem quem diga que é do Nordeste", também contribuem para a ideia de que possuímos uma única identidade física reconhecível, e qualquer um que desvie desse padrão é prontamente notificado, conforme observado nas vivências compartilhadas:

"Nem cara de nordestina você tem." (Eusenda, Ceará)
"Quando tá calado, não tem quem diga que é nordestino, né?" (Ramón, Alagoas)
"Eu jurava que você era daqui. Não parece o pessoal do Nordeste." (Lívia, Alagoas)

A existência dessas afirmações evidencia uma negação, mesmo que inconsciente, da miscigenação inerente à história do Nordeste e do Brasil. O Nordeste emergiu como um espaço habitado por uma população diversificada, com diferentes origens, portanto incapaz de ser resumida a uma única feição. Ademais, essas mesmas afirmações omitem que interação étnica similar ocorreu em todo o país, numa tentativa de isentar outras regiões do processo de miscigenação, como se houvesse algo desabonador naquilo que, em teoria, é orgulho nacional. Uma investida que invalida a possibilidade de nordestinos e demais brasileiros compartilharem a mesma pluralidade ou coisa pior: tenta hierarquizá-los.

Não é exagero comparar essa situação a uma cena de *Bacurau*, filme que pode ser classificado como uma mescla de faroeste e ficção científica e que retrata o extermínio de uma comunidade inventada no Nordeste que dá nome à obra.

Nessa cena específica, dois brasileiros envolvidos na tentativa de genocídio, em conversa com seus parceiros estrangeiros de crime, são questionados: "Esses que vocês mataram eram seus amigos?". O brasileiro responde: "A gente não é dessa região, a gente é do Sul do Brasil, uma região muito rica. Com colônias alemãs e italianas. Somos mais como vocês". Esta frase ecoa: "Somos mais como vocês". A demarcação da tentativa de pertencimento a "um outro" – um outro que representa uma primazia almejada por esses sulistas fictícios – é a caricatura perfeita do que se entende como argumento de superioridade. A resposta dos estrangeiros, dialogando entre si, também reverbera nesta análise: "Eles não são brancos, são? Como podem ser como nós?". Num ciclo de dominação, a frase batida e necessária ressoa: o oprimido se torna o opressor.

Buscar um rosto comum a todos os nordestinos revela ainda a internalização profunda de estereótipos, como se a nossa imagem estivesse firmemente enraizada no imaginário dessas pessoas, desde quando Euclides da Cunha destacou uma suposta "uniformidade notável" entre os sertanejos do "Norte" ao dizer que "o homem do sertão parece feito por um molde único". E não se trata apenas de qualquer imagem, e sim de uma imagem construída a partir de percepções depreciativas, afinal, o mestiço era tido como obstáculo para a evolução nacional, a ponto de ser manifestado como uma qualidade quando esse padrão é contrariado: "não tem quem diga que é nordestino".

É intrigante notar que o mesmo julgamento que rotula o nordestino como excessivamente miscigenado – e, portanto, diverso – é precisamente o que o aprisiona em um suposto padrão. Em outras palavras, a questão não é tanto sobre a miscigenação em si, mas sobre a não prevalência de traços entendidos como europeus, nosso pretenso e equivocado espelho desde a colonização.

Mas é preciso ressaltar que a presença europeia no Nordeste não se presta como argumento para sugerir que o nordestino é mais ou menos digno com base em sua ascendência ou características físicas. Essa abordagem apenas conduziria a discussão aos mesmos padrões racistas que alimentam a discriminação em questão. As passagens relativas à participação dos europeus servem apenas para ilustrar a falta de conhecimento em relação à formação étnica da população do Nordeste, como também sobre a história da região e do país. Um desconhecimento profundo e bastante datado.

A expectativa parece girar em torno das descrições dos jornais dos anos 1920, que retratavam o homem como "pequeno e descarnado, com tendência à fixação de esqueleto defeituoso", acompanhado quase sempre de um rifle ou de um jumento; a mulher definida como "raramente atraente" e "desgrenhada"; enquanto as crianças eram descritas como "peraltas maltrapilhas" que, de tão sujas, tinham "insetos à cabeça". O entendimento de padrão físico a que a população nordestina é submetida, apesar de abranger aproximadamente 27% da população brasileira, já seria um equívoco se atestasse somente desinteresse pela história dessa porção de Brasil. Suas raízes, porém, como vimos, têm origens profundas que vão muito além da simples distração. Essa história acidentada, cheia de inflexões, não impede que esse discurso siga intacto.

Os encontros subsequentes entre nordestinos e sulistas, mediados pela imprensa e por produtos culturais, também foram marcados pela presença de tipos que evocavam a imagem do mestiço rude do sertão, afligido por questões sociais agravadas pelas secas, numa representação tomada como absoluta sobre os indivíduos da região. Essa imagem foi amparada pela literatura e pelo audiovisual. Deraldo ou Severino? "Cearense ou alagoano?" Tanto faz. Afinal, "é tudo a mesma coisa". *O homem que virou suco*, citado anteriormente, ilustra o que chamamos de "efeito da homogeneidade do exogrupo", demonstrando como a individualidade é apagada em favor de estereótipos.

O exagero da cena de *Bacurau* não parece dar conta, ainda assim, do que a realidade apresenta. Regina Casé, artista conhecida pela construção de personagens nordestinas na dramaturgia brasileira, ainda que com ascendência pernambucana, é carioca. Ela parece personificar esse rosto comum ao qual nos referimos. Em um post no Instagram, feito em setembro de 2024, sobre como alguns atores ficam presos a um único papel, um usuário da rede comentou que ela faz muitas nordestinas por ter um "olhar de pobreza". Como não se lembrar da "miséria estampada nas faces", escrita lá atrás por Lourenço Filho? Ora, ela mesma, Regina, em entrevistas, repete que precisou inventar seu lugar, caso contrário, teria ficado restrita ao humor, no qual começou. Ainda assim, incorpora de modo recorrente papéis de nordestinas – ou daquela que veio de longe para crescer na capital –, sem especificação dessa origem, forasteira, nunca no centro, nem mesmo no centro narrativo. Afinal, é preciso se perguntar qual é o destino desse herói sem rosto que vem de longe. Qual é?

Inferiorização: a comparação equivocada e o mito da *subalternidade*

Outra leva de declarações que atravessam o caminho do nordestino, especialmente quando ele se desloca, são aquelas que têm a intenção explícita de inferiorizar, quer seja por meio de comparações sociais ou pela visão simplista errônea (e cômoda para quem enxerga assim) de que os nordestinos são limitados e estão em posição de desvantagem. Com base nas vivências coletadas, essas manifestações geralmente ocorrem de três formas principais: a *desvalorização cultural*, a *desqualificação da mão de obra* e o *uso de termos genéricos para designar indivíduos e grupos de maneira depreciativa*. Esses comentários surgem, quase sempre, em contextos mais agressivos, nos quais o objetivo é ofender e subjugar.

O filme *Que horas ela volta?*, de novo, nos ajuda por ser alegórico nesse ponto. Val, a empregada, recebe a filha na casa dos patrões, pertencentes à classe burguesa paulistana. Jéssica vem de Pernambuco a São Paulo para tentar o vestibular, e sua presença causa um incômodo entre os pais e o filho, quase da mesma idade. O desenvolvimento do filme segue falando desse incômodo, que culmina num ódio de classe pautado nas baixas expectativas que os patrões tinham em relação à filha de Val. Jéssica passa no vestibular, enquanto o filho do casal, mesmo com todo o aparato a seu favor, não. A presumida incapacidade de uma pessoa que vinha do Nordeste é o ponto que vira a favor, justamente, da narrativa que trazemos para cá: a inferiorização descabida.

O primeiro tipo desse grupo de declarações inferiorizantes está relacionado à *desvalorização cultural* (do que foi rotulado como cultura nordestina), incluindo sua música, dança, culinária e tradições. Muitas vezes, essas expressões culturais são vistas como menos prestigiadas em comparação com as de outras regiões do Brasil. Essa postura é o que perpetua a noção de que o que é do Nordeste é oposto ao que é moderno e urbano, numa relação em que é difícil distinguir causa e consequência. Isso resulta em uma leitura superficial e distorcida, que ignora a diversidade e a complexidade da região, tentando enxergá-la num único *frame*. A própria ideia de uma produção regional surge daquilo que não é produzido no Rio de Janeiro ou em São Paulo – e essa ideia também abarca outras regiões. Tudo aquilo que não é central é, portanto, excêntrico, separado do centro.

Ao vincular a ideia do nacional *versus* o regional à noção de poder central, surge a distinção entre uma cultura principal e aquela considerada periférica. A associação de certas práticas culturais aos primeiros migrantes do Nordeste, muitos dos quais em situação socialmente vulnerável, reforça essa noção, criando uma divisão classista que categoriza cada aspecto de acordo com seu *status* social.

As tradições religiosas também surgem aqui como alvo de declarações carregadas de preconceito, que rotulam práticas e preces de pessoas do Nordeste como pitorescas. Isso pode aparecer em situações constrangedoras, com a tentativa de impor padrões culturais considerados mais aceitáveis ou valorizados pela população dominante, em detrimento do que é dado como rudimentar. Um dos entrevistados, o cearense Odair, relatou ter ouvido de um colega, quando realizou especialização em São Paulo, a frase "tem que estudar, não adianta pedir para Padre Cícero, não", o que mais uma vez ecoa as impressões de Lourenço Filho. Foi ele quem atualizou a suposta relação entre a ignorância e o aspecto supersticioso do "caboclo nordestino", após Euclides da Cunha ter estabelecido essa ligação em *Os sertões*. Não esqueçamos ainda que um "eles" bem definido pelo atraso define muito bem um "nós" pelo progresso.

A segunda forma de inferiorização está relacionada à *desqualificação profissional* (ou acadêmica, no caso da filha de Val), na qual a mão de obra com origem no Nordeste é menosprezada e chega a ser privada de oportunidades. Essas ofensas são frequentes no ambiente de trabalho, com comentários sobre a capacidade intelectual e a disposição para a labuta. Uma percepção que nos remete diretamente ao ato inaugural, quando mostramos a retratação dos nordestinos como uma população "fatalista" e "indolente", que "vegeta por contemplação", do jeitinho que foi escrito há mais de cem anos.

Esse discurso prevalente de preconceito que associa o povo do Nordeste à preguiça, especialmente por meio de uma representação exagerada, com a imagem de um nordestino prostrado em uma rede, tem consequências profundas que vão além da discriminação e estigmatização. Essa manifestação tem um impacto econômico significativo, podendo prejudicar as perspectivas de emprego e ascensão profissional, o que por sua vez perpetua ciclos de pobreza e desigualdade socioeconômica. "Não contratamos baianos, pois são muito preguiçosos", eu mesmo ouvi essa frase de um chefe de gabinete, no Congresso Nacional, em Brasília. Uma ideia falaciosa que limita chances de crescimento e de desenvolvimento pessoal, muitas vezes em conjunto com mais fatores, como cor da pele, gênero e outras características que, devido às estruturas sociais, podem nos afastar de oportunidades.

Uma das entrevistadas, a paraibana Rayssa, que trabalhava como auxiliar no setor de vendas de uma concessionária de automóveis de luxo em São Paulo, relatou que se empenhou fortemente para conseguir uma promoção, apresentando os melhores resultados entre os concorrentes. No entanto, não foi promovida, enquanto colegas contratados posteriormente e que apresentaram produções inferiores à dela, sim. Rayssa decidiu então conversar com seu superior, para entender os motivos da decisão, e foi surpreendida ao ouvir que, como o automóvel vendido era sofisticado, havia o receio na empresa de que uma nordestina não fosse capaz de transmitir a ideia de sofisticação ao cliente. Um caso no qual se pode entender como os estereótipos são capazes de afetar as oportunidades de ascensão profissional.

Essa afetação pode exigir até mesmo uma suposta mudança de endereço. O piauiense Elias, outro entrevistado, compartilhou sua experiência de trabalhar em uma empresa de serviços de tecnologia remota: devido aos obstáculos enfrentados por ser do Nordeste, foi preciso adquirir para ela uma caixa postal em São Paulo. Essa mudança aparente de endereço, incluindo a alteração do DDD (discagem direta à distância), tornou-se uma estratégia para se colocar no mercado, evidenciando entraves enfrentados simplesmente pela empresa ser originária do Nordeste. Após essas adaptações, mesmo com toda a equipe sendo nordestina, o endereço em São Paulo e o código de área 11 ajudaram a empresa a ganhar credibilidade e, consequentemente, a conquistar novos clientes.

Cabem aqui as noções de dimensão descritiva e de dimensão prescritiva dos estereótipos, de Adilson Moreira – ele outra vez. Na primeira, são atribuídas supostas características aos grupos minoritários, presumivelmente presentes em todos os membros e consideradas imutáveis. "Eles são todos assim e pronto". Já na segunda dimensão, delineia-se o lugar que os indivíduos pertencentes a esses grupos podem ocupar, o que nos leva diretamente a essa inferiorização da mão de obra nordestina, com condições de limitar o acesso a oportunidades sociais.

O terceiro grupo de declarações com intenção de inferiorizar contempla falas também visitadas no primeiro ato, que recorrem a *termos considerados ofensivos* devido à carga depreciativa que possuem, como "paraíbas", "baianada" e "paus de arara". Essas expressões remontam a um passado de desvalorização dos trabalhadores com origem no Nordeste, especialmente em meados do século XX: remontam à depreciação da mão de obra migrante. São expressões que lembram períodos em que as pessoas e suas histórias de vida eram diminuídas diante do contexto social, reduzidas a uma massa de trabalhadores e nada mais. Não é preciso muito para dizer que, ao reproduzi-las, revela-se mais sobre quem as profere do que sobre os próprios nordestinos.

As frases ouvidas pelos entrevistados, presentes nas suas vivências, corroboram o que está em discussão:

"Lá vem o comedor de cuscuz achando que é gente." (Ivan, Bahia)
"Mas esses nordestinos são muito preguiçosos mesmo, não são?" (Gabriela, Pernambuco)
"Tem algum 'pau de arara' aí no meio? Deve ter, sempre tem." (Galdino, Sergipe)

Esse pensamento mais agressivo, que limita e inferioriza, pode se manifestar de maneira física ou intimidatória. O ato sobre oposição, de número 4, já nos situou sobre isso. Victor, paraibano, compartilhou conosco detalhes de um incidente perturbador que lhe aconteceu durante uma viagem a São Paulo. O empresário relatou que ele, seu pai e seu sócio estavam saindo de um prédio próximo à Avenida Paulista, indo em direção a uma padaria, quando foram abordados por dois jovens aparentemente na casa dos 20 anos, cada um segurando uma garrafa de vinho. Sem interação prévia, após ouvi-los conversar, os jovens começaram a fazer comentários provocativos como: "Tá me tirando, Ceará?". Eles foram perseguidos pelos dois, que os ameaçavam verbalmente e chegaram a insinuar que quebrariam as garrafas sobre suas cabeças. Depois de minutos desconfortáveis e alarmantes, os três conseguiram entrar na garagem de um prédio para pedir ajuda aos seguranças.

A perpetuação dessa inferiorização não parece fruto de inconsciência quando se percebe que ela aprisiona os nordestinos a uma suposta ignorância e subordinação, criando obstáculos para que seja revista essa ordem social e que eles possam assumir papéis de destaque na sociedade. Uma vez mais, a *nordestinidad* de Rachel de Queiroz.

"É patente a sua degeneração, que se afirma em taxa progressiva, quer considerada pelo lado físico, quer pelo intelectual", diz uma das "Impressões do Nordeste" de 1923. Reincidir é como uma tentativa de manter os nordestinos aprisionados a essas linhas ou às narrativas de quando são retratados – daquele jeito – na TV. E por mais que algumas abordagens ficcionais tratem de um capítulo do passado, não determinam a história de todos os outros nordestinos, incluindo os que estão por vir. A perpetuação é, no fundo, um meio eficaz para impedir que uma população subalternizada ascenda e assuma posições de liderança. Uma nova postura requer que aqueles que desfilam preconceitos renunciem aos privilégios que advêm dessa celeuma. E renunciar a privilégios nunca pareceu urgente para quem tem a perder.

Não há como não lembrar aqui a didática da jornalista Sônia Bridi ao desconstruir a falácia da meritocracia em uma matéria sobre desigualdade social para o *Fantástico* em novembro de 2020. O vídeo, sempre que o tema volta à discussão, ressurge nas redes sociais. Diante de três escadas – uma fixa e duas rolantes –, ela explica que é preciso reconhecer que subir na vida não é questão de mérito. Todo mundo quer que isso aconteça, mas nem todos têm acesso à mesma escada. Alguns conseguem avançar lentamente, com esforço próprio, como quem sobe degrau por degrau de uma escada fixa. Outros, poucos, têm tudo a seu favor, subindo confortavelmente pela escada rolante. Já para a maioria dos brasileiros que tenta subir pela escada rolante que desce, como fazem muitos nordestinos, é uma luta inglória. Por mais que se esforcem, não conseguem sair do lugar, quase sempre definido pelo "outro". E só há uma maneira de mudar esse quadro: removendo as forças que sempre os empurram para baixo.

Exotização: a linguagem e o mito do *sotaque único*

"Esse seu 'sotaque nordestino' é muito [...]". Engraçado, fofo, sensual, gostoso? Complete a frase se você, do Nordeste, já ouviu comentários a respeito do suposto "sotaque nordestino" que, pela lógica linguística de quem os observa, corresponde a um jeito comum de falar que perpassa toda a região. Complete a frase também se você, não nordestino, já a pronunciou. Longe de questionar as intenções por trás desses comentários, é importante entender o que eles ecoam.

Assim como no Nordeste há uma diversidade de rostos, também há uma diversidade de sotaques. Quem é do Recife não fala como quem é de Salvador, que por sua vez não fala como quem é de Fortaleza. Portanto, qualquer menção a um "sotaque nordestino" carece de sentido, pois esse suposto acento abrangente simplesmente não existe. Da mesma forma, os belo-horizontinos e cariocas não se assemelham na forma de falar, assim como os curitibanos e porto-alegrenses têm suas próprias nuances linguísticas.

Essa falsa ideia de homogeneidade na fala encontra respaldo no discurso padronizador que cerca os nordestinos, em especial, sua representação na teledramaturgia, como bem vimos no último ato. É verdade que esse falar nordestino começou a ser inventado pela literatura, mas foi com o "nordestino de folhetim" da televisão que a ideia de um Nordeste enlatado se estabeleceu, de acordo com a qual todos falam da mesma maneira, usando excessivamente expressões muitas vezes ultrapassadas, mas consideradas típicas de um suposto "nordestinês". Uma prática que desconsidera as diversas culturas e geografias da região e exagera nas entonações, para criar caricaturas, principalmente quando o gênero é comédia. Não à toa, Renato Aragão e os também comediantes Chico Anysio e Tom Cavalcante, por exemplo, firmaram-se no gênero, mesmo sendo artistas com uma trajetória que poderia tê-los conduzido a qualquer estilo. A relação inerente entre a fala e a sátira do nordestino, aqui, é histórica.

Essa questão nos leva a outra discussão importante, na indústria do cinema e da televisão. Frequentemente, atores de fora do Nordeste são escalados para interpretar personagens nordestinos, resultando em representações caricatas e muitas vezes até ofensivas. O oposto, porém, não se vê acontecer. Além disso, a construção de personagens nordestinos muitas vezes é tão pautada pelo determinismo que conflitos e traços de personalidade se tornam secundários, e aí não se tem uma pessoa na trama que por acaso é do Nordeste, mas "um nordestino", e essa definição parece ser suficiente.

Henrique, um dos nossos entrevistados, ator e dramaturgo potiguar, afirmou que "ao fazer testes, sobretudo para produções audiovisuais, ou você tem 'sotaque demais' ou 'não é nordestino o suficiente'". Essa vivência compartilhada por ele revela dois aspectos importantes: em primeiro lugar, como um sotaque pode comprometer a adequação do personagem à narrativa planejada, já que a presença de "sotaque demais" seria capaz de desviar o papel do que foi originalmente concebido na trama. E, em segundo lugar, como há uma expectativa por um tipo específico de nordestino que se encaixe nos estereótipos existentes, a ponto de um ator nordestino perder um papel devido a não ser considerado "suficiente" da própria região para preencher esse ideal preconcebido.

Como os estereótipos sobre aparência e comportamento se revelam desmedidos, constituindo apenas enganos e exageros que não correspondem à realidade, os sotaques têm, com efeito, a condição de atestar a origem do indivíduo, e, por isso mesmo, ele é tão reincidente em comentários discriminatórios. Marcos Bagno, autor de *Preconceito linguístico*, diz o seguinte: "os sotaques são as manifestações mais imediatas da identidade linguística dos falantes. Ao abrir a boca para falar, todo e qualquer falante [...]

exibe os traços prosódicos característicos de sua variedade linguística".[249] Enquanto a verdade costuma desmentir os estereótipos, os sotaques tendem a afirmar as origens das pessoas.

Essa identificação imediata pode levar a constrangimentos, às vezes acompanhados de elitismos e outras mentalidades de superioridade, a exemplo do caso de um professor nordestino, docente de uma respeitada universidade do Paraná, relatado por um entrevistado. Na primeira aula do semestre, o professor foi interrompido por um aluno que decidiu abandonar a disciplina, argumentando que só admitia um sotaque semelhante ao do professor em locais como na cozinha da sua casa ou na portaria do prédio onde morava. De encontro à dimensão prescritiva dos estereótipos: o lugar que um nordestino e seu sotaque podem ocupar.

A ideia do falacioso sotaque único não raras vezes vem acompanhada pela noção de que o uso incorreto do português é próprio da região, como se todos falassem como Luiz Gonzaga em "Assum preto", sobre um pássaro que "veve sorto, mas num pode avuá". "Tarvez" isso aconteça por pura "ignorança". Esse estereótipo de "caipirismo" segue pautando a retratação do nordestino, perpetuando a ideia de que falar de maneira "errada" é uma característica intrínseca à sua identidade. Na construção de personagens da região, parece que a representação só está completa se lhes faltar a gramática, isto é, se houver desvios das normas estabelecidas pela língua.

Não por acaso, uma das vivências compartilhadas, contada pela professora norte-rio-grandense Nayana, ilustra a confusão entre sotaque e respeito à linguagem formal. Um dos seus alunos do Ensino Fundamental I, no Paraná, contou a ela que o pai havia ficado "chateado" no dia anterior pelo fato de o garoto de 10 anos ter falado com o mesmo sotaque da professora em casa. Ela quis saber então qual palavra ou expressão o aluno tinha reproduzido com tons e inflexões similares, apenas por curiosidade. "Meu pai

---

[249] Bagno, Marcos. *Preconceito linguístico*. São Paulo: Parábola, 2015. p. 276 e 277.

falou que a gente iria para o cinema e aí eu perguntei: 'Nós vai ver qual filme?'. Aí ele disse que 'nós vai' não existe, que isso era coisa de nordestino e que eu estava aprendendo errado com a minha professora do Nordeste". Pacientemente, ela explicou se tratar de um erro de concordância verbal, jamais cometido em sua sala de aula, sem qualquer relação com pronúncia regional.

> "Falar errado é coisa de nordestino." (Nayana, Rio Grande do Norte)
> "O jeito que vocês falam é muito engraçado." (Mirna, Bahia)
> "Você tem que maneirar esse 'sotaque nordestino'." (Camila, Maranhão)

Outro aspecto relevante é a imposição de um sotaque "neutro", especialmente no jornalismo. É de conhecimento comum o aconselhamento velado (ou explícito mesmo) que se faz a jornalistas de TV para a invisibilização do sotaque, seja de que lugar for do país, em favor de um sotaque mais "limpo", o mais próximo possível do carioca ou do paulistano – em tese, o sotaque do "centro". Mas ainda que isso se aplique a outras regiões que não só a nordestina, é de lá que a marca de diferenciação precisa ser mais urgentemente apagada em favor do "Sul".

Para ilustrar: a maranhense Camila, repórter de TV, foi orientada por um chefe a "neutralizar" seu sotaque antes de aparecer diante das câmeras, adicionando chiados que não são comuns em seu modo de falar. E assim, "teatro" e "comédia", com as consoantes "t" e "d" pronunciadas como estão escritas, teve que ceder lugar a novas pronúncias: "tchiatro" e "comédjia". Esse sotaque alegadamente neutro é comumente imposto aos "de fora" que chegam a uma grande emissora de rádio ou de televisão. Bagno lembra que, no Brasil, a pronúncia dada como padrão é aquela resultante de uma síntese de falas dos mais letrados das grandes cidades do Sudeste, evidenciando o caráter elitista dessas atitudes e afirmações.

O suposto "sotaque nordestino", portanto, é um dos elementos que contribuem para a estereotipação do variado povo da região. Não vemos esse reducionismo quando se trata dos sudestinos, cujos sotaques nunca são simplificados a um único padrão. São múltiplas formas de falar e não apenas uma. Exotizar os sotaques do Nordeste é não os compreender. É internalizar a noção de que há uma maneira "correta" de pronunciar, quando na realidade todos possuem algum tipo de sotaque, inclusive você, que lê este livro agora, mesmo que em silêncio. A homogeneização quase sempre vem acompanhada dessa exotização.

Além de serem ouvidos como iguais, há também uma percepção de algo peculiar na maneira de falar dos nordestinos. Esse entendimento de que as pessoas do Nordeste são exóticas e pitorescas é um flerte com o naturalismo, o mesmo que dizia que éramos produtos do meio. É quando adjetivos entram em cena para garantir mais categorizações: comicidade, encantamento e sensualidade. Embora tudo pareça inocente à primeira vista, e às vezes pode até ser, imaginar um falante do português europeu descrevendo a pronúncia brasileira como engraçada, fofa ou até mesmo sensual não parece, pelo menos enquanto exercício imaginativo, algo que será aceito com naturalidade.

Se por um lado a língua pode funcionar como um fator de aproximação, por outro, é uma das questões mais visadas nas práticas discriminatórias. Apesar de o sotaque exercer um papel significativo nas avaliações socioculturais, a suposta hierarquia entre as diferentes variações da entonação é uma construção que serve apenas para legitimar relações de poder e estatutos sociais. Estes dizem respeito ao *status* que indivíduos ocupam dentro de uma sociedade, refletindo no modo em que são percebidos e nos privilégios aos quais têm acesso.

O pensamento arcaico que hierarquiza o dito centro financeiro do país, em detrimento de qualquer região que esteja supostamente à margem, encontra raízes na ideia que Marcos Bagno menciona em sua *Gramática pedagógica do português brasileiro*. O linguista nos lembra o que o escritor e poeta Ferreira

Gullar, um maranhense, colocou no papel em 2008, em sua coluna na *Folha de S.Paulo*, sobre quem seria o povo. Sua questão: "Aquela gente nordestina, magricela, tostada de sol, que mal sabe falar?".[250] Temos aqui, alerta Bagno, não apenas uma distorção profunda da ideia de língua, mas também uma concepção mais rudimentar do que a própria noção que ele tem sobre ela: a crença de que o que é diferente é inferior. Não é preciso retomar os méritos acadêmicos da região para sabermos da improcedência dessa fala, mas é necessário lembrar que só não sabe falar aquele que não articula a língua, ou por questões cognitivas ou por incapacidade motora, e esse não parece ser o alvo de Gullar que, mesmo nordestino, rende-se ao discurso do "Sul". Aliás, existe o perigo de que a fala dele seja validada ainda com mais veemência justamente por sua origem.

Marcos Bagno não poupa: "Não existem 'línguas primitivas'. Existem, isso sim, opiniões, preconceitos, mitos, lendas, ilusões, fantasias – elas, sim – primitivas, toscas, tacanhas e bisonhas – quando não explicitamente fascistas. E é desse tipo de ignorância que temos a obrigação de nos livrar".[251] A língua é instrumento de dominação, e é essa dinâmica que permite quem se diz centro definir e classificar o outro, determinando quem fala certo e quem fala errado. E o errado, sabemos, nunca é definido por quem está na mira do julgamento.

Apagamento: a negação intelectual e o mito da *narrativa pronta*

Chimamanda Ngozi Adichie,[252] autora nigeriana, empresta-nos um conceito que neste capítulo ganha força: o mito da história

---

[250] Bagno, Marcos. *Gramática pedagógica do português brasileiro*. São Paulo: Parábola, 2021. p. 96.

[251] Bagno, 2021, p. 97.

[252] Adichie, Chimamanda Ngozi. *O perigo de uma história única*. São Paulo: Companhia das Letras, 2019.

única, que aqui chamaremos de narrativa pronta. Ao contar da sua mudança para os Estados Unidos, quando conhece sua colega de quarto, a escritora é recebida com a surpresa de quem esperava outra pessoa, uma pessoa que trouxesse, junto com o fato de que vinha da África, uma série de estereótipos que envolviam pobreza, guerras e falta de instrução educacional. O que sua colega encontra é uma estudante proveniente de uma família de classe média e que teve uma infância feliz. Isso não corresponde à história que povoa o imaginário de boa parte dos estadunidenses sobre a África. Ao elaborar sua experiência de ser reduzida, ainda que pareça contraditório, a um continente inteiro, Chimamanda nos ajuda a elaborar também o que acontece, numa escala menor, mas não menos expressiva: uma região diante de um país.

Sobre sua colega de quarto, ela diz: "Sua posição padrão para comigo, como uma africana, era um tipo de arrogância bem-intencionada, piedade. Nenhuma possibilidade de sentimentos mais complexos do que piedade".[253] Algo parecido acontece com o Nordeste. É impossível a muitos brasileiros pensar que haja outra história, além das pautadas pela miséria e pela restrição. E é aí que entra o poder, que, nas palavras muito assertivas de Chimamanda, as quais nos ajudam a explicar o que acontece aqui, é o personagem central: "Como são contadas, quem as conta, quando e quantas histórias são contadas, tudo realmente depende do poder. Poder é a habilidade de não só contar a história de uma outra pessoa, mas de fazê-la a história definitiva daquela pessoa".

Ao longo dos anos, a redução do Nordeste à carência e à ignorância foi tão eficaz que, da mesma maneira que se faz com uma ideia genérica de África, contribuições intelectuais e científicas provenientes da região são constantemente omitidas.

---

[253] O perigo de uma história única. [S.l.: s.n.], 7 out. 2009. 1 vídeo (19 min. e 16 seg.). Publicado pelo canal TED. Disponível em: https://www.youtube.com/watch?v=D9Ihs241zeg. Acesso em: 14 abr. 2025.

Ou, pelo menos, não se estabelece a associação entre o feito e seu lugar de origem. Embora o Nordeste tenha fornecido ao Brasil juristas, médicos, cientistas, músicos, pintores e escritores renomados, é comum que a sua população seja subestimada e até mesmo marginalizada. Longe de querer oferecer um argumento de defesa para provar a competência intelectual nordestina, é preciso saber que esse apagamento atravessa as experiências discriminatórias do presente, as experiências de uma história única. Ou de uma narrativa pronta.

Não há como tratar dessa ocultação da produção social, cultural e científica nordestina sem repassar o conceito previamente explorado de epistemicídio, por referir-se justamente ao apagamento sistêmico de produções e saberes construídos por grupos oprimidos. Essa dinâmica se torna evidente quando as ofensas se estruturam em argumentos intelectuais que negam qualquer contribuição advinda do nordestino ao saber nacional.

Esse apagamento, portanto, está associado a processos de exclusão social e cultural e reflete desinteresse e desconhecimento, além de preconceito, claro. Mesmo com colaborações significativas para a cultura e a ciência nacionais, o Nordeste é comumente visto como periférico em relação ao Sudeste, numa perspectiva tão engessada que feitos antigos e novos seguem despercebidos, como se não pudessem ser admitidos em um lugar considerado impróspero, habitado por uma população percebida como indolente e incapaz: o pacote que faz parte do imaginário nacional.

Isso se manifesta de forma flagrante em declarações depreciativas, comumente encontradas em discursos xenofóbicos nas redes sociais em períodos eleitorais, mas também pode se apresentar de maneira mais sutil, disfarçada sob a forma de um pretenso elogio, ao promover o interlocutor à condição de exceção: "Mesmo sendo do Nordeste, você se mostrou muito competente". Nesse contexto, elogia-se a realização de um indivíduo, mas é ressaltado que esse feito é uma excepcionalidade, considerando seus semelhantes e o lugar de onde ele provém. Como se isso, em princípio, não fosse esperado.

São expressões frequentes, que recorrem a conjunções e locuções perigosas, como "embora" e "apesar de", para destacar uma qualidade de alguém do Nordeste. Afirmar que uma característica elogiosa de uma pessoa é inesperada em razão da sua procedência geográfica é menosprezar todos os seus conterrâneos, como se um insulto a familiares e amigos potencializasse a dignificação de alguém. Ao enaltecer a qualidade de uma pessoa e criar um contraste com os demais, como fator surpresa ou quebra de expectativa, o apagamento se soma ao fatalismo a que os nordestinos estão condenados. Nada do passado ou do presente parece se relacionar com essa qualidade inesperada, que surge feito uma dissonância em meio a defeitos e reprovações, conforme observado nas vivências compartilhadas:

"Mesmo sendo do Nordeste, ela se revelou uma grata surpresa." (Mariana, Rio Grande do Norte)
"Hum... Do Nordeste. Mas você tem conhecimento sobre isso?" (Thais, Sergipe)
"Ele é diferente, viu? É muito competente, apesar de não ser daqui." (Carlos, Paraíba)

É essa perspectiva que apaga as origens de grandes nomes, ignora a existência de obras significativas, anula conquistas admiradas e se espanta com qualquer feito que contrarie a narrativa pronta. Afinal, em uma terra que supostamente só gera retirantes, nutridos apenas de sofrimento, não há espaço para quem possa assumir honras. E se alguém ousar contrariar essa ideia, é válido investigar: será que não foi o "Sul" que ofereceu essa oportunidade? Afinal, é lá (e somente lá) que se acredita ser possível alcançar a tão almejada redenção.

Recuperemos o exemplo de Regina Casé. A atriz, que nunca interpretou "mocinhas" e deu vida a diversas personagens nordestinas estereotipadas, a pessoas em deslocamento, marcadas por tragédias que permeiam suas histórias desde o início das tramas. Foi depois de anos de carreira, no entanto, que ela ganhou sua primeira protagonista em novela das nove da Globo, o que, sabemos, no Brasil, é horário nobre, é reconhecimento de trajetória. Em *Amor de mãe* (2019), de Manuela Dias, interpretou Lurdes, uma potiguar com quatro filhos que se muda para o Rio de Janeiro, onde os sustenta trabalhando como babá e empregada doméstica, em busca do quinto filho, vendido pelo pai. Até o final da novela, apesar de superar a pobreza extrema, ela continua a vivenciar uma personagem dramática, cuja redenção completa se concretiza ao encontrar o filho perdido.

Agora olhemos para Maria do Carmo, da novela *Senhora do destino* (2004), também da Globo, interpretada por Susana Vieira. A personagem é uma nordestina que, após ser abandonada pelo marido, enfrenta inúmeras dificuldades para criar seus cinco filhos sozinha. A trama parece familiar. Determinada a dar um futuro melhor para a família, ela sai do interior de Pernambuco e se muda para o Rio de Janeiro, onde também perde uma filha. Vinte e cinco anos depois, Maria do Carmo se transforma em uma mulher forte e bem-sucedida (isso na capital fluminense), tornando-se empreendedora e dona de uma loja de material de construção que leva seu nome.

Essas personagens buscam retratar a folclórica superação de muitos migrantes nordestinos no "Sul". No caso de *Senhora do destino*, traz referências biográficas do autor, Aguinaldo Silva, que deixou sua cidade natal, Carpina, em Pernambuco, para viver no Sudeste. As narrativas sugerem que o Sul, ou o Sudeste, é a única via de redenção para esses personagens, em sua busca por espaço e identidade. A noção implícita é de que apenas o deslocamento poderia proporcionar reparo.

O apagamento se estende, não raras vezes, ao ambiente, solidificando a imagem do Nordeste como uma terra improdutiva e estagnada. E aqui, a concepção de um espaço desprovido de atividade econômica significativa e de produção relevante remete a interrogações do passado: o lugar árido define o povo ou o povo inerte define o lugar? Um exemplo ilustrativo dessa ideia de uma terra alheia perdida no tempo foi dado pelo paraibano Gustavo, que compartilhou suas vivências de como algumas pessoas acreditam que "a Paraíba não é desenvolvida a ponto de não ter internet ou Coca-Cola". Ora, que lugar idílico ainda sobreviveria longe das garras do capitalismo? Só mesmo um imaginário otimista – e limitado, quase ingênuo (só que não) – dá conta disso.

Nos primeiros escritos e nas representações que se seguiram, não há menção aos feitos intelectuais e científicos do Nordeste, tampouco a sinais de desenvolvimento e progresso, como se simplesmente não existissem. O olhar se fixa na seca, na violência e no fanatismo, enquanto o nordestino, quando descrito, carrega sempre a marca da depreciação já conhecida. Qualquer narrativa que contrarie esse enquadramento surpreende, pois desmonta um arcabouço de ideias que sustenta a visão de mundo daqueles que o perpetuam. Tudo o que escapa desse padrão provoca espanto, e até um elogio só pode vir em forma de concessão. Se houver redenção, que seja fora do Nordeste – mais uma vez, a reafirmação de interesses e a necessidade de se garantir uma ordem estabelecida.

Reducionismo: a ideia de vizinhança e o mito de *um só lugar*

O Nordeste quando não é seca, são praias. O nordestino, quando não é bobo, é um sofredor. Essas simplificações exageradas permeiam as narrativas sobre a região. Esse quadro caricato, fatalista, com tipos simplórios, entretanto, não reflete a diversidade e a riqueza que o Nordeste oferece com a sua população, geografia e cultura. Todos os caminhos levam ao reducionismo. É no espectro bastante limitado dos estereótipos que reside a manutenção do preconceito.

Em vídeo publicado em 2021,[254] a produtora Porta dos Fundos faz uma sátira de uma situação muito comum a nordestinos: a redução geográfica a uma mera vizinhança. Durante uma reunião virtual conduzida por uma colega de Recife, interpretada pela atriz Ademara, um novo colaborador paulista, vivido pelo ator e escritor Gregório Duvivier, tem uma breve interação com ela, até o fatídico momento em que a recifense pergunta de onde ele é. Ao descobrir que o novato é de São Paulo, uma inversão da situação corriqueira enfrentada pelos nordestinos se inicia. Primeiro, há a confusão geográfica, que poderia ser esclarecida com algumas aulas de geografia ou, hoje, com uma rápida consulta ao Google Maps. Em seguida, surgem as repetições do estereótipo turístico, até que chegamos ao que realmente se encaixa nesse emaranhado de confusões e preconceitos: a ideia de que todos se conhecem.

De tão reduzido, o Nordeste é relegado, por vezes, a narrativas provincianas. "Eu conheço outra pessoa do Nordeste. Você sabe quem é?": eis uma pergunta recorrente nas experiências compartilhadas. Como se alguém de Natal conhecesse todos os moradores do sul da Bahia, ou como se um sergipano desse conta de quem são os habitantes das ilhas do Maranhão. No vídeo, intitulado "Sudestino", os atores apresentam um diálogo que reflete bem essa vivência: ao constatar que o colaborador é paulista, a colega começa: "São Paulo é Sul ou Sudeste? Eu sempre confundo". E a confusão geográfica tenta acessar pastas vazias de conhecimento: "Tu tá aí comendo teu pãozinho de queijo com chimarrão". Em seguida, ela lança uma difícil explicação: "Vai se acostumando, porque, aqui, desceu do Espírito Santo é tudo um grande Sudeste, entendesse? Um monte de gente branca comedora de pinhão".

---

[254] Sudestino. [S.l.: s.n.], 19 jul. 2021. 1 vídeo (4 min. e 01 seg.). Publicado pelo canal Porta dos Fundos. Disponível em: https://www.youtube.com/watch?v=1E9gAWSxjx4. Acesso em: 14 abr. 2025.

Meio constrangido, o personagem de Gregório segue incrédulo, vendo até onde a conversa vai. E ela desemboca nessa ideia de que todos são conhecidos: "Rapaz, tô lembrando aqui que fiquei com um sudestino uma vez. Pedro, o nome dele. Será que tu não conhece? Ele é ali da Barra da Tijuca. [...] Olha, não me pergunte o sobrenome, não. Porque esses sobrenomes italianos de vocês. [...] Tu já deve ter esbarrado com ele em algum momento, que fala desse mesmo jeitinho que tu. Fala 'dji', 'tchi'. Com certeza tu conhece". A sátira, mais fiel do que deveria à realidade, é uma cortesia muito bem-vinda à ilustração de nossos diálogos mundo afora. Para muitos sudestinos, o Nordeste é uma pequena vila, onde todo mundo é familiar.

É mais ou menos assim que percebemos os anúncios genéricos de agências de turismo promovendo "férias no Nordeste", sem precisar muito bem em que cidade ou estado, porque tudo é embalado como uma coisa só. E se é uma coisa só, faz sentido a busca por encontrar uma conexão pessoal com base na origem nordestina, desconsiderando a individualidade dos habitantes. Esse questionamento puxa de novo o reducionismo para o diálogo, com o reforço do caráter exótico que não é cortês e que acessa diretamente a pasta da cisão entre "nós", quem não é do Nordeste, e "eles", os nordestinos. Esse tipo de abordagem não é isolada e se manifesta de várias formas, tanto em relação às pessoas e suas histórias quanto aos lugares, conforme os casos acessados:

> "Veio procurando emprego, né? Tem muita gente que trabalha aqui que é do Nordeste. Vocês vão se dar bem."
> (Virgínia, Maranhão)
> "Eu não sei como vocês trocam aquelas praias por isso aqui." (Hiran, Ceará)
> "Ele também é do Nordeste, talvez vocês se conheçam."
> (Marlos, Pernambuco)

Quando não é expresso de forma explícita, o preconceito pode se manifestar de modo sutil, por meio de microinsultos.

Temos aqui formas de comunicação atravancadas que evidenciam uma falta de sensibilidade em relação à experiência, tradição e identidade cultural de um grupo de pessoas, podendo ser diretos ou implícitos. Eles também podem assumir a forma de mensagens ou representações culturais derrogatórias. Esses microinsultos, muitas vezes alegados como sem intenção, refletem a superioridade percebida de um grupo dominante sobre grupos minoritários, contribuindo igualmente para a manutenção de hierarquias sociais.

E aí, cabe dizer mais uma vez, esse reducionismo do qual estamos falando pode se manifestar nas palavras das próprias vítimas, também como uma forma de autodefesa, mesmo que suas intenções sejam nobres. Na ânsia de se protegerem de estereótipos, muitos nordestinos acabam por reproduzi-los inadvertidamente ao tentarem conferir uma conotação positiva a aspectos exageradamente interpretados como negativos. Essa prática pode, na verdade, fortalecer estereótipos e contribuir com a própria redução. Parece inofensivo pensar que é possível combater o preconceito ao afirmar como positivo o que é percebido como negativo. Pelo contrário, essa postura tem força para perpetuar estigmas e reforçar o que demanda superação.

Quando Henri Tajfel, a quem já chamamos para este debate algumas vezes, se une a John Turner,[255] eles nos apresentam o conceito de "criatividade social", contribuindo significativamente para a discussão. Esse conceito diz respeito aos esforços de um grupo para melhorar a própria avaliação pela sociedade. Um dos caminhos possíveis é justamente a aceitação de características que os definem como categoria social, tentando mudar, entretanto, seu sistema de valores, de modo que se promova uma reavaliação positiva de uma característica dada como negativa. A "criatividade social" contempla essa reinterpretação da posição do grupo na sociedade de maneira positiva por ele mesmo, o que

---

[255] Tajfel, Henri; Turner, John C. The Social Identity Theory of Intergroup Behavior. *European Journal of Social Psychology*, v. 1, 1971.

abriria portas para uma mudança social, isto é, uma alteração na estrutura social existente. Esse resultado, porém, nem sempre é possível – estamos cientes – e o esforço passa, primeiro, pela aceitação das acusações e depreciações como verdade.

Tudo isso colide com a ideia de que nada pode ser reduzido, mesmo em um país de proporções continentais. Nem o continente africano pode ser resumido a um único lugar, nem o continente asiático. O Nordeste não é uma entidade homogênea; existem vários "Nordestes", cada um com características climáticas, humanas e culturais distintas. Como destacou Gilberto Freyre: "Dentro da unidade essencial, que nos une, há diferenças às vezes profundas".[256] Nem mesmo no Carnaval há consenso quanto ao ritmo e à dança. Essa diversidade não é apenas cultural, mas também social. É essa perspectiva de enlatamento que insiste em tratar o Nordeste no singular.

A simplificação excessiva é o que permeia as discriminações recorrentes, sendo o ponto de convergência que une todas as manifestações de preconceito. A ideia de que o Nordeste e os nordestinos possuem um roteiro comum: um passado como retirante, um presente marcado pela desconfiança e exotização e um futuro de possibilidades limitadas.

Reduzir o Nordeste e sua população é a estratégia do passado que permanece vivíssima no presente. Uma estratégia eficaz para encolhê-los. O preconceito e os estereótipos, então, alinham-se como uma maneira de desqualificar, de impor-se, a partir do rebaixamento social. Como se vê, os estereótipos estão carregados de sentimentos presos a eles. É que os estereótipos não surgem do nada, já sabemos, assim como não permanecem por acaso.

---

[256] Freyre, 2004 [1937], p. 46.

Notas finais

Propor uma investigação a respeito da pedra fundamental do preconceito contra o nordestino exige fôlego. E não há como chegar ao fim sem olhar novamente para o início. As narrativas que contrastaram a ruína do "Norte" com a prosperidade do "Sul" ajudaram a criar uma dicotomia. Havia um Brasil próspero e outro em adversidade, uma divisão reforçada por teorias eugenistas e conflitos de poder. Foi nesse contexto de olhares de reprovação que o sertanejo da porção Norte do Brasil foi definido, na literatura, com descrições que valeram uma cobiçada vaga na Academia Brasileira de Letras. Não há como não pensar que esse caminho não tenha sido feito com aplausos.

Depois que algumas palavras já estavam prestes a se entranhar nos discursos que viriam, o novo espaço se firmou, no início do século XX, por força da burocracia estatal. O Nordeste foi pensado para delimitar uma parte do "Norte" onde havia a incidência das secas. A medida dava uma falsa fronteira ao fenômeno e apontava, sob o ponto de vista geográfico – e político –, para a associação direta entre o termo "Nordeste" e tudo o que estava relacionado às estiagens: suas mazelas, os flagelados e os retirantes. Imagens que seguem vendáveis até hoje.

O reconhecimento desse recorte espacial foi acompanhado pelo direcionamento de recursos substanciais para amenizar os efeitos da irregularidade de chuvas. De certa forma, aquilo que maculava o Nordeste também poderia ser responsável pela sua redenção. A iniciativa de um presidente conterrâneo fez crescer a tensão político-econômica, que nunca cessou. O surgimento do conceito de "Nordeste", ainda sem lugar certo no imaginário nacional, despertou uma série de sentimentos, e a imprensa e a produção cultural se fizeram meios para defini-los e expressá-los.

Estamos falando de quando o "Sul" passou a perceber o Nordeste enquanto entidade distinta e de quando os próprios nordestinos começaram a internalizar a ideia de pertencer a uma geografia e cultura compartilhadas.

As secas, a desigualdade, a mestiçagem excessiva, os estereótipos e a quebra de braço política definiram o Nordeste e o nordestino perante os olhos do "Sul", com significativa contribuição dos interesses externos e de esforços da elite local, seja para se entender, explorar ou denunciar. E, desse modo, a região e seu povo terminaram de ser embalados, evidenciando que essa redução foi uma estratégia de contenção e dominação, a qual não podemos reforçar. É essa monotematização engessante que não permite enxergar a diversidade e complexidade das vidas e identidades dos nordestinos e que os condena a ser nada além de mais um "Severino de Maria do finado Zacarias", conforme os famosos versos.

Embora estejamos vivendo um momento de atenção aos anacronismos e da necessidade de analisar o passado com os olhos de sua época, isso não foi um obstáculo para as costuras que precisavam ser feitas aqui. Lidamos com construções de outrora, mas as declarações e as consequências desse tempo ainda ressoam fortemente. Assim, não estamos apenas discutindo o ontem, mas também o hoje.

Agora, mesmo reconhecendo a contribuição da elite nordestina nesse processo, em seu caráter lapidador, torna-se evidente que a inferiorização do povo do Nordeste surgiu primariamente como resultado das ações do "Sul". Ignorar essa origem é alimentar outro despropósito também insistente: a ideia de que a culpa por qualquer adversidade no Nordeste recai sempre sobre o próprio povo nordestino. Essa constatação, contudo, não deve justificar a adoção de uma posição de vitimização. Muito pelo contrário.

Não é o lugar de vítima que cabe ao nordestino, sobretudo pela importância de se questionar e rejeitar essa posição de inferioridade imposta, que só contribui para que tudo permaneça como está. Assim como Macabéa, que permaneceu em silêncio por anos devido ao seu desinteresse pela própria vida, a virada de chave passa pelo encontro de voz. Esse processo requer um questionamento insistente e um incremento consistente de informações e postura, até mesmo nas estruturas educacionais, que ensinam sobre os elementos comuns ao povo do Nordeste sem jamais considerar suas diversas particularidades.

O verdadeiro lugar do nordestino é o da autoconsciência, que não pode ser confundido com a simples autodefinição. Mais do que se apegar a elementos dados como culturais em busca de identidade e pertencimento, como o cangaço ou o baião, é fundamental compreender a pluralidade que permeia a região e a sua gente. Há tantos aspectos "nordestinizantes" que não é incomum o nordestino se perceber mais como tal quando está fora do Nordeste do que quando está em casa.

É por isso que este livro se distancia da tentativa de contrapor o preconceito ao afirmar como positivo aquilo que é rotulado como negativo. O intento foi lançar luz sobre suas origens, promovendo uma reflexão sobre o que o sustenta e como ele é perpetuado, consciente ou inconscientemente – ou como os próprios nordestinos internalizaram essa imagem estereotipada e a utilizam ao tentarem se defender dela. Dessa forma, buscou-se abrir a caixa limitada em que o nordestino foi colocado na mentalidade da população brasileira. É fundamental entender que o povo do Nordeste é vasto e plural demais para ser reduzido a limites tão estreitos.

Está nítido, então, que a atualização de entendimento necessária, como já ocorreu com outros grupos populacionais, passa pela disseminação dessas informações, a vigilância coletiva, a compreensão de que se trata de racismo e a revisão de percepções tão estreitas. Passa também por enxergar o Nordeste como polo de desenvolvimento científico, tecnológico, comercial e cultural e compreender que as disparidades observadas tanto nas áreas urbanas quanto rurais são igualmente encontradas em outras regiões do país. A produção de conteúdo e a expressão artística, por meio da música, do cinema e de outras artes, oferece outra via possível e muito eficaz, em libertações temáticas, desencaixes, como já fez Chico Science com o manguebeat[257] e Karim Aïnouz no filme *Praia do futuro* (2014).

A narrativa pronta associa o Nordeste e sua população à não prosperidade, à improdutividade, enquanto o Sul e o Sudeste são frequentemente retratados como promissores, inclusive em termos intelectuais. Essa visão inflexível ignora a rica produção do Nordeste, aprisionando-a em pastas predefinidas e impedindo que nordestinos surjam como expoentes em áreas que não reforcem esse estereótipo regional. Além disso, essa narrativa perpetua a ideia de que as experiências nordestinas estão inexoravelmente ligadas ao insucesso e à penúria, sugerindo que qualquer possibilidade de redenção (se houver) deve vir do "Sul".

A realidade da pobreza em parte da região, decorrente das desigualdades e agravada pelas secas, é inegável, mas limitá-la a esse único aspecto é ignorar todas as outras características que a compõem, as quais não são insignificantes. Isso inclui até mesmo a pobreza urbana, que permanece invisível na comparação com o chão rachado e as ossadas de boi. É ainda mais injusto entender que essa simplificação é fruto da política de esquecimento do Brasil, que impôs condições adversas à região. Trata-se de uma maneira de culpar o Nordeste e puni-lo por essa vulnerabilidade. Continua sendo mais conveniente rotular

---

[257] O manguebeat foi um movimento cultural surgido em Recife, na década de 1990, que combinava elementos da música tida como nordestina com influências do rock, hip-hop, funk e outros estilos musicais. Liderado por bandas como Chico Science & Nação Zumbi e Mundo Livre S/A, o manguebeat promoveu uma renovação na cena musical brasileira.

o outro como incapaz do que admitir a própria responsabilidade no processo de exploração.

São cem anos de rejeição de uma parte do Brasil e de seu povo. O sertanejo do "Norte", hoje Nordeste, pode até ser um forte, como afirmou Euclides da Cunha, mas sua verdadeira força deve residir na capacidade de questionar e não se conformar. É na habilidade de romper o silêncio que se revela essa qualidade. Isso permitirá que se abandone o chapéu de cangaceiro e outros símbolos que tentam sustentar um orgulho e uma superioridade, possibilitando a fala livre de uma narrativa fatalista e caricata que define o nordestino de forma tão inflexível. Quase como uma narrativa do herói em que só é possível ser o herói em seu primeiro estágio: o do fracasso, o da decisão de ir embora. O último estágio, o da salvação, tem de ser longe dali.

O intuito agora não é buscar uma nova representação, mas enxergar sem os filtros insistentes da nordestinidade. O esforço é para interromper a perpetuação de uma ordem social pouco democrática, concebida por interesses políticos e fortalecida por diferentes razões. É preciso reconhecer que o espaço em que se vive estabelece laços com seus habitantes, configurando vínculos e identidades. Mas até quando o povo do Nordeste permitirá que essas circunstâncias – e principalmente os outros – definam-no completamente? A pergunta pode ser reformulada: até quando seremos retirantes de nós mesmos?

Impressões remanescentes

Belchior não estava errado, o Nordeste é mesmo uma ficção. A cantora Juliana Linhares acrescentou sua linha: o Nordeste é uma "ficção científica" – e também "emoção artística", "invenção política". A música que ressoa o presente clama igualmente por um basta. É preciso tirar do lugar de indeterminado o sujeito de "criaram o roteiro dessa dança". Saber quem foi é o primeiro passo. E sabemos, ora, "que foi assim". Agora a coreografia, a nova coreografia, é a gente que faz.

Referências

A colonização nacional. *O Estado de S. Paulo*, 15 out. 1924, p. 4.

A seca. *O Estado de S. Paulo*, 16 out. 1915.

Abreu, João Capistrano de. *Capítulos da história colonial*. Brasília: Senado Federal, 1998 [1907].

Adichie, Chimamanda Ngozi. *O perigo de uma história única*. São Paulo: Companhia das Letras, 2019.

Albuquerque Júnior, Durval Muniz de. *A invenção do Nordeste e outras artes*. 5. ed. São Paulo: Cortez, 2011.

Albuquerque Júnior, Durval Muniz de. *Preconceito contra a origem geográfica e de lugar: as fronteiras da discórdia*. São Paulo: Cortez, 2007.

Alencastro, Luiz Felipe de; Renaux, Maria Luiza. Caras e modos dos migrantes e imigrantes. *In*: Alencastro, Luiz Felipe de (Org.). *História da vida privada no Brasil*. São Paulo: Companhia de Bolso, 2019. v. 2 – Império: a corte e a modernidade nacional.

Almeida, José Américo de. *A bagaceira*. 45. ed. Rio de Janeiro: José Olympio, 2017 [1928].

Andrade, Joaquim Marçal Ferreira de; Logatto, Rosângela. *Imagens da seca de 1877-78 – Uma contribuição para o conhecimento do fotojornalismo na imprensa brasileira*. Rio de Janeiro: Anais da Biblioteca Nacional, 1994. v. 14.

Andrade, Manuel Correia de. *A terra e o homem no Nordeste*. 2. ed. São Paulo: Brasiliense, 1973.

Andrade, Manuel Correia de. *O Nordeste e a questão regional*. São Paulo: Ática, 1993.

Assis, Machado. *Teoria do medalhão e Elogio da vaidade*. São Paulo: Sesi-SP, 2017. *E-book*.

Azevedo, Celia Maria Marinho de. *Onda negra, medo branco: o negro no imaginário das elites do século XIX*. 2. ed. São Paulo: Annablume, 2004.

Bagno, Marcos. *Gramática pedagógica do português brasileiro*. São Paulo: Parábola, 2021.

Bagno, Marcos. *Preconceito linguístico*. São Paulo: Parábola, 2015.

Barros, Paulo de Moraes. Impressões do Nordeste. *O Estado de S. Paulo*, série de textos publicada entre 10 e 26 ago. 1923.Barroso, Gustavo. *Terra de Sol*. Rio de Janeiro: Livraria São José, 1956 [1912].

Berger, Peter L.; Luckmann, Thomas. *A construção social da realidade: tratado de sociologia do conhecimento*. Petrópolis: Vozes, 2014.

Boletim da Diretoria de Terras, Colonização e Imigração. n.5. São Paulo: Secretaria da Agricultura, 1950.

Borges, Amon. Didi recebe troféu de rapadura no Risadaria; leia a entrevista. *Folha de S.Paulo*, 22 mar. 2012. Disponível em: https://guia.folha.uol.com.br/teatro/1065622-didi-recebe-trofeu-de-rapadura-no-risadaria-leia-entrevista.shtml. Acesso em: 13 abr. 2025.

Bourdieu, Pierre. *O poder simbólico*. 14. ed. Rio de Janeiro: Bertrand Brasil, 2010.

Boxer, Charles Ralph. *Os holandeses no Brasil: 1624-1654*. São Paulo: Editora Nacional, 1961.

Brasil. *Decreto nº 13.687, de 9 de julho de 1919*. Approva o regulamento para a Inspectoria Federal de Obras contra as Seccas. Rio de Janeiro, 09 de julho de 1919. Disponível em: https://www2.camara.leg.br/legin/fed/decret/1910-1919/decreto-13687-9-julho-1919-516701-publicacaooriginal-1-pe.html. Acesso em: 11 abr. 2025.

Brasil. *Decreto nº 3.965, de 25 de dezembro de 1919*. Autoriza a construção de obras necessárias à irrigação de terras cultiváveis no nordeste brasileiro e dá outras providências. Rio de Janeiro: 25 de dezembro de 2019. Disponível em: https://www2.camara.leg.br/legin/fed/decret/1910-1919/decreto-3965-25-dezembro-1919-571967-publicacaooriginal-95102-pl.html. Acesso em: 05 abr. 2025.

Brasil. *Decreto nº 19.482, de 12 de dezembro de 1930*. Limita a entrada, no território nacional, de passageiros estrangeiros de terceira classe, dispõe sobre a localização e amparo de trabalhadores nacionais, e dá outras providências. Rio de Janeiro: 12 de dezembro de 1930. Disponível em: https://www2.camara.leg.br/legin/fed/decret/1930-1939/decreto-19482-12-dezembro-1930-503018-republicacao-82423-pe.html. Acesso em: 05 abr. 2024.

Brasil. *Constituição da República dos Estados Unidos do Brasil*, de 1934. Nós, os representantes do povo brasileiro, pondo a nossa confiança em Deus, reunidos em Assembleia Nacional Constituinte para organizar um regime democrático, que assegure à Nação a unidade, a liberdade, a justiça e o bem-estar social e econômico, decretamos e promulgamos a seguinte. Rio de Janeiro, 16 jul. 1934. Disponível em: https://www.planalto.gov.br/ccivil_03/constituicao/constituicao34.htm. Acesso em: 06 abr. 2025.

Brasil. *Decreto-Lei nº 406, de 04 de maio de 1938*. Dispõe sobre a entrada de estrangeiros no território nacional. Rio de Janeiro: 04 de maio de 1938. Disponível em: https://www2.camara.leg.br/legin/fed/declei/1930-1939/decreto-lei-406-4-maio-1938-348724-publicacaooriginal-1-pe.html. Acesso em: 05 abr. 2025.

Brasil, Júlia Alves. *América Latina em foco: processos identitários e representações sociais entre latino-americanos migrantes e não migrantes*. 2016. 370 f.

Tese (Doutorado em Ciências da Comunicação) – Instituto de Ciências Sociais, Universidade do Minho, Braga, 2016.

Brasil Pitoresco. *O Estado de S. Paulo*, 12 fev. 1926, p. 14.

Brito, Lorena Medeiros Toscano de. *Pioneiras sim, protagonistas, também! Discussões sobre a inserção das mulheres na política potiguar.* São Paulo: Dialética, 2024.

Cabecinhas, Rosa. Crise, migrações e desumanização. *In*: Oliveira, Madalena et al. *Sociedade e crise(s)*. Braga: UMinho, 2020. p. 26-30.

Cabecinhas, Rosa. Estereótipos sociais, processos cognitivos e normas sociais. *In*: Silva, Manuel Carlos; Sobral, José Manuel. *Etnicidade, nacionalismo e racismo: migrações, minorias étnicas e contextos escolares*. Porto: Afrontamento, 2012.

Cabecinhas, Rosa. *Preto e branco: a naturalização da discriminação racial*. Porto: Campo das Letras, 2007.

Cardim, Fernão. *Tratados da terra e gente do Brasil*. São Paulo: Ed. Nacional, 1978 [1925].

Cardoso, Fernando Henrique. *Discurso em visita às obras da adutora do oeste*. Ouricuri (PE), 31 jul. 1998. Biblioteca da Presidência da República. Disponível em: http://www.biblioteca.presidencia.gov.br/presidencia/ex-presidentes/fernando-henrique-cardoso/discursos/1o-mandato/1998-1o-semestre/31-de-julho-de-1998-discurso-em-visita-as-obras-da-adutora-do-oeste. Acesso em: 09 abr. 2025.

Castro, Iná Elias de. *O mito da necessidade: discurso e prática do regionalismo nordestino*. Rio de Janeiro: Bertrand Brasil, 1992.

Castro, Iná Elias de. Imaginário político e realidade econômica: o marketing da seca nordestina. *Nova Economia*, v. 2, n. 2, p. 53-75, 1991.

Cereja, William; Cochar, Thereza. *Literatura brasileira em diálogo com outras literaturas e outras linguagens*. São Paulo: Atual, 2013.

Cerqueira, Dionísio; Oliveira, Vianna; Peixoto, José Carlos de Matos *et al.* Impressões de São Paulo. *O Estado de S. Paulo*, série de textos publicada entre 28 out. 1923 e 9 jul. 1929.

Charaudeau, Patrick. *Discurso das mídias*. São Paulo: Contexto, 2012.

Connell, Raewyn. *Gênero em termos reais*. São Paulo: nVersos, 2016.

Constant, Renata Louriane Moreira da Silva Menezes. *Belchior e as articulações da nordestinidade na MPB: uma análise a partir de sons e letras*. 2022. 102 f. Dissertação (Mestrado em Comunicação) – Instituto de Arte de Comunicação Social, Universidade Federal Fluminense, Niterói, 2022.

Costa, Liduina Farias Almeida da. *O sertão não virou mar: Nordeste, globalização e imagem pública da nova elite cearense*. São Paulo: Anablume, 2005.

Cunha, Euclides da. *Os sertões*. São Paulo: Três, 1973 [1902]. v. 1 e 2.

D'Ávila, Antônio. *O mestre das Américas: Lourenço Filho (1897-1970)*. São Paulo: Centro de Estudos Roberto Mange, 1970.

Dantas, Macedo. *Cornélio Pires: criação e riso*. São Paulo: Duas Cidades, 1976.

Desbois, Laurent. *A odisseia do cinema brasileiro*. São Paulo: Companhia das Letras, 2016.

Dissertando sobre a raça. *O Estado de S. Paulo*, 15 ago. 1923.

Dreyfus, Dominique. *Vida do viajante: a saga de Luiz Gonzaga*. 3. ed. São Paulo: Editora 34, 2012.

Facó, Rui. *Cangaceiros e fanáticos*. 6. ed. Rio de Janeiro: Civilização Brasileira, 1980.

Farhat, Saïd. *O fator opinião pública, como se lida com ele*. São Paulo: T. A. Queiroz, 1992.

Ferreira, Lúcia de Fátima Guerra. Estrutura de poder e secas na Paraíba (1877-1922). *Revista do Curso de Mestrado em História da UFPE*, Universidade Federal de Pernambuco, 1982.

Freyre, Gilberto. *Casa-grande & senzala*. 48. ed. Recife: Global, 2003 [1933].

Freyre, Gilberto et al. *Livro do Nordeste*. 2. ed. Recife: Arquivo Público Estadual, 1979 [1925].

Freyre, Gilberto. *Manifesto regionalista*. Recife: Instituto Joaquim Nabuco de Pesquisas Sociais, 1967 [1926].

Freyre, Gilberto. *Nordeste*. 7. ed. Recife: Global, 2004 [1937].

Foucault, Michel. *Ética, sexualidade, política*. Rio de Janeiro: Forense Universitária, 2004.

Foucault, Michel. *Microfísica do poder*. Rio de Janeiro: Graal, 1979.

Galvão, Walnice Nogueira. *No calor da hora: a Guerra de Canudos nos jornais*. Recife: Cepe, 2019.

Gândavo, Pero de Magalhães. *Tratado da terra do Brasil*. Brasília: Senado Federal, 2008. Escrito antes de 1573 e publicado originalmente em 1826.

Garcia, Carlos. *O que é Nordeste brasileiro*. 9. ed. São Paulo: Brasiliense, 1999.

Gomes, Antônio Máspoli de Araújo. O conflito religioso do Caldeirão de Santa Cruz do Deserto. *Revista USP*, São Paulo, n. 82, 2009.

Groth, Otto. *O poder cultural desconhecido: fundamentos da ciência dos jornais*. Petrópolis: Vozes, 2011.

Guaracy, Thales. *A conquista do Brasil*. 5. ed. São Paulo: Planeta, 2015.

Guaracy, Thales. *A criação do Brasil*. São Paulo: Planeta, 2018.

Gugliano, Monica; Matais, Andreza. Zema anuncia frente Sul-Sudeste contra Nordeste e quer direita unida contra a esquerda. *O Estado de S. Paulo*, 05 ago. 2023. Disponível em: https://www.estadao.com.br/politica/

nos-queremos-protagonismo-politico-diz-zema-ao-anunciar-frente-do--sul-sudeste-contra-nordeste/. Acesso em: 12 abr. 2025.

Guimarães, Antonio Sérgio Alfredo. *Preconceito racial: modos, temas e tempos*. São Paulo: Cortez, 2008.

Hoornaert, Eduardo. A questão do corpo nos documentos da primeira evangelização. *In*: Marcílio, Maria Luiza (org.). *Família, mulher, sexualidade e Igreja na História do Brasil*. São Paulo: Edições Loyola, 1993.

Holanda, Sérgio Buarque de. *Raízes do Brasil*. 5. ed. São Paulo: Companhia das Letras, 1995.

Homem-gabiru. *Folha de S.Paulo*, 12 nov. 1991, p. 2. Indicadores da Central Nacional de Denúncias de Crimes Cibernéticos. Disponível em: https://indicadores.safernet.org.br. Acesso em: 16 abr. 2025.

Ivánova, Adelaide. *Asma*. São Paulo: Nós, 2024.

Jancsó, István (Coord.). *Cronologia de história do Brasil colonial: (1500-1831)*. São Paulo: USP, 1994.

Jodelet, Denise. Representações sociais: um domínio em expansão. *In*: *As representações sociais*. Rio de Janeiro: Eduerj, 2002, p. 17-29.

Jovchelovitch, Sandra. *Os contextos do saber: representações, comunidade e cultura*. Petrópolis: Vozes, 2008.

Koster, Henry. *Viagem ao Nordeste do Brasil*. 2. ed. Recife: Pernambucana, 1978.

Landowski, Eric. *Presenças do outro*. São Paulo: Perspectiva, 2002.

Lanza, André Luiz. *De braços para a lavoura a proprietários rurais: imigrantes e acesso à terra em São Paulo (1886-1920)*. 2021. 199 f. Tese (Doutorado em História Econômica) – Faculdade de Filosofia, Letras e Ciências Humanas, Universidade de São Paulo São Paulo, São Paulo, 2021.

Leitão, Juliana Andrade; Santos, Maria Salett Tauk. Imagem jornalística e representações sociais: a imagem dos Sertões. *Intercom – RBCC*, São Paulo, v. 35, n. 1, p. 133-155, jan./jun. 2012. Disponível em: https://www.scielo.br/j/interc/a/N9qjM7mMCTXgmYdRsXcwVvq/. Acesso em: 15 abr. 2025.

Lemaire, Ria. Tradições que se refazem. *Estudos de Literatura Brasileira Contemporânea*, Brasília, n. 35, p. 17-30, jan./jun. 2010.

Levine, Robert M. *A velha usina: Pernambuco na federação brasileira (1889-1937)*. Rio de Janeiro: Paz e Terra, 1980.

Lima, Marcus Eugênio Oliveira. *Psicologia social do preconceito e do racismo*. São Paulo: Blucher, 2020.

Lippmann, Walter. *Opinião pública*. 2. ed. Petrópolis: Vozes, 2010 [1922].

Lispector, Clarice. *A hora da estrela*. Rio de Janeiro: Rocco, 1998 [1977].

Lopes, Maria Immacolata Vassallo de; Borelli, Silvia Simões; Resende, Vera da Rocha. *Vivendo com a telenovela: mediações, recepção, teleficcionalidade.* São Paulo: Summus, 2002.

Lourenço Filho, Manoel Bergström. Joaseiro do Padre Cícero. O Estado de S. Paulo, série de textos publicada entre 18 nov. 1925 e 23 abr. 1926.

Martins, Maria Fernanda Vieira. Conduzindo a barca do Estado em mares revoltos: 1808 e a transmigração da família real portuguesa. *In*: Fragoso, João; Gouvêa, Maria de Fátima (Orgs.). *Coleção O Brasil Colonial.* 4. ed. Rio de Janeiro: Civilização Brasileira, 2019. v. 3 – 1720-1821, p. 564-591.

Mattoso, Katia Mytilineou de Queirós. A opulência na província da Bahia. *In*: Alencastro, Luiz Felipe de. *História da vida privada no Brasil.* São Paulo: Companhia de Bolso, 2019. v. 2 – Império: a corte e a modernidade nacional, p. 113-137.

Mello, Patrícia Campos. *A máquina do ódio: notas de uma repórter sobre fake news e violência digital.* São Paulo: Companhia das Letras, 2020.

Mello e Souza, Cláudio. *Impressões do Brasil: a imprensa brasileira através dos tempos.* Manaus: Machline, 1986.

Melo Neto, João Cabral de. *Morte e vida severina.* Ed. comemorativa. São Paulo: Companhia das Letras, 2016 [1955].

Menezes, Adriana Vilar de. *Nordestino na rede: discurso de ódio e disputa de sentidos no Twitter nas eleições 2014.* 2019. 109 f. Dissertação (Mestrado em Divulgação Científica e Cultural) – Instituto de Estudos da Linguagem, Unicamp, Campinas, 2019.

Miles, Robert; Brown, Malcolm. *Racism.* 2. ed. London: Routledge, 2003.

Monarcha, Carlos. *Lourenço Filho.* Recife: Massangana, 2010.

Moreira, Adilson. *Letramento racial: uma proposta de reconstrução da democracia brasileira.* São Paulo: Contracorrente, 2024.

Moreira, Adilson. *Racismo recreativo.* São Paulo: Jandaíra, 2023.

Moreira, Adriano; Venâncio, José Carlos (Orgs.). *Luso-tropicalismo: uma teoria social em questão.* Lisboa: Veja, 2000.

Moreira, Delmo. *Catorze camelos para o Ceará.* São Paulo: Todavia, 2021.

Morisawa, Mariane. Cerebral e intrigante, "Bacurau" leva a Cannes uma ode ao Nordeste. *Veja*, 16 maio 2019. Disponível em: https://veja.abril.com.br/cultura/cerebral-e-intrigante-bacurau-leva-a-cannes-uma-ode-ao-nordeste. Acesso em: 11 abr. 2025.

Mota, Leonardo. *Cabeças-chatas.* Brasília: Casa do Ceará, 1993.

Napolitano, Marcos. *História do Brasil República.* São Paulo: Contexto, 2016.

Nobre, Dia. *Incêndios da alma: Maria de Araújo e os milagres do Padre Cícero – A história que o Vaticano tentou esconder.* São Paulo: Planeta, 2024.

Nóbrega, Ricardo; Daflon, Verônica Toste. Da escravidão às migrações: raça e etnicidade nas relações de trabalho no Brasil. Instituto Universitário de Pesquisas do Rio de Janeiro, Latin American Studies Association, 2009. Paper. Disponível em: https://www.academia.edu/541987/Da_escravid%C3%A3o_%C3%A0s_migra%C3%A7%C3%B5es_ra%C3%A7a_e_etnicidade_nas_rela%C3%A7%C3%B5es_de_trabalho_no_Brasil. Acesso em: 15 abr. 2025.

Notícias de toda parte. *A Província*, 02 set. 1920, n. 241, p. 1. Disponível em: https://memoria.bn.gov.br/DocReader/docreader.aspx?bib=128066_02&pasta=ano%20192&pesq=%22escravos%22&pagfis=1920. Acesso em: 28 mar. 2025.

O banditismo no Nordeste. *O Estado de S. Paulo*, série de textos publicada entre 4 fev. e 28 ago. 1927.

Oliveira, Francisco de. *Elegia para uma re(li)gião*. 3. ed. Rio de Janeiro: Paz e Terra, 1981.

Olímpio, Domingos. *Luzia-Homem*. São Paulo: Três, 1973 [1903].

Páginas tristes/ O Ceará. *O besouro*, 20 jul. 1878, p. 121 e 122.Patrocínio, José do. *Os retirantes*. Joinville: Clube de Autores, 2018 [1879].

Pelas vítimas da seca. *O Estado de S. Paulo*. 24 dez. 1919, p. 4.

Pita, Sebastião da Rocha. *História da América Portuguesa, desde o ano do seu descobrimento até o de 1724*. São Paulo: Edusp, 1976.

Queiroz, Maria Isaura Pereira de. *O messianismo no Brasil e no mundo*. 3. ed. São Paulo: Alfa-Omega, 2003.

Queiroz, Rachel de. A aceitação da "nordestinidade" agora inadiável. *O Estado de S. Paulo*, 25 nov. 1988, Caderno 2, p. 40.

Queiroz, Rachel de. *O Quinze*. 119. ed. Rio de Janeiro: José Olympio, 2023 [1930].

Queiroz, Rachel de. Sob os olhos tortos da mídia. *O Estado de S. Paulo*, 17 jun. 1988, Caderno 2, p. 43.

Quijano, Aníbal. Colonialidade do poder, eurocentrismo e América Latina. *In*: Lander, Edgardo (Org.). *A colonialidade do saber: eurocentrismo e ciências sociais – Perspectivas latino-americanas*. Buenos Aires: Clacso, 2005, p. 117-142.

Ramos, Graciliano. *Vidas secas*. 147. ed. Rio de Janeiro: Record, 2020 [1938].

Rego, José Lins do. *Menino de engenho*. 110. ed. Rio de Janeiro: José Olympio, 2010 [1932].

Ribeiro, Djamila. *O processo civilizatório*: etapas da evolução sociocultural. São Paulo: Companhia das Letras, 2001.

Ribeiro, Djamila. *O que é lugar de fala?* Belo Horizonte: Letramento, 2017.

Ribeiro, Djamila. *Pequeno manual antirracista*. São Paulo: Companhia das Letras, 2019.

Rodrigues, Marcela Franzen. Raça e criminalidade na obra de Nina Rodrigues: uma história psicossocial dos estudos raciais no Brasil do final do século XIX. *Estudos e Pesquisas em Psicologia*, Rio de Janeiro, v. 15. n. 3, p. 1118-1135, 2015. Disponível em: https://pepsic.bvsalud.org/pdf/epp/v15n3/v15n3a19.pdf. Acesso em: 15 abr. 2025.

Rodrigues, Raimundo Nina. *As raças humanas e a responsabilidade penal no Brasil*. Rio de Janeiro: Centro Edelstein de Pesquisa Social, 2011 [1894].

Sá, Xico. Homem-gabiru: Nordeste tem novas "espécies humanas". *Folha de S.Paulo*, 10 nov. 1991.

Said, Edward W. *Orientalismo: o Oriente como invenção do Ocidente*. São Paulo: Companhia das Letras, 2007.

Sampaio, Antônio Carlos Jucá de. A curva do tempo: as transformações na economia e na sociedade do Estado do Brasil no século XVIII. *In*: Fragoso, João; Gouvêa, Maria de Fátima. *Coleção O Brasil Colonial*. 4. ed. Rio de Janeiro: Civilização Brasileira, 2019. v. 3 – 1720-1821, p. 307-338.

Santos, Luís Cláudio Villafañe Gomes. *Euclides da Cunha: uma biografia*. São Paulo: Todavia, 2021.

Schwarcz, Lilia Moritz. *Nem preto nem branco, muito pelo contrário: cor e raça na sociabilidade brasileira*. São Paulo: Claro Enigma, 2012.

Schwarcz, Lilia Moritz. *O espetáculo das raças*. São Paulo: Companhia das Letras, 1993.

Schwarcz, Lilia Moritz; Starling, Heloisa M. de. *Brasil, uma biografia*. São Paulo: Companhia das Letras, 2015.

Seca no Nordeste. *Memória Globo*, 21 fev. 2022. Disponível em: https://memoriaglobo.globo.com/jornalismo/jornalismo-e-telejornais/fantastico/reportagens/noticia/seca-no-nordeste.ghtml. Acesso em: 11 abr. 2025.

Sene, Eustaquio de; Moreira, José Carlos. *Geografia geral e do Brasil: espaço geográfico e globalização*. São Paulo: Scipione, 1998.

Silva, Sônia Maria de Meneses. *A operação midiográfica: a produção de acontecimentos históricos através dos meios de comunicação*. 2011. 319 f. Tese (Doutorado em História Social) – Instituto de Ciências Humanas e Filosofia, Universidade Federal Fluminense, Niterói, 2011.

Silveira, Fabiano Augusto Martins. *Da criminalização do racismo: aspectos jurídicos e criminológicos*. 2. ed. Belo Horizonte: Del Rey, 2007.

Simões, Ester Suassuna. O universo emblemático das iluminogravuras de Ariano Suassuna. *Revista Investigações*, Recife, v. 30, n. 1, p. 120-156, jan./jun. 2017. Disponível em: https://periodicos.ufpe.br/revistas/index. php/INV/article/view/230105/25995. Acesso em: 15 abr. 2025.

Sodré, Nelson Werneck. *História da Imprensa no Brasil*. Rio de Janeiro: Civilização Brasileira, 1966.

Souza, João Eudes Portela de; Marcolino, Rafaela Ricardo Santos. *A representação da identidade regional do Nordeste na telenovela*. João Pessoa: UFPB, 2016.

Souza, Eloy de. *Memórias*. 2. ed. Brasília: Senado Federal, 2008.

Souza, Mariana Jantsch de. Discurso de ódio e dignidade humana: uma análise da repercussão do resultado da eleição presidencial de 2014. *Trabalhos em Linguística Aplicada*, Campinas, n. 57, v. 2, maio/ago. 2018. Disponível em: https://www.scielo.br/j/tla/a/BqJsGQQbc6csP838MJrRDfx/abstract/?lang=pt. Acesso em: 12 abr. 2025.

Spartacus. *O problema do Nordeste*. Rio de Janeiro, 09 ago. 1919. [Periódico].

Suassuna, Ariano. *Auto da compadecida*. Ed. comemorativa. Rio de Janeiro: Nova Fronteira, 2015 [1955].

Suassuna, Ariano. *O movimento armorial*. Recife: Ed. da UFPE, 1974.

Sudestino. [S.l.: s.n.], 19 jul. 2021. 1 vídeo (4 min. e 01 seg.). Publicado pelo canal Porta dos Fundos. Disponível em: https://www.youtube.com/watch?v=1E9gAWSxjx4. Acesso em: 14 abr. 2025.

Tajfel, Henri. *Grupos humanos e categorias sociais: estudos em psicologia social*. Lisboa: Livros Horizonte, 1982. v. 1.

Tajfel, Henri. Stereotypes. *Race and Class*, v. 5, n. 2, 1963.

Tajfel, Henri. Social Identity and Intergroup Behaviour. *Social Science Information*, v. 13, n. 2, 1974.

Tajfel, Henri; Turner, John C. The Social Identity Theory of Intergroup Behavior. *European Journal of Social Psychology*, v. 1, 1971.

Távora, Franklin. *O Cabeleira*. São Paulo: Três, 1973 [1876].

Teófilo, Rodolfo. *A fome – violação*. Rio de Janeiro: José Olympio, 1979 [1890].

Traquina, Nelson. *O estudo do jornalismo no século XX*. São Leopoldo: Unisinos, 2001.

Trindade, Sérgio. *A Revolta do Juazeiro – Guerra no Sertão*. Natal: Escribas, 2021.

Trindade, Sérgio. *História do Rio Grande do Norte*. São Paulo: Dialética, 2023.

Vasconcelos Sobrinho, João. *Processos de desertificação no Nordeste do Brasil: sua gênese e sua contenção*. Recife: Sudene, 1982.

Vianna, Hélio. *História do Brasil: período colonial, monarquia e república*. 15. ed. São Paulo: Melhoramentos, 1994.

Vianna, Oliveira. *Raça e assimilação*. Rio de Janeiro: Companhia Editora Nacional, 1954 [1932].

Westin, Ricardo. 500 mil mortes, doença, fome, desvio de verbas e pedido de CPI: o retrato da Grande Seca do Império. *Arquivo S*, n. 83, Sociedade, 01 out. 2021. Disponível em: https://www12.senado.leg.br/noticias/especiais/arquivo-s/500-mil-mortes-doenca-fome-desvio-de-verbas-e-pedido-de-cpi-o-retrato-da-grande-seca-do-imperio. Acesso em: 12 abr. 2025.

Xavier, Leopoldo Bibiano. *Revivendo o Brasil-Império*. São Paulo: Artpress, 1991.

Zaidan Filho, Michel. *O fim do Nordeste & outros mitos*. São Paulo: Cortez, 2001.

Este livro foi composto com tipografia Adobe Garamond Pro e
impresso em papel Off-White 70 g/m² na Formato Artes Gráficas.